ELOGIOS PARA *HA(*

«Este tío hace unas cosas impresionantes. He trabajado con él y no tengo ni idea de cómo ni por qué consigue hacer algunas de las que he visto con mis propios ojos. La ciencia está poniéndose al día con el *biohacking*. Ha llegado el momento de empezar a estudiar el *hacking* espiritual para saber cómo Chamán Durek consigue unos resultados tan tangibles».

DAVE ASPREY, fundador y presidente de Bulletproof

«Es muy raro, casi anecdótico, que los libros sobre chamanismo consigan enganchar al lector. Este es el primer caso que he encontrado, y resulta impresionante. *Hacking espiritual* te sorprenderá, te desmontará y te hará reír. Te invita a que adoptes una forma profundamente inspirada y única de ver el mundo, basada solo en la experiencia. Es auténtico, no incluye nada de jerga técnica y sí una honestidad asombrosa y una capacidad de comunicación alucinante, algo que necesitamos con urgencia en estos tiempos. Va a cambiar tu perspectiva de forma radical».

PAUL HAWKEN, ecologista, emprendedor, periodista y autor de uno de los grandes éxitos del *New York Times*

«Profundamente esclarecedor sobre los tiempos que estamos viviendo *e inmensamente útil para prosperar en ellos*... a pesar de nosotros mismos. Chamán Durek es un contador de historias cautivador y escribe tal y como habla: sin pretensiones, con potencia y con un sentido del humor brillantemente calculado. Conoce lo que enseña y este es, sin lugar a dudas, el tema que *más* necesitamos abordar».

MIKE DOOLEY, autor del superventas *Posibilidades infinitas*

«Desconocía totalmente el mundo espiritual y el poder que este podía aportar a mi vida hasta que conocí a Chamán Durek. Soy novata en estas cuestiones, pero, con la ayuda de Chamán Durek y *Hacking espiritual*, he desarrollado una conexión más profunda conmigo misma y con mi camino espiritual personal».

DOBREV, actriz y activista

«Con *Hacking espiritual* me sentí arrastrada hacia una exploración de la espiritualidad, la física cuántica, la neurociencia y la verdadera esencia de lo que significa ser humano. Chamán Durek tiene una forma única de sacar a la gente de sí misma y de ayudarla a convertirse en quienes son realmente».

«Chamán Durek es una luz brillante, el tipo de luz que el mundo necesita desesperadamente. Cuando hablas con él, su presencia auténtica y amorosa te hace sentir que eres el único que está en la habitación. En un mundo en el que vivimos atrapados en lo que viene a continuación, él se mantiene en el ahora. Chamán Durek brilla precisamente en esta profunda conciencia del momento presente. *Hacking espiritual* es su luz en forma literaria».

«Chamán Durek evita el ruido de la espiritualidad moderna y nos cuenta las cosas tal y como son. *Hacking espiritual* es más relevante que nunca para nuestra vida moderna actual. Chamán Durek es realmente exuberante y tiene la presencia de un auténtico gurú; es el genuino profeta de la Era del Ahora».

«Gracias a Dios, contamos con Chamán Durek. Es genuino, tiene un corazón enorme y no posee ninguna licenciatura universitaria. Es una fuerza del amor y cuenta con una sabiduría intensa, dos cosas que, en los tiempos actuales, necesitamos por encima de todo».

«Chamán Durek rompe barreras y te ayuda a conectarte con tu yo más profundo. *Hacking espiritual* es una de las muchas herramientas con las que aporta bienestar espiritual a tu vida. Te empodera para que saques a la luz tu yo más brillante».

HACKING ESPIRITUAL

Las claves chamánicas
para acceder a tu poder personal,
transformarte e iluminar el mundo

CHAMÁN DUREK

ARKANO BOOKS

Título original: *Spirit Hacking*

Traducción: Blanca González Villegas

Diseño de cubierta: Olga Grlic

© 2019, Chamán Durek
Publicado por acuerdo con Saint Martin's Publishing Group en asociación con International Editors' Co., Barcelona

De la presente edición en castellano:
© Arkano Books, Distribuciones Alfaomega, S.L., 2019
Alquimia, 6 - 28933 Móstoles (Madrid) - España
Tels.: 91 614 53 46 - 91 614 58 49
www.alfaomega.es - E-mail: alfaomega@alfaomega.es

Primera edición: octubre de 2020

Depósito legal: M. 10.943-2020
I.S.B.N.: 978-84-17851-12-5

Impreso en España por: Artes Gráficas COFÁS, S.A. – Móstoles (Madrid)

Dedico este libro a mi padre

Índice

TERCERA PARTE
LA ERA GIGANTE

Prólogo

¿**H**AS VISTO ALGUNA DE ESAS PELÍCULAS tipo *Matrix* o *Misión imposible* en la que uno de los personajes tiene una facilidad increíble para hacer algo que parece sobrehumano, como piratear un ordenador? Es un reflejo del mundo en el que vivimos, este en el que algunas personas son artistas increíbles, otras cantan como nadie y otras pueden diseñar Internet o fabricar cohetes para ir a la luna, hacer magníficos mates en baloncesto o correr más rápido que nadie.

Quizá creas que, tal y como se proclama en la Declaración de Independencia de Estados Unidos, «todos los hombres son creados iguales». O, por decirlo de una forma más precisa, «todas las personas son creadas iguales», si tenemos en cuenta que el 51 por ciento de los seres humanos son mujeres.

Pues es mentira. Todos tenemos los mismos derechos, pero algunas personas están preparadas para ser extraordinarias de una forma especial. He dedicado dos décadas de mi vida a estudiar a estas personas en mi periplo para convertirme, por todos los medios que tenía a mi alcance, en un ser humano mejor y con un rendimiento mayor. Al principio, eso suponía hacer las cosas que se supone que funcionan: practicar ejercicio físico constantemente, seguir dietas que no funcionan, trabajar más para tener todo aquello que me daría la felicidad, estudiar, esforzarme, quedarme levantado hasta muy tarde, conseguir una licenciatura de prestigio, ganar seis millones de euros antes de cumplir los veintisiete años. Por desgracia, todo esto me dejó agotado y deprimido; creía que mi cerebro era el encargado de mi felicidad y no sabía que existen componentes emocionales y espirituales que nos permiten acceder a cualquier característica especial que alberguemos en nuestro interior.

Acabé gastando más de un millón de dólares en mi intento por mejorar mi biología en todos los aspectos, desde el subcelular hasta los niveles espirituales más elevados que pude encontrar. En el camino creé el moderno campo del *biohacking*, un término que fue añadido al diccionario *Merriam-Webster* como neologismo del inglés y que significa el arte y la ciencia de cambiar el entorno interior y exterior de nuestro cuerpo para conseguir el control total de nuestra biología. Esto me llevó incluso a crear Bulletproof, una empresa dedicada a ayudar a la gente a acceder al poder ilimitado que supone ser humano (y a poner mantequilla en el café), que ha conseguido una financiación de sesenta y ocho millones de dólares y ha servido unos doscientos millones de tazas de café para reforzar el cerebro. He escrito libros acerca del cerebro y la fuerza de voluntad que han alcanzado un enorme éxito de ventas, entrevistado en mi *podcast* (ganador de un premio Webby) a cientos de investigadores sobre temas relacionados con la conciencia, el cerebro y la biología, y fundado unas instalaciones de neurociencia para mejorar el rendimiento del cerebro humano.

Cuando me quedé sin cosas que supuestamente tenían que funcionar si las aplicaba un friki de los ordenadores como yo, decidí probar aquellas que supuestamente no lo iban a hacer. He viajado al Tíbet para aprender meditación de los maestros. Hace veinte años, antes de que se pusiera de moda e incluso antes de que fuera fácil de encontrar, tomé ayahuasca con un chamán de las plantas de Perú. He aprendido las técnicas de la medicina energética china. He estudiado chamanismo, aunque no soy un chamán. Esto no quiere decir que no haya estudiado la mitocondria, las hormonas o el antienvejecimiento; lo cierto es que estas cosas conviven con todas las energías espirituales que existen, y que se puede aprender de ambas.

Aprendí también que hay un pequeño número de personas que ven cosas que para los demás son invisibles, o que pueden percibir cosas imperceptibles para los demás con fiabilidad *y ven lo mismo que otros como ellos*. De hecho, todas las sociedades, desde los albores de la historia, han estado estudiando, puliendo y buscando el conocimiento de estas cosas. Los chamanes, conocidos con muchos nombres diferentes, han viajado al mundo espiritual para curar a los enfermos, encontrar almas perdidas, interpretar los sueños y sencillamente conocer cosas que no tienen una explicación científica. Los científicos reales se sienten atraídos por aquello que carece de explicación, porque ahí es donde se produce el aprendizaje.

De hecho, la tribu indígena norteamericana de los cowichan, que vive cerca de mí en la isla de Vancouver, tiene una historia oral que se remonta a hace más de diez mil años. En ella se relata que su curandero soñó con una gran ola y dijo a todos los habitantes del pueblo que cogieran sus canoas y remaran hacia altamar. Eso les permitió navegar sobre la ola gigante antes de que esta rompiera y diezmara a la mayoría de las demás tribus de la isla, reconfigurando el paisaje y convirtiéndolo en el que conocemos en la actualidad. ¿Cómo pudo saberlo el curandero? ¿Es posible que algunos de nosotros seamos capaces de hacer cosas así?

No solo es posible, sino que hoy en día tenemos estudios que demuestran que los seres humanos son capaces de hacer más de lo que creemos. Tengo la suerte de conocer a un buen número de personas especiales, algunas de las cuales se denominan a sí mismas chamanes, que saben sencillamente que pueden hacer o ver cosas que la mayoría de la gente no puede ver ni hacer. También he conocido a un número aún mayor de personas que están deseando ser uno de esos humanos especiales, que se autodenominan chamanes y que incluso adquieren algunas de las habilidades de los verdaderos.

Hay mucha gente capaz de hacer mates. Los Michael Jordans son muchos menos.

Chamán Durek es una persona poco corriente, porque proviene de una mezcla de linajes chamánicos y tiene una capacidad poderosa para acceder a cosas que yo no sabría cómo explicar. Le he visto dejar los ojos en blanco cuando empieza a hablar idiomas que no conoce. No farfulleos, sino idiomas fluidos, y pasando con rapidez de uno a otro al cambiar de técnica de sanación.

Él está muy conectado a un mundo que se encuentra a nuestro alrededor pero que, para la mayoría, resulta invisible, y ha sido así desde que nació. Por eso cuenta con una capacidad exclusiva para ofrecer una visión del mundo que puede beneficiarte de una forma muy poderosa, en la que tu espíritu es real y tiene tanta importancia como tu cerebro o tu cuerpo.

Podrías incluso llamarlo un *hacker* espiritual. Yo lo hago.

DAVE ASPREY
Fundador de Bulletproof
y autor de los grandes éxitos de ventas
Head strong y *The Bulletproof Diet*

HACKING
ESPIRITUAL

Introducción

AUNQUE LA CURANDERA ya me había avisado de que me iba a morir dos días antes de que eso sucediera, no por ello dejé de llevarme un susto tremendo cuando lo hice. Ya había sido bastante duro para un hombre robusto de veintisiete años captar su propia mortalidad mientras se formaba con chamanes ancianos en las selvas de Belice, pero cuando aparecieron las convulsiones y mis órganos comenzaron a cerrarse, cuando se me apareció mi abuela muerta en la habitación del hospital y me dijo que me relajara en el dolor y que dejara que la muerte me llevara…, bueno, una experiencia así te deja hecho polvo, ¿no te parece?

Morir era uno de mis ritos de paso como chamán, otra iniciación brutal que destrozó mi cuerpo y aniquiló mi ego, pero que, al mismo tiempo, inundó mi conciencia de enseñanzas sagradas, lecciones, conocimientos e iluminaciones que cambiaron por completo mi forma de ver la realidad. La experiencia me dejó muy sensible y muy humilde. Fortaleció mis poderes y reforzó mi devoción por el Espíritu, lo que me permitió servir mejor a la humanidad y también al planeta…, pero solo cuando salí del coma, se curaron los daños cerebrales y aprendí a caminar otra vez.

Llevaba estudiando y practicando el chamanismo desde que mis antepasados comenzaron a venir a mí cuando era niño. De todas formas, cuando morí, todo cambió. La marca del chamán quedó grabada indeleblemente en mi cuerpo, en mi mente y en mi espíritu, porque, a pesar de que la moda de la Nueva Era tienda a lo contrario, no te conviertes en chamán por ir a Perú, comprarte un poncho, entonar algunas canciones sagradas y aprender a mezclar una dosis explosiva de ayahuasca. Te conviertes en chamán porque los espíritus te eligieron para serlo.

FUNDAMENTOS DE CHAMANISMO

Los chamanes han sido una parte fundamental de todas las tribus y todas las culturas desde que los primeros seres humanos empezaron a caminar sobre la Tierra. La palabra *chamán* significa «uno que sabe». Reúnen sus conocimientos viajando entre planos de distintas dimensiones y actuando como embajadores entre el mundo físico y el espiritual. Utilizan, además, una enorme variedad de herramientas y técnicas espirituales para comunicarse con los espíritus, los ancestros y los elementos y todo tipo de energías, entidades e inteligencias invisibles en favor de la salud y el bienestar de todos los componentes de su tribu.

Perciben la realidad a través de una perspectiva ampliada que reconoce la fuerza vital, la sacralidad y la divinidad de todas las formas de vida de la tierra, incluidas las del reino animal y vegetal. No están atados por limitaciones tridimensionales ni por los cinco sentidos. En realidad, nadie lo está. Sin embargo, la mayoría de los seres humanos están programados para rechazar sus capacidades extrasensoriales y la existencia de la realidad no material y los reinos espirituales en su conjunto. Pero, sobre todo, están programados para rechazar su propio poder, lo que hace que un montón de gente se encuentre tercamente comprometida con una experiencia material muy estrecha y limitada de la realidad, esa que se percibe a través de los cinco sentidos comunes y corrientes. Como los chamanes perciben la realidad que está más allá de este constructo tridimensional, son conscientes de que todo está animado y posee inteligencia. Eso no significa que *todo* tenga capacidad para establecer un intercambio cognitivo complejo. No seamos ridículos. Con un sicomoro no voy a mantener una conversación profunda sobre Shakespeare ni sobre la mecánica cuántica. Sin embargo, los árboles se yerguen a gran altura y poseen unas raíces profundas y un montón de sabiduría que pueden compartir con nosotros a su manera. Los chamanes utilizamos herramientas espirituales para acceder a determinados umbrales de percepción que nos permiten comunicarnos y establecer relaciones con estas otras inteligencias que conviven con nosotros en este planeta.

Esto no es una cuestión de ayahuasca

Hoy en día, la gente confunde a los chamanes con aquellos que se ponen el nombre de su espíritu animal, llevan barba, queman palosanto y administran medicinas a base de plantas. No sabes cuánta gente oye decir que soy chamán y automáticamente da por supuesto que proporciono subidones, es decir, que trabajo con medicinas elaboradas a base de plantas psicodélicas. Sin embargo, lo que yo hago no es eso.

De hecho, existen muchos tipos diferentes de chamanes. Están los relacionados con las raíces, que trabajan específicamente con medicinas elaboradas a base de ellas y con sus espíritus. Luego están los de agua, como los de Indonesia, que trabajan solo con el elemento agua y los espíritus de esta. Hay chamanes que trabajan con animales y que administran las toxinas que extraen de ellos. Y sí, también hay otros que trabajan con plantas enteógenas, es decir, aquellas —como el peyote, el iboga, el sampedro y la ayahuasca— que abren determinados umbrales de percepción que permiten a las personas comunicarse con el Espíritu. Ahora que la medicina de las plantas está de moda y la ayahuasca es la última tendencia, encontramos a un montón de gente que pasa los fines de semana colgada, tomando bebidas psicodélicas, vomitando en sus boles de Tupperware y alucinando. Salen de una ceremonia con los ojos abiertos de par en par, radiantes, con sonrisas beatíficas y un amor increíble hacia la humanidad y hacia el planeta, profundamente conscientes de la interconexión de todos los seres. Luego les cuentan a sus amigos esta experiencia mística tan asombrosa y consiguen fama de espirituales y un enorme prestigio social..., pero dos semanas más tarde alguien les hace una jugarreta cuando van conduciendo y toda su santidad se escapa por la ventanilla mientras le hacen la peineta al otro conductor y le gritan un contundente «¡vete a la mierda!».

La gente no usa correctamente las medicinas a base de plantas. Tradicionalmente, los chamanes las han venido administrando para activar determinadas puertas, conciencias y percepciones, no para que las personas puedan decir que las han probado, alardear de ello en las cenas o simplemente hacer un «viaje» alucinante. Las medicinas a base de plantas existen para mostrarnos lo que podemos hacer cuando superamos las falsas limitaciones que hemos permitido que conformen nuestra realidad. Sin embargo, no son más que una entrada, no un lugar en el que permanecer.

Mucha gente confunde este tipo de medicinas con los estados de consciencia que estas inducen, y desarrolla una dependencia hacia ellas, como si dichos productos fuesen la única forma de acceder a esos estados, como si esos estados no existieran ya en su interior y no fuera posible acceder a ellos en cualquier momento. Es una situación que limita mucho a las personas, porque las lleva a depender de estas medicinas y de estos chamanes, a colocarlos en un pedestal y a adorarlos como si fuesen el becerro de oro.

SÉ TÚ MISMO TU MALDITO GURÚ

Los chamanes no son gurús y, con toda seguridad, no son perfectos. Hay muchísimos maestros espirituales que se preocupan por dar la impresión de que lo tienen todo clarísimo, de que son unas luminarias superiores de encarnación humana perfeccionada que jamás tropiezan, que nunca se tiran un pedo y que jamás se critican a sí mismos. Menuda gilipollez. Si llevas puesto un traje espacial biológico —así es como yo denomino al cuerpo físico—, la estás cagando en algún nivel. ¡Vivimos en dualidad, tíos! Eso significa que todos y cada uno de nosotros tenemos que hacer frente a la oscuridad y a los retos auténticos. Sin duda, es probable que yo tenga más facilidad que otros para afrontar la oscuridad y los desafíos de la vida, porque dispongo de muchas herramientas chamánicas que me ayudan —por no mencionar a los espíritus y los antepasados—, pero eso no significa que no me afecten los mismos problemas que afligen al resto de la humanidad. No significa que no me enfade, que no actúe jamás de forma impropia o que no utilice patrones de conducta que me perjudiquen. Soy tan humano como el resto de las personas.

Sin embargo, a la gente le encanta adorar a sus becerros de oro y por eso en seguida ponen en un pedestal a los chamanes. Resulta de lo más irritante. Si vas a colocarme a mí en uno, mejor te subes a la mejor versión de ti mismo para que podamos mirarnos cara a cara, porque no voy a forzar el cuello para hablarte mirando hacia abajo. Si no te vas a mostrar como igual a mí, mejor no te muestres. No estoy aquí para ser tu gurú. Sé tú mismo tu maldito gurú.

Chamanismo espiritual

Soy lo que se conoce como un chamán de los espíritus. El chamanismo espiritual es una de las tradiciones chamánicas más antiguas del planeta y por eso nuestros ritos de paso suelen ser tan intensos (yo morí literalmente, ¿te acuerdas?). Los chamanes espirituales no dependemos de las medicinas, de las plantas ni de ninguna herramienta terrenal para sanar. Vamos directamente a la fuente. Vamos a los espíritus.

Toda forma de vida existente en este planeta posee un espíritu. Los chamanes espirituales cultivamos las relaciones con ellos para facilitar una comunicación clara en momentos de crisis o desequilibrio y determinar así qué ajustes deben hacerse para devolver la armonía al ser o a la situación.

Cuando los antepasados vinieron a verme siendo yo un crío y empezaron a formarme en el chamanismo, lo que hicieron fundamentalmente fue llevarme a distintos reinos para presentarme a los espíritus y permitirme así que pudiera empezar a cultivar mi relación con ellos. Gran parte de mi formación chamánica consistió en esta conexión: conocerlos, aprender su energía y ofrecerles mi apoyo en sus reinos, así como aprender a invocar su apoyo para ayudar a la gente en esta dimensión.

En lugar de depender de una planta, un tambor o un ejercicio respiratorio para acceder al reino de los espíritus, los chamanes espirituales vivimos allí constantemente. Cuando trabajo con personas y me abro como un recipiente al reino espiritual, vienen a través de mí todo tipo de seres y energías diferentes. Por eso, en una sesión cualquiera, puedo cantar, bailar, hablar distintas lenguas, hacer formas o mudras, rezar en un idioma que jamás he estudiado. Puedo canalizar a un anciano africano, a un monje asiático, a un aborigen australiano o a un rimpoché tibetano. Los chamanes somos recipientes espirituales para todos. No discriminamos por culturas, religiones, tradiciones ni entidades dimensionales. Estamos muy evolucionados.

EL SIMPLE HECHO DE QUE NO ESTÉS EN ESTA ONDA NO SIGNIFICA QUE EL MUNDO ESPIRITUAL NO SEA ALGO REAL

A mucha gente le cuesta entender lo que hago y mi forma de abordar la realidad. Carece de un contexto en el que encajar a los espíritus y las energías invisibles y no dispone de una infraestructura para los planos pertenecientes a otras dimensiones de la percepción y la existencia. No es culpa suya. No es algo que nos enseñen en el colegio. A los niños solo se les habla de la realidad material que se percibe a través de una lente tridimensional muy limitada que capta únicamente una parte diminuta del conjunto. Pero el hecho de que no se nos haya enseñado nada acerca del ámbito espiritual y que todavía no sepamos cómo percibir el mundo de los espíritus o navegar por él no significa que no sea algo real. Es solo que todavía no nos hemos educado para ello.

PROCEDO DE UN LINAJE DE AUDIOFRECUENCIA MÍSTICA

Mi bisabuela Mamal empezó a visitarme en sueños cuando yo tenía cinco años. Sin embargo, mi madre afirma que desde los tres ya era evidente que yo no era como los demás niños, porque solía acercarme en la tienda a personas desconocidas y las abrazaba y les decía que las quería; de ese modo conseguía que sus problemas se desvanecieran. Aunque mis poderes chamánicos tradicionales proceden de mi familia paterna, mi madre desciende de una larga línea de oráculos noruegos y curanderos y curanderas indígenas americanos. El reino espiritual no le resulta extraño y dice que mis poderes espirituales se dieron a conocer muy pronto.

Mamal era una poderosa curandera de Ghana. Trabajaba con espíritus, hierbas y música al servicio de su tribu, una mezcla de tradiciones mende, yoruba y bantú. Cuando los traficantes de esclavos se infiltraron en las tribus africanas, huyó a Haití, donde estudió hoodoo y se convirtió al espiritualismo antes de asentarse en Nueva Orleans. Sus poderes chamánicos son legendarios en mi familia y he oído muchísimas historias acerca de sus curaciones milagrosas. Mi padre me contó que, siendo él niño en Nueva Orleans, la gente solía hacer cola alrededor de su casa para verla. Mamal tumbaba a las personas sobre una mesa de madera colocada en el centro de su sala de sanación, se frotaba las manos con aceite y diversas hierbas mientras rezaba y cantaba, y luego se escupía en ellas, se las volvía a frotar y las agitaba sobre el cuerpo de la persona mientras cantaba a los espíritus. Bailaba y cantaba sin dejar de frotarse las manos una y otra vez. Luego golpeaba a la persona varias veces y, con cada azote, esta se agitaba, tosía y en ocasiones vomitaba en un cubo metálico que Mamal tenía debajo de la mesa, y con eso se curaba. No importaba qué enfermedad tuviera, esa era la técnica de Mamal, y parece ser que obraba maravillas para curar cualquier desequilibrio. Está claro que eran tiempos distintos. Hoy en día no podemos ir azotando a la gente para curarla. Ese tipo de cosas ya no se llevan.

Mi madre es una vidente muy poderosa y un manantial de sabiduría. Por sus raíces discurre una espiritualidad vikinga ancestral. Fue rechazada por su familia reconstituida, porque ellos eran negros y ella blanca, y pasó la mayor parte de su infancia trabajando como aprendiz de una mujer a la que denomina madre espiritual, una gitana rumana que empezó a enseñarle a ver, conocer y trabajar con la energía desde que tenía ocho años. Siempre dice que, desde que yo estaba todavía en su vientre, supo que iba a ser un chamán poderoso, porque mis antepasados la visitaron durante el embarazo y le enseñaron cantos y espirituales que nunca había oído antes pero que me cantaba constantemente entre oraciones. Afirma que mis antepasados también la guiaron para que pusiera determinados objetos de poder en mi cuarto: tambores para enseñarme las costumbres musicales de la tribu mende, plumas para enseñarme a volar, para que siempre pudiera elevarme sobre el mundo, y una manta especial tejida en África en la que yo solía arrodillarme para rezar y meditar cuando era un bebé que apenas sabía andar.

LA LLAMADA

Teniendo en cuenta lo profundos y diversos que son los poderes espirituales que corren por mi linaje de sangre, no me parecía raro que mis familiares muertos y otros espíritus extraños se presentaran por la noche en mi cuarto y me hablaran. Yo creía que todo el mundo vivía ese tipo de experiencias hasta que los niños que no las tenían empezaron a hacerme el vacío, a excluirme y a acosarme por raro.

Muchas veces, cuando hablo de los espíritus, la gente piensa en fantasmas, demonios o entidades transparentes que levitan. Pero no es así como se muestran. Tienen el mismo aspecto que las personas normales, aunque, en ocasiones, sus ropas y accesorios los delatan. Por eso de niño me resultaba tan desconcertante despertarme y ver a un hombre africano con una corona de piedras y una capa de terciopelo rojo sentado en mi silla y mirándome fijamente. A veces entraba en mi cuarto y descubría a un vikingo envuelto en pieles de animales echando huesos sobre el suelo mientras una mujer indígena, de pie detrás de él, señalaba los dibujos que formaban aquellos huesos sobre la alfombra para enseñarme el arte de la adivinación. Averigüé que, a excepción de un puñado de miembros de mi familia que seguían las viejas costumbres, el resto de las personas no podían verlos; pero yo no sabía cómo tratarlos.

Llegó un momento en que mis poderes se fueron haciendo cada vez más fuertes y supe que tenía que empezar a entrenarme para poder navegar por esos reinos y gestionar unas experiencias que se iban volviendo más y más frecuentes. Veía colores alrededor del cuerpo de las personas. Estaba empezando a sentir las emociones de los demás y a escuchar a sus guías espirituales, y todo ello resultaba muy ruidoso, me distraía y me abrumaba. Y eso por no mencionar que había empezado a ver bolas de luz que giraban y desaparecían en las paredes de distintas partes de mi casa. Eran portales espirituales, aunque por entonces lo desconocía. Estaba en primaria. No sabía lo que era un portal espiritual y mucho menos qué hacer para asegurarme de que estaba bien cerrado.

Le conté a mi padre que mis poderes se estaban haciendo más intensos y que había llegado el momento de empezar mi formación. Él me preguntó si oía las voces de los antepasados y si estos habían empezado a pedirme que hiciera cosas. Cuando le dije que sí, que me estaban pidiendo que hiciera muchas cosas, me respondió que él también solía oírlas. Fue entonces cuando empezaron las palizas y cuando mi abuelo Leon empezó a llamarme hijo del diablo.

Aquella vez en el patio del colegio...

En cierta ocasión, siendo muy pequeño (tendría unos siete u ocho años de edad), estaba jugando con unos niños en el recreo y, de repente, vi a una niña vomitando sangre mientras se le caía todo el pelo. Me asusté tanto que empecé a gritar y gritar sin parar. Fue una experiencia terrible, y nos llevaron a ella y a mí al despacho del director, donde tuvimos que esperar a que vinieran nuestros padres a recogernos. Cuando llegaron, el director no dejó de presionarme para que explicara por qué gritaba tanto y al final confesé y les dije lo que había visto. La madre y la niñita rompieron a llorar.

—¡Mi hija tiene leucemia! —sollozó la madre.

Mi padre se puso en pie de un salto, me agarró por el brazo y dijo:

—Tenemos que irnos.

Me empujó hacia la puerta y prácticamente me arrastró por el aparcamiento hasta su furgoneta.

—Estás llamando la atención —gruñó cuando nos metimos en ella—; la gente va a descubrir que tienes poderes. No sabes usarlos. Esos poderes son malos. Tienes que evitar que salgan.

Como venimos de una larga línea de chamanes, tanto mi abuelo como mi padre conocían las penalidades que entraña el chamanismo. Mi padre fue aprendiz de su abuela (Mamal) y de su tía, que lo practicaban en Nueva Orleans. Por eso había sido testigo de primera mano de las dificultades y tribulaciones que yo iba a tener que soportar si decidía acceder a mi poder. Sabía que me avergonzarían y me excluirían por el hecho de ser diferente. Y, aunque jamás lo habría reconocido, le aterrorizaban los poderes que él mismo había reprimido durante toda su vida. Otra dificultad añadida era que, según su religión, yo era maligno, y por eso se esforzaba tanto en quitarme mis poderes. Pasé la mayor parte de mi infancia con heridas y golpes, y se me repitió una y otra vez que era malvado, una maldición del demonio.

Pero los antepasados seguían insistiendo en que yo tenía que empezar mi formación, y para aquel entonces los espíritus me inundaban, literalmente, día y noche. Por eso mi madre (que se divorció de mi padre y se mudó a Nueva York cuando yo tenía tres años) intervino en mi favor y exigió a mi padre que me permitiera empezar a formarme en el chamanismo y en las formas de actuar del Espíritu.

La formación del chamán: los primeros años

Fue entonces cuando los antepasados comenzaron a poner maestros, mentores, sanadores y ancianos en mi camino; y fue también entonces cuando empecé a aprender a navegar por los reinos del Espíritu y cuando aprendí que los vórtices giratorios de mi casa eran portales espirituales y averigüé cómo se sellaban. Algunos de mis profesores estaban encarnados y otros eran espíritus. Esto es, en parte, lo que hace que el chamanismo resulte tan especial: nuestra enseñanza y nuestra práctica se produce en el plano físico y en el del Espíritu. Los chamanes aprenden de profesores físicos y de los espíritus que acuden por la noche en distintas formas. Pueden venir como un jefe indio, como un guardián de un templo egipcio o como una mujer con cuerpo de serpiente que te saca del sueño para darte un mensaje, para enseñarte una oración o porque ha llegado el momento de que aprendas a invocar al viento o a hacer una ofrenda a un árbol que está a siete manzanas de tu casa, aunque sean las dos de la madrugada y esté lloviendo a cántaros.

Con frecuencia, los espíritus trabajaban en colaboración con los maestros físicos. Recuerdo cierta ocasión en la que una compañera de colegio me invitó a su casa después de clase. Su madre, Diana, era bruja y me dijo que mis antepasados la habían visitado para pedirle que me formara en las artes oscuras, no porque quisieran que las practicara, sino para que supiera cómo protegerme cuando me cruzara con ellas. Me dio libros para que los estudiara y yo los oculté debajo del colchón por miedo a que mi padre y mi madrastra me pegaran por tenerlos.

Mi tía Hazel, que practicaba los viejos usos de Haití, me enseñaba a escondidas, porque sabía el miedo que tenía mi padre a los poderes de la familia.

—No se lo cuentes a tu padre —me recordaba al final de cada visita.

La tía Hazel me enseñó a utilizar la respiración para acceder al mundo espiritual, donde me conectaba con los ancestros y los espíritus que todavía hoy me siguen enseñando cosas nuevas. Recuerdo la primera vez que lo hice. Conocí a un espíritu que me ordenó despertarme a las cuatro de la madrugada para ir a un lu-

gar donde había barro, agua y pájaros. Puse el despertador y salí
de casa sin que nadie se enterara. Cuando llegué al parque donde
se encontraba el barro y todo lo demás, el espíritu me estaba esperando a la orilla del estanque con media docena de pájaros muertos. Me dijo que tenía que enterrarlos y trazar círculos a su alrededor con un palo y luego sentarme a meditar sobre la energía de las
aves. Cuando lo hice, los pájaros salieron volando de la tierra
donde los había sepultado y penetraron en mi cuerpo infundién-
dome su energía. Esa experiencia me enseñó a navegar por el plano espiritual a través del vuelo y cambió mi forma de percibir las
cosas en este ámbito, expandiendo considerablemente mi visión.

Por desgracia, cuando llegué a casa con los zapatos llenos de
barro y las uñas embadurnadas de tierra, mi padre estaba espe-
rándome y me dio una paliza por escaparme y practicar los poderes que no dejaba de decirme que debía reprimir.

La formación del chamán es muy diversa e incluye muchísimos aspectos

Como los chamanes espirituales trabajan con espíritus de todas las culturas y tradiciones del mundo y de todas las líneas de
tiempo, deben estudiar otras sociedades, religiones y filosofías
además de las de su propio linaje tribal. Yo sigo viajando por el
mundo estudiando otras culturas, otras religiones y otras tradiciones chamánicas. Estoy siempre aprendiendo, siempre formán-
dome y siempre superándome.

Mi familia proviene de las tradiciones tribales de África occidental y también de las toscuranas y las escandinavas. Por eso mis
antepasados me han formado exhaustivamente en esas prácticas
y creencias. También he aprendido el chamanismo indígena americano con las tribus lakota y cheroqui; el chamanismo haitiano,
nigeriano y hawaiano; el babalawo cubano y las místicas tradicio-

nes kuba africanas. He estudiado judaísmo y cábala con rabinos en Israel, sufismo en Turquía y cristianismo, catolicismo y misticismo cristiano por toda Europa. Además, he contado con espíritus de todas las culturas, tradiciones, religiones y escuelas de misterio que me han formado y aconsejado y que trabajan a través de mí: espíritus de la tribu maorí, ancianos del Valhalla y espíritus de Angola, Tailandia y Vietnam.

Mis estudios chamánicos no han sido lineales ni lógicos. Por ejemplo, no comprendí realmente el simbolismo de los libros sobre magia negra que Diana me dio siendo niño hasta que fui a Israel a estudiar misticismo judío. Mis lecciones de hebreo y de la Torá me permitieron entender los códigos ocultos en el lenguaje y su poder para crear, destruir y transformar.

Estando en Israel, casi me atropella un autobús de la línea 4. Mientras este avanzaba hacia donde yo estaba, un hombre jasídico tiró de mí para sacarme del camino y me lanzó contra el escaparate de una agencia de viajes. Cuando me recuperé y me quité el susto de encima, vi un cartel que decía «Visite Turquía» y supe que el Espíritu quería que fuera allí. En Turquía conocí a un chamán nigeriano que me llevó al bosque para participar en una ceremonia muy poderosa durante la cual conocí a un espíritu kuba que me enseñó muchas cosas y que todavía me sigue aconsejando en mis sesiones de sanación y durante el sueño.

Por eso, gran parte de mi formación e inmersión chamánica procede de seguir las señales y de estar disponible para los modos astutos del Espíritu, que no son tan claros y sencillos como una formación universitaria normal.

Aquella vez en la que estuve cuatro minutos muerto

Dos días después de salir de la selva y de que me dijeran que iba a morir, me desperté en mitad de la noche y encontré a un espíritu sentado encima de mí buscando en mi cuerpo. Lo siguiente que supe fue que estaba atado a una camilla de ambulancia con mi amigo Marcus sentado a mi lado con cara de terror absoluto.

—¿Qué está pasando? —resollé.

Según el enfermero, había sufrido cinco convulsiones seguidas, lo que resultaba muy raro, porque no era epiléptico y jamás había tenido ninguna anteriormente. Antes de llegar al hospital, tuve otras dos. Comprendí lo que estaba sucediendo: que me estaba muriendo. Me sentía aterrorizado.

Una mujer luminosa entró en la habitación del hospital donde me encontraba y todo empezó a brillar y a licuarse.

Vas a sentir mucho dolor, me dijo. *No luches contra él. Sencillamente, suéltalo.*

Y desapareció en el momento en que surgió el dolor, y lo que parecían mil cuchillos en llamas empezaron a clavarse en cada centímetro de mi cuerpo. Aparentemente, eso es lo que sucede cuando los niveles de potasio se disparan hasta los 10 mEq/l y todos los órganos se cierran y eres un chamán de sexta generación. Uno por uno, mis órganos se fueron desconectando mientras yo seguía convulsionando. Cuando los pulmones fallaron, empecé a darme puñetazos en la garganta luchando por coger aire. Los médicos se apresuraron a hacerme una traqueotomía, pero, a pesar de sus esfuerzos, yo seguía sin poder aspirar oxígeno, porque mis pulmones habían dejado de funcionar.

Niño querido, oí decir a la mujer, *suelta*.

Más tarde Marcus me dijo que, mientras yo me sentía atraído por esa voz tranquilizadora, esa luz refulgente y esa energía apacible, los médicos y enfermeras luchaban por sujetar mi cuerpo convulso y por impedir que mis ojos se dieran la vuelta en sus órbitas.

Suelta, hijo...

En esta ocasión era la voz de mi abuela. Fue entonces cuando dejé de luchar, solté y morí.

Todo se volvió muy claro, muy expansivo. Pasé de ver solo el techo sobre mi cabeza a ver toda la habitación de hospital y luego el hospital entero, el aparcamiento, toda la manzana y toda la ciudad. Y entonces vi a mi abuela junto a mí diciéndome que me relajara en el dolor y que todo iba bien. Luego estaba flotando en un océano negro impregnado de amor y energía. Me di cuenta de que estaba en el vientre de mi madre y la vi dándome a luz, una experiencia bastante rara, porque no estaba acostumbrado a percibir desde dentro y desde fuera al mismo tiempo.

Después vi y experimenté simultáneamente mi vida al completo. Estaba con todas las personas que había conocido. Vi todo lo que había visto. Reviví cada pelea en la que me había visto implicado. No solo viví toda mi vida, sino que observé también cómo cada uno de mis actos influía sobre las personas que me rodeaban. Imágenes y recuerdos inundaron mi mente hasta que llegué al punto en que pude aceptarlo todo y dejarlo ir con amor. Y fue entonces cuando me desprendí completamente de este plano.

Me fundí en una luz increíblemente brillante, que era amor puro, y supe que estaba en casa. Me encontré sin cuerpo en una playa. La mujer luminosa reapareció y me devolvió las manos, pero sin huesos, y quiso saber si yo tenía alguna pregunta que hacerle.

—Un montón —le respondí, y empecé a bombardearla con dudas acerca de la situación en el planeta Tierra. Le pregunté por qué las personas se hacían daño unas a otras, por qué sufrían, por qué teníamos fronteras, por qué existían enfermedades y por qué teníamos guerras.

La respuesta a cada una de mis preguntas era siempre la misma: *un mal funcionamiento de la forma de pensar.*

Estuve oficialmente muerto cuatro minutos y veinticinco segundos, pero el tiempo que pasé al otro lado me pareció al menos un par de docenas de eternidades. Al cabo de un rato y de muchas conversaciones con multitud de espíritus diferentes, acudió otro ser y me dijo que no tenía que quedarme, que podía regresar a mi vida terrenal si quería. Aunque deseaba con todas mis fuerzas permanecer en aquella playa de amor con mis manos deshuesadas y aquel cielo que emitía sonidos felices cada vez que lo miraba, supe que tenía que regresar a la Tierra para enseñar a la gente lo que había aprendido.

Me metí en el agua y fui tragado por un espacio profundo que atravesé a velocidad de vértigo. Me detuve justo encima de la Tierra y estuve sobrevolándola un ratito antes de caer por la atmósfera y cruzar el techo de la habitación del hospital, donde me vi a mí mismo tumbado debajo de una sábana con una aguja hipodérmica gigantesca saliendo del pecho y las palas de un desfibrilador provocándome unas sacudidas tremendas. Al regresar a mi cuerpo sentí una oleada de dolor y proferí un sonoro resoplido, como hace la gente de las películas cuando la devuelven a la vida. Intenté sacarme el tubo de la boca, pero me di cuenta de que no podía mover las manos ni los brazos..., no porque siguiera sin tener huesos, sino porque estaba paralizado.

Pasé los dos meses siguientes en coma. Cuando recuperé la conciencia, no podía hablar ni moverme. Me dijeron que había sufrido daños cerebrales y que jamás conseguiría caminar de nuevo. Tenía los riñones tan mal que pasé los ocho años siguientes con diálisis, una experiencia que me obligó a transitar por los fuegos del sufrimiento y la desesperanza humana. Esto me permite comprender en profundidad el dolor de los demás, algo a lo que no habría podido acceder si no lo hubiera vivido yo mismo.

El proceso de recuperación fue largo y doloroso. Los espíritus vinieron a mí mientras estaba en el hospital. Me explicaron que el cerebro es un conductor y que el mío estaba transmitiendo mensajes defectuosos. Si quería recuperarme, y si quería sanar, tenía que empezar a pensar con mi alma expansiva y no con mi cerebro limitante. Tomé muy en serio lo que me habían dicho y trabajé con denuedo todos los días para curar mi cuerpo a través de mis pensamientos y mis palabras. Superé todas las expectativas, demostré que todos los médicos se habían equivocado y conseguí una recuperación plena y completa, y todo porque había aprendido a pensar correctamente.

LA PROFECÍA

Mientras estuve muerto disfrutando con los espíritus en la playa, estos me mostraron el momento tan extraordinario de la historia de la humanidad que estamos viviendo, esta iniciación planetaria por la que nosotros, como ciudadanía global, estamos transitando en este momento.

Muchas tradiciones chamánicas, tribales e indígenas han profetizado esta época de transición épica para nuestra especie. La denominan la Gran Turbulencia —la oscuridad que precede al amanecer—, ese momento umbral en el que la humanidad se ve obligada a despertar de su sopor, su separación y sus conductas destructivas y toma la decisión consciente de evolucionar la especie y el planeta o perecer.

Yo lo llamo el Apagón. Los apagones son momentos cruciales que exigen saltos cuánticos en la evolución para asegurar la supervivencia de las especies. Son encrucijadas en las que o nadamos o nos hundimos. Se presentan cuando las condiciones planetarias alcanzan niveles extremos de desequilibrio y cuando grandes masas de la población se han quedado atascadas en su capacidad para reconocer las herramientas y los conocimientos que ya albergan y se ven obligadas a realizar cambios dramáticos y necesarios en favor de la supervivencia y la adaptación de su especie.

El Apagón

El Apagón ha llegado para alumbrar todo aquello que está roto, desequilibrado y desajustado, no solo dentro de nosotros como individuos, sino también en el conjunto del mundo. En la actualidad estamos viviendo un periodo de gran desconexión en el que somos testigos de patrones climáticos perturbados, desastres naturales a gran escala y una enorme turbulencia social, política, cultural y tecnológica.

Es una encrucijada, un buen momento para que los seres humanos observemos el desbarajuste en el que hemos colocado nuestro planeta, nuestros sistemas y nuestra sociedad, y hagamos los cambios necesarios para sobrevivir y mejorar. Estamos balanceándonos al borde de un cambio notable que está a punto de alterar enormemente la trayectoria y la forma de actuar de la humanidad. El Apagón está invitándonos a los seres humanos a decidir si vamos a continuar pensando en contra de nosotros y conduciendo el planeta hacia la oscuridad o si decidimos domeñar nuestros pensamientos para que nos apoyen, asumir la responsabilidad de nosotros mismos y de nuestra situación en la Tierra y abrazar la luz. Es una decisión tanto personal como colectiva, porque la única forma en la que podemos cambiar el mundo es cambiándonos a nosotros mismos.

El chamanismo al rescate

La tarea del chamán consiste en aventurarse a los lugares oscuros que la mayor parte de la gente evita y aceptar esa oscuridad como medio para investigar la condición humana y para comprender la naturaleza de las cosas que tienen que afrontar las personas. Nuestra conexión con el Espíritu es lo que nos permite desafiar a la oscuridad una y otra vez, porque nos hace saber que siempre estamos seguros. Esta es la función de la iniciación chamánica, destruir al chamán una y otra vez para que este aprenda —no por adoctrinamiento, sino por la experiencia— que no puede ser destruido. Sin embargo, la mayor parte de las personas no resisten estos ritos de paso. Eso significa que la mayoría de los seres humanos no tienen esta conexión con el Espíritu y por eso no experimentan las sensaciones de seguridad duradera que la acompañan, ni siquiera los que afirman ser religiosos o espirituales.

En este libro he reunido los trucos espirituales que necesitas para desarrollar este tipo de conexión con el Espíritu y para cultivar esa misma sensación de seguridad que yo he adquirido a través de mi experiencia con el mundo espiritual. Cuando aplicamos estas herramientas con regularidad en nuestra vida personal, podemos ir por el mundo con confianza y amor e inspirar y educar a los demás para hacer lo mismo, y, antes de que nos demos cuenta, habremos generado una gigantesca espiral autocorrectora que levanta y cambia el mundo con cada dirigente iluminado. Hay tanta gente ocupada, agitada y estresada, corriendo por ahí para encontrar soluciones intrincadas y complejas a todos los males del planeta, que hemos perdido de vista la solución auténtica: para que el mundo mejore, la gente que vive en él tiene que sentirse mejor. Esto significa sentirse más seguro, más pleno, más satisfecho, más cuidado, más conectado, más empoderado y más auténtico. Y para esto sirven los trucos espirituales.

Como el chamanismo es inclusivo, expansivo, relacional y cuántico, ocupa una posición privilegiada para ofrecer a la humanidad un abanico muy amplio de herramientas integradoras increíbles que están presentes tanto en la naturaleza como en nuestros propios sistemas operativos humanos. Mi visión es que la humanidad las utilizará para adaptarse, evolucionar y prosperar durante el Apagón. Han sido escogidas y cuidadosamente preparadas para apoyarte en tu intento de convertirte en una versión mayor y más poderosa de ti mismo viviendo y prosperando en armonía con la vida y consiguiendo una audiofrecuencia iluminada.

EL CHAMANISMO NO ES UNA RELIGIÓN, SINO UN ESTILO DE VIDA

Si bien los espíritus me han elegido a mí para ser chamán y he soportado los ritos de paso y realizado la formación que eso entraña, el chamanismo es un estilo de vida que está al alcance de todo el mundo.

No es una religión. No está relacionado con mandamientos ni con pecados, jerarquías o castigos, ni tampoco con recompensas, virtud, austeridad ni otra vida celestial. No pone representantes entre Dios y tú, porque no necesitas a nadie más para conectarte con tu propia divinidad. Como chamán, no estoy aquí para intermediar entre el Espíritu y tú ni para decirte cómo debes vivir tu vida o ser una persona espiritual. Estoy aquí para empoderarte enseñándote los trucos de tu espíritu que te ayudarán a levantarte y cambiar para convertirte en un gigante viviente.

El chamanismo es una forma de percibir la vida de un modo más expansivo, implicado, amoroso, inclusivo e imparcial. Lo que tienes en tus manos no es un texto religioso ni un libro de normas. Es una invitación a emprender un viaje sagrado hacia las profundidades de tu espíritu, a descubrir y entrar en lo desconocido, donde te conectarás con ese poder infinitamente amoroso e ilimitado que reside dentro de todos y cada uno de nosotros. Aprenderás a cultivarlo y a utilizarlo para servir a la evolución de este planeta, de esta especie y de ti mismo.

Glosario de términos

A UNQUE EXPLICARÉ Y CONTEXTUALIZARÉ todos los términos de la lista siguiente a medida que vayamos avanzando, los he recopilado en una sección propia para que resulten fáciles de buscar. Quiero que te centres en empoderarte, en iluminarte, y que no tengas que forzar el cerebro intentando recordar cómo definí *sensorio* en alguna página anterior. Muchas de estas definiciones están adaptadas a mi propio léxico y no necesariamente se ajustan a las del diccionario. Bienvenido a mi mundo, cariño.

APAGÓN: un periodo o frecuencia de energía magnética que arroja luz sobre la densidad de la humanidad para que podamos verla y asumir la responsabilidad de cuidarla y transmutarla de manera que lleguemos a alcanzar el máximo potencial de consciencia del amor sobre el planeta Tierra.

BORREGO: una persona que sigue al rebaño y hace lo que le dicen sin pensarlo.

CACHARRERÍO: frecuencias energéticas discordantes a las que se aferra la sombra por nosotros hasta que estamos preparados para asumir la responsabilidad de ellas.

CUÁNTICO: que opera en múltiples dimensiones al mismo tiempo.

DEVOCIÓN: la observación de la energía y el foco de atención guiado por el amor.

DIBUJANTE: la voz de un espíritu del inframundo que resuena en tu cabeza.

DIOS: una fuente sostenible de energía de amor puro e incondicional que se crea constantemente a sí mismo dentro de sí mismo (también *Espíritu* y *Fuente*).

DUALIDAD: la separación que percibimos entre la luz y la oscuridad que se reflejan mutuamente en este plano dimensional.

EDAD GIGANTE: la era dorada que sigue al Apagón; un periodo de paz global, prosperidad, alegría, salud y armonía para todos los seres de la Tierra.

EGO: el gran pisapapeles; la parte de la conciencia humana que crea y sostiene las realidades que elegimos.

EL SISTEMA: las estructuras de autoridad que imponen las limitaciones de la matriz y te atan a la conciencia de supervivencia.

ESPÍRITU: una fuente de energía consciente; también, en algunos casos, Dios.

ESTAR A TOPE: sentirte tan empoderado en lo que eres que nada puede interponerse en tu camino.

FIRMA ENERGÉTICA: tu frecuencia vibratoria exclusiva de referencia.

GIGANTE: épico, viviendo a lo grande, a tope, encarnando tu mayor verdad de ti mismo; también, un salto cuántico en la evolución.

GLAMUR: un tipo de energías dirigidas a distraerte de ti mismo secuestrando tu atención con relumbrón, brillos y pompa.

ILUMINACIÓN: alta energía impulsada por la pasión y el propósito.

LA LUZ: la emanación de Dios, que es amor puro e incondicional y favorece el crecimiento y la expansión (también *inteligencia de luz*).

LA MATRIZ: un sistema establecido por la oscuridad que genera normas y reglas que la gente debe seguir para sostener el sistema.

LA VOLUNTAD: la acción de energía producida por el pensamiento y el sentimiento.

MANTRA: palabras o frases murmuradas en repetición rítmica para entrenar la mente con frecuencias concretas.

MAYA: concepto hindú de la ilusión terrenal.

MEDICINA: el elemento que crea movimiento en lo que se había estancado.

OSCURIDAD: un vacío energético que alberga todo aquello que no está contenido en el campo del amor.

PETAZETA (POPROCK): explosivo, asombroso, impulsado por la energía, excitante, nuevo, divertido.

RESPONSABILIDAD: la capacidad de mostrarse con amor.

SENSORIO: el aparato sensorial del cuerpo o todas las facultades consideradas como un conjunto.

SÍNTESIS: el medio a través del cual tus mecanismos sensoriales se comunican entre sí.

SOMBRA: la parte de tu ser que es la luz y que abarca, con amor incondicional y aceptación, todo aquello de lo que no te has responsabilizado.

TRAJE BIOLÓGICO: el cuerpo humano.

TREN ILUMINADO: una fuente energética divina que alimenta tu alegría, tu diversión, tu energía y tu expansión.

YO: la divinidad que reside en tu interior; el aspecto más puro y auténtico de tu ser.

PRIMERA PARTE

DE LA
OSCURIDAD
A LA LUZ

1

EL APAGÓN

LOS APAGONES NO SON ALGO NUEVO. Se producen cuando una parte de la especie descarrila y se desalinea tanto que necesita experimentar un salto cuántico en el despertar para recuperar la armonía, tanto para sí misma como para el planeta. Podríamos decir que necesita una buena sacudida para despertar. Los seres humanos han incurrido en muchos de ellos a lo largo de los siglos. Lo que hace que este sea tan especial es su magnitud. Está sucediendo a nivel global y no en un único continente, en un país o en una región. Este Apagón es del tipo todo incluido superdeluxe, porque está afectando a todos y cada uno de los seres del planeta.

Ya estamos siendo testigos de enormes perturbaciones en el mundo natural, producidas porque la Tierra está intentando recuperar su equilibrio mediante un cambio climático acelerado y unos patrones del clima cada vez más violentos. Nuestros constructos societarios están al borde de cambios igual de ingentes y tumultuosos. Vivimos en estructuras insostenibles que están monopolizando demasiados recursos y exigiendo un precio enorme al ecosistema. Comemos alimentos procesados impregnados de sustancias químicas mortales que provocan todo tipo de caos en

nuestro cuerpo, por no hablar de lo que le están haciendo a la
Tierra. Pasamos los fines de semana contaminando nuestro organismo con redes sociales dañinas y sustancias intoxicantes venenosas para conseguir un descanso temporal del estrés y la mono-
tonía de la supervivencia. Pensamos y hablamos, a nosotros
mismos y a los demás, de forma ofensiva y autodifamatoria, lo
que produce unos efectos negativos muy extensos en nuestro
bienestar físico, emocional y psicológico. Dividimos. Cotilleamos.
Consumimos. Aniquilamos a grupos enteros de personas que
piensan de forma diferente. Condenamos a muerte a los crimina-
les en lugar de intentar rehabilitarlos. Matamos animales para
obtener comida y ropa, en pro de la ciencia y como deporte, porque no los valoramos como seres sintientes que albergan el código
de vida, porque no valoramos el código de vida, sin más. Es una
locura comprobar hasta qué punto los seres humanos intentamos
convencernos a nosotros mismos de que tenemos derecho a destruir la vida a cambio de un beneficio económico.

Y luego están las luchas internas y la intolerancia, que tienen
a mucha gente enganchada a cosas como el racismo, el sexismo y
la discriminación, sin darse cuenta de que esos problemas son
meros síntomas de un mal funcionamiento mucho mayor. Por eso
vemos a gente peleando contra los síntomas de la desigualdad
social con las mismas tácticas cortas de vista que observamos en
el modelo médico occidental utilizado para combatir las enfermedades, ajeno totalmente al hecho de que, cuanto más intentamos
luchar contra estos síntomas, más enferma nuestra sociedad, porque los problemas que los originan siguen sin examinarse. Por
eso, la enfermedad sigue manifestando cada vez más síntomas,
mientras la fuente del problema sigue haciéndose cada vez mayor
y más fuerte.

Así como es fuera es dentro

Tenemos que entender que todo lo que estamos experimentando en nuestra realidad actual es una manifestación de las energías a las que nos estamos aferrando en nuestro interior, y que todo aquello que nos incomoda o nos desagrada del mundo es un reflejo de algo que nos incomoda o desagrada de nosotros mismos. El Apagón nos pide que nos sometamos a un buen análisis para reconocer todo lo que hemos estado negando, evitando, escondiendo debajo de la alfombra, pretendiendo que no está roto, distorsionado o sucediendo en cualquier nivel. Nos exige que nosotros, como individuos y como colectivo, afrontemos aquello de lo que hemos estado huyendo.

Por eso existe tanta discordia en el planeta. El Apagón está creando un chorro de energía magnética que saca todo lo que habíamos escondido debajo de nuestras alfombras, para que lo examinemos y, de ese modo, podamos devolverle el equilibrio. Por eso vemos a tantos dirigentes polarizados accediendo a puestos sociopolíticos elevados y exasperando a la gente. Los chamanes los denominamos los *grandes agitadores*. Cumplen una función muy valiosa, porque nos reflejan aquellos aspectos de nosotros mismos que no queremos ver, toda la porquería que tenemos que eliminar para recuperar la armonía. La gente está confusa y proyecta su ira y sus problemas sobre los grandes agitadores cuando en realidad el problema es que todavía no han trabajado su dolor.

Los grandes agitadores son un regalo que el Espíritu nos envía para ayudarnos a evolucionar. En cierto sentido, todos sabemos que algo tiene que suceder de una forma u otra. El Apagón es ser consciente de esto. Es comprender que tenemos que cambiar lo viejo para devolver la armonía a nuestro mundo y permitir que emerjan formas y estructuras nuevas. Todo lo que no ha sido creado o transformado a través de la lente del amor, de la armonía y del equilibrio para toda la humanidad y para cada una de las especies de plantas y animales del planeta está surgiendo para que podamos ver con claridad las decisiones que nos han conducido a esta experiencia colectiva y así reestructurar nuestro mundo desde el amor.

El progreso humano ha avanzado a un ritmo de vértigo en un afán de obtener poder, dominación y logros que han servido a los intereses de países y empresas concretas mucho más que a los de la especie humana en su conjunto. Hasta ahora el avance tecnológico ha estado impulsado por la conciencia de la competencia, el deseo de innovar primero, mejor, más y más rápido.

Esta estrategia ha dividido a la gente con fronteras artificiales y ha creado tecnologías que destruyen la vida. El Proyecto Manhattan, por ejemplo, cosechó grandes elogios para Estados Unidos por crear la primera bomba atómica. Estupendo. Es todo un logro en términos de innovación e ingeniería. Sin embargo, quizá deberíamos haber utilizado algo más de criterio y habernos preguntado si ese era el tipo de tecnología que queríamos en nuestro planeta, y comprobado que fuera a utilizarse en beneficio de la humanidad antes de empezar a producir bombas atómicas en masa para obtener un beneficio económico.

Si queremos que la especie resista, no podemos seguir dejando que sea nuestro ego el que impulse el progreso. La evolución no es una cuestión de poder, sino una empresa de colaboración para mejorar la vida. Ya no podemos seguir innovando por el mero hecho de innovar. Debemos utilizar nuestro buen criterio y asegurarnos de que cada uno de nuestros actos honra el código de vida y mejora la calidad de esta para todas las personas y todos los seres y también para el planeta.

El Apagón marca un punto crucial para la humanidad, una encrucijada en la que los seres humanos debemos elegir si queremos seguir prosperando en el planeta Tierra o si dejamos que este se destruya. Todavía podemos decidir. Si seguimos escondiendo la cabeza en la arena y pretendemos que todo va bien, porque tene-

mos once mil seguidores en Instagram y nuestra manicura es perfecta, entonces va a ser un proceso doloroso y tenemos muchas
probabilidades de echarlo todo a perder. Sin embargo, si tomamos la decisión de darnos cuenta de la realidad, de analizar a
fondo los problemas básicos que está afrontando la humanidad y
de asumir la responsabilidad de los desequilibrios que hemos
creado, podemos conseguir una Era Gigante en la Tierra.

Eso es también lo que dice la profecía. Los chamanes, los pueblos indígenas e incluso el mismo Nostradamus predijeron los
cataclismos que iban a amenazar a la humanidad en esta época.
Sin embargo, también hablaron de una edad dorada, una era
marcada por una paz, una alegría, una armonía y una prosperidad increíbles después del Apagón. No es algo establecido, pero,
si prendemos fuego a la casa, si quemamos todos los programas
viejos que nos están robando nuestra luz y elegimos evolucionar
a partir del amor y no del miedo, utilizando la inteligencia superior para crear estructuras nuevas que favorezcan el bienestar de
todos los seres —no solo de los que nacieron en la costa, fueron
al instituto y se hicieron ricos o famosos, o las dos cosas—, podremos mejorar el mundo y crear lo que yo llamo una Era Gigante. Pero la única forma de poder experimentar el cielo en la Tierra
es transmutar la oscuridad que nos está cegando en la luz que
constituye nuestro derecho innato.

La oscuridad

A muchos de los tipos de la Nueva Era, esos que predican
amor y luz, les gusta dar la impresión de que la oscuridad no existe. Pues bueno, yo estoy aquí para decirte que *sí*. No importa lo
santo que afirmes ser, lo poderoso que creas que eres ni las muchas veces que entonas el nombre de Ganesha mientras pasas las
cuentas de tu rosario budista y miras fijamente tu tercer ojo; si te

has encarnado en el planeta Tierra, estás afrontando la oscuridad en algún nivel.

Una de las cosas más asombrosas que me mostraron los espíritus cuando morí fue el increíble abanico de realidades multidimensionales que forman el plano terrenal. Y cuando hablo de un abanico increíble de realidades multidimensionales no me estoy refiriendo a cien o a mil. Estoy hablando de millones, de billones de realidades terrenales diferentes que existen simultáneamente en este momento. A la gente le cuesta mucho entenderlo, y lo comprendo si no la has palmado y los espíritus no te lo han explicado cuidadosamente mientras tu espíritu abandonaba tu cuerpo y se elevaba por todo el cosmos durante lo que pareció ser una eternidad. De todas formas, eso es lo que significa vivir en una realidad cuántica en la que cualquier posibilidad que seas capaz de imaginar —y un millón o un billón más que no puedas (o, más bien, que *todavía no hayas imaginado*)— existe en su propio plano dimensional.

La oscuridad es una de las posibilidades que existen. Es un plano de dimensión muy real que prospera con el miedo, la carencia y la separación. Está muy presente en esta región concreta del cosmos, porque resulta que esta parte de la galaxia contiene materia oscura. Así como Arizona tiene cactus, Suiza montañas y la Antártida glaciares, la Vía Láctea tiene materia oscura... y en grandes cantidades.

La materia oscura es una frecuencia energética extremadamente densa contenida en una forma sumamente densa también. Los seres humanos perciben la oscuridad que genera como un vacío o agujero negro. Cuando la conciencia de un ser es absorbida por este agujero negro, se sincroniza con las frecuencias de la oscuridad. Estas frecuencias afectan a toda nuestra realidad a través de nuestros pensamientos, nuestras palabras y nuestros actos, que son manipulados por la oscuridad para generar más oscuridad aún.

La matriz

La oscuridad actúa a través de la matriz, un intrincado sistema impregnado en las normas, patrones y programas que nos mantienen esclavizados. Una vez atrapados en las garras del sistema, la oscuridad piratea nuestra mente inconsciente para dominar y restringir nuestra conducta, y genera frecuencias de miedo, duda, carencia y conflicto para alimentar su propio ámbito. La matriz nos programa para que creamos que somos libres y genera una frecuencia de distorsión en nuestros patrones de energía que nos impide actuar conscientemente para ejercitar nuestro libre albedrío. Para ello planta una creencia en nuestra psique colectiva que nos dice que debemos seguir sus normas si queremos sobrevivir.

La matriz está completamente relacionada con el encasillamiento. Existe para hacer que vivamos encasillados, que pensemos de manera encasillada y que hagamos las mismas cosas que hace todo el mundo durante las veinticuatro horas todos los días de nuestra vida, porque las casillas, los patrones y el *statu quo* facilitan el control de los seres humanos. Reflexiona un poco sobre ello. A todos se nos ha adoctrinado con la fórmula onírica de la vida común y corriente que, según el sistema, debemos llevar. Es algo así: ve al colegio, deja que te laven el cerebro; ve a la universidad, deja que te laven el cerebro un poco más; bebe cerveza, cógete un año sabático, compra cosas durante las vacaciones, retírate, ponte a jugar al golf, ten nietos, contrae un cáncer y muérete. La matriz existe para asegurarse de que sigues esta fórmula, para que cumplas tu papel en el sostenimiento del sistema que te está esclavizando. A menos que creas que eres libre porque el junio pasado fuiste a pasar una semana a Maui. Eso no es libertad, amor mío. Es un hueso.

La matriz hace que sigas estas reglas programando tu conciencia para que creas que si no lo haces te va a suceder algo malo. A veces esa cosa mala es una visión concreta, como que vas a perder todos tus ahorros, te van a destituir y vas a tener que sobrevivir con las monedas que puedas recoger mendigando en la orilla del camino. Sin embargo, en otras ocasiones ni siquiera sabes qué puede ser. Es una sensación vaga y nebulosa de verlo todo negro que te dice que, si no sigues las normas, si no haces lo que se supone que debes hacer, algo terrible te va a suceder sin remedio.

Pero no es así. Esto no es más que una muestra de que la oscuridad te está jodiendo. Por eso he escrito este libro, con el fin de darte todas las herramientas que necesitas para recuperar el poder que entregaste a la matriz y no seguir sufriendo las jugarretas de la oscuridad.

LA MAYA

Recuerda que la matriz fue construida por la oscuridad para mantener el control sobre la humanidad encerrándonos en una burbuja que no podemos ver y programándonos para que creamos que somos libres y así sigamos cumpliendo ciegamente su voluntad. El sistema depende de que los seres humanos sigan atascados en el concepto hindú de *maya*, que significa «ilusión». Cuando estamos atascados en la maya, nos vemos atrapados en un estado de supervivencia, ahogo y agobio perpetuo en el que estamos obligados a hacer malabarismos con todas las cosas que tenemos que hacer, a saltar por el aro y a intentar *no* ahogarnos en un mar infinito de burocracia, información de los medios de comunicación y actualizaciones del sistema operativo. La conciencia de la supervivencia es lo que genera las frecuencias de miedo y separación que mantienen viva la oscuridad, y nos impide ver que la vida no se reduce a la esclavitud tridimensional y las normas, la estructura y los grilletes que nos pone la matriz.

Sin embargo, no nos encarnamos en este planeta solo para sobrevivir. Vinimos para crear alegría, amor y magia. Cada ser humano ha sido creado a partir del gran pliegue de luz del continuo, que es lo que denominamos *Dios* —ese campo de energía omnipresente, omnipotente y orgásmico que lo abarca todo—, y está aquí para ser un creador. Porque eso es lo que es Dios, una fuente de energía pura, de amor incondicional, infinita, omnipresente, que todo lo sabe, que es todo amor, todopoderosa y creativa.

Mucha gente se hace un enorme lío con lo que es Dios realmente, porque la religión —que es sin ninguna duda una herramienta de la matriz— le ha dado muy mala reputación. Le ha retratado como un pervertido malintencionado, encaramado en un trono celestial desde donde se dedica a castigar a la gente porque no ha rezado suficientes avemarías o no se ha inclinado correctamente hacia La Meca. Como si fuese mezquino y tuviera falta de autoestima. *Por favor*. Dios no castiga ni juzga. Lo único que hace es amar y crear, y amar, y crear, y amar, y crear, y crear, y crear.

Como hijos de Dios, eso es exactamente lo que se supone que también nosotros debemos hacer. Los seres humanos somos creación. La creación es nuestra esencia misma. Nuestro único propósito aquí, en el planeta Tierra, es crear. Es levantarnos y cambiar, y prosperar mientras vivimos nuestra vida soñada y creamos un mundo mejor para nuestros hermanos y hermanas, para todos los seres.

La matriz existe para hacerte olvidar que eres un creador cuántico, y para eso te mantiene funcionando en modo supervivencia y esclavizado por el sistema, que se sostiene ahogando tu fuerza vital y enmudeciéndote atiborrándote de azúcar, inflándote de cafeína, adormeciéndote con flúor, envenenando tu cuerpo con pastillas, programando tu conciencia con miedo, mentiras y cotilleos de famosos y golpeándote tanto que ni siquiera notes que las cosas están desequilibradas y faltas de armonía…, algo así como lo que le sucede a nuestro planeta en este momento. Yo lo llamo ser un borrego. Cuando tu cerebro ha sido secuestrado por la oscuridad, te preocupas más por seguir al rebaño y por ser como todos los demás que por pensar por ti mismo, y mucho menos por vivir una vida iluminada como creador cuántico.

LA OSCURIDAD SENCILLAMENTE *ES*

Por muy terrible que suene, la oscuridad no es tan mala. No hace que los seres humanos se dediquen a juzgar ni les inculca sentimientos de escasez mientras nos manipula para que seamos *minions* descerebrados porque nos odie. Lo hace sencillamente porque es lo que necesita para sobrevivir: generar suficiente discordia y suficientes conflictos para mantener su reino.

Una de sus principales estrategias de supervivencia es convencer a los seres humanos de que estamos separados mediante la pretensión de fronteras y divisiones como las de clase, color, género, etnia, religión, tendencias políticas y orientación sexual, unos constructos relativamente insignificantes que en este punto de la evolución humana nos están reteniendo. La ilusión de separación provoca aislamiento y conflicto, que generan las frecuencias de miedo y discordia y, con ello, dan fuerza a su dimensión. La matriz se esfuerza mucho en mantenernos desconectados de nosotros mismos y de los demás, así como de la naturaleza. El estado actual del mundo es un reflejo confrontador de lo destructiva que es realmente la mentalidad *nosotros* frente a *ellos* que genera la oscuridad.

DUALIDAD

El concepto de *nosotros* frente a *ellos, negros* frente a *blancos* e incluso *oscuridad* frente a *luz* procede de nuestra incomprensión fundamental de la dualidad. ¿Te parece que la analicemos?

El dominio de la oscuridad emite una energía reflexiva iluminada por la luz de todo lo que es. La separación aparente de luz y oscuridad que se reflejan mutuamente en este universo es lo que denominamos *dualidad*. Según la experimentamos en este planeta, es un constructo formado por dos opuestos que interactúan entre sí en una experiencia supuestamente separada pero que, de hecho, es un entrelazamiento cuántico perpetuo. Esto se pone de manifiesto aquí, en la Tierra, a través de la idea de *correcto* frente a *equivocado*, *hombres* frente a *mujeres, izquierdas* frente a *derechas*, etc. La idea de colocar estos supuestos «lados» en oposición unos a otros los une en un intercambio constante de tensión y fricción, en una lucha continua por la autonomía que resulta imposible de resolver siguiendo la oposición que los identifica y los define.

La cultura nos programa para juzgar estos constructos de polaridad como *buenos* o *malos*. Sin embargo, la verdad es que *bueno* y *malo* son opiniones subjetivas que no existen por sí solas. Son juicios arbitrarios definidos por nuestra estructura social. Por ejemplo, mientras en Occidente la idea de cenar carne de perro se juzga como algo malo, en Camboya vestir a tu chihuahua con un jersey y dejarlo que duerma en tu cama y te lama la nariz resulta igual de repugnante.

La dualidad es una lente de percepción culturalmente adoctrinada. En el chamanismo no existe. Los chamanes no clasificamos las cosas como buenas o malas. Consideramos que los seres y circunstancias que están provocando dolor y resistencia en nuestra vida son regalos del Espíritu para favorecer nuestro crecimiento. No las etiquetamos como *buenas* o *malas, correctas* o *incorrectas*. Tenemos oscuridad y tenemos luz. La oscuridad no es mala. Es solo una frecuencia energética que necesita amor para volver a la luz.

Imagina que es una gota de tinta que se ha echado en un vaso de agua, que es la luz. La presencia de la tinta no invalida la existencia del agua. Solo hace falta purificar esta para devolverla a su estado original. Pero la tinta no es mala y el agua no es mejor que ella, porque la dualidad no funciona así. Es un constructo evolutivo que nos permite comprender lo que *es* y lo que *no es*. Su objetivo no es elegir partidos, sino trascender completamente la ilusión de que estos existan y aprender a aceptar el conjunto.

El Apagón nos está pidiendo que evolucionemos para superar la dualidad, y eso significa que nuestra tarea no es echar la culpa a la oscuridad ni avergonzarla o combatirla, sino aceptarla, y aceptar también todas las lecciones que está iluminando, asumiendo al mismo tiempo la responsabilidad del mundo que hemos cocreado para acceder al lugar que por derecho nos corresponde de ser creadores cuánticos y levantarnos y cambiarnos a nosotros mismos y al planeta.

ACEPTA LA OSCURIDAD

La oscuridad es luz distorsionada por la conciencia. Por muy distorsionada, fragmentada y aparentemente separada que esté, sigue siendo luz. Nuestro propósito aquí, en la Tierra, es conseguir que estos aspectos fragmentados de dualidad —*nuestros* aspectos fragmentados de dualidad— recuperen la unidad. Estamos aquí para volver a llevar la oscuridad a su casa. Cuando nos encarnamos, accedemos a dejarla entrar en nuestro ser para comprenderla y aprender de ella. Esta relación nos permite cultivar la habilidad de llegar a ella con amor, que es lo que, en último término, permite que sea redimida y pueda regresar a la luz.

Recuerda que el chamanismo se basa en las relaciones y es inclusivo. No cortamos las cosas ni las descartamos con juicios e intolerancia. Asumimos cada aspecto de la vida desde una postura de apertura y humildad para así poder aprender y crecer.

Nuestra especie lleva bastante tiempo atascada en la rueda del sufrimiento, creyendo obstinadamente que la única forma de evolucionar es a través del dolor, la tragedia, la destrucción, la calamidad o la ruptura del corazón, y que solo después de soportar las cosas terribles que aguantamos estaremos preparados para cambiar nuestra conducta, elegir mejor, conectarnos con nuestra espiritualidad y transformarnos. El problema de este enfoque es que el miedo y el sufrimiento no son herramientas de adaptación demasiado eficaces. Están impregnadas de oscuridad, no responden a la voluntad divina y, con franqueza, no hacen que el proceso evolutivo resulte demasiado atractivo.

La matriz lleva bastante tiempo impulsando la noción de dolor y sufrimiento, programando a la gente con esa idea ridícula de un Dios odioso que castiga a los malos y recompensa a los buenos, y te monta un pollo si no te postras a los pies de su Dios imaginario cantando en alguna lengua muerta con los ojos bizcos o cualquier otra monserga que los guardianes intentan hacernos tragar para mantenernos controlados. La religión es una herramienta que utiliza la matriz para hacernos temer a Dios, para que sigamos más normas e impedir que conozcamos nuestra auténtica divinidad, que nos consideremos creadores cuánticos en un universo incondicionalmente amoroso. Porque, si se supiera la verdad, dejaríamos de echar dinero en el cepillo o de apuntarnos a un sistema asfixiantemente jerárquico que nos hace creer que necesitamos a un sacerdote o a un rabino para que hable con el Espíritu en nuestro nombre. Yo hablo con los espíritus a diario y, créeme, tú no lo haces.

Nuestra decisión de evolucionar a través del dolor, del sufrimiento y de la incomodidad es exactamente eso: una decisión. El Apagón está actuando en campos de energía paralelos y está siendo informado por las frecuencias de dualidad que los seres humanos hemos creado en la Tierra. Nos exige que evolucionemos, pero tenemos que elegir cómo queremos hacerlo. Podemos optar por la forma vieja y evolucionar a través del miedo, el dolor y el sufrimiento o decidir hacerlo a través del amor, simplemente por amor.

Evolución al estilo del amor

Cuando evolucionamos a través del amor, elegimos asumir la responsabilidad de nuestra experiencia aquí en la Tierra. Responsabilidad significa *capacidad de mostrarse con amor*. Asumir la responsabilidad significa responder con amor a todas las cosas, sean las que sean, sin excepción. Cuando lo hacemos, el universo crea una abertura energética que permite que la evolución se expanda a través de nosotros. Elegir la opción de evolucionar a través del amor nos permite observar el desequilibrio con objetividad, sin apresurarnos a avergonzar, culpar, negar o separar. Percibimos la realidad a través de la lente del amor incondicional y la aceptación, y de ese modo podemos discernir fácilmente lo que hay que cambiar para recuperar el orden.

El Apagón es una llamada a la humanidad para que evolucione a través del amor. Es una oportunidad para que nivelemos toda nuestra estructura global a través de la inteligencia superior y creemos marcos que afirmen la vida y ayuden a todos los seres a prosperar y a vivir una vida iluminada e ilusionante. La Edad Gigante solo pueden crearla aquellos seres humanos que vivan y amen de forma armónica, unificados por una visión compartida de un sistema equilibrado y sostenible que ayude a todo el mundo a sentirse realizado en todos los niveles de su ser. La clave consiste en empoderarnos nosotros mismos, en desviar nuestra energía y nuestra atención de la matriz y concentrarla en la Edad Gigante que estamos eligiendo crear.

2

EL FACTOR FEMENINO

A MEDIDA QUE EL APAGÓN se va desplegando, encontramos cada vez más caos en nuestras relaciones y también en el constructo social colectivo. Las personas generan conflictos, manifiestan dramas, se vienen abajo, rompen con otras y pierden los papeles. Este torbellino es un reflejo de la falta de inteligencia emocional de los seres humanos.

Nuestro déficit de inteligencia emocional es un resultado directo de la devaluación del femenino en todas sus muchas expresiones. Eso significa que, para aumentar nuestra inteligencia emocional (como individuos y también como conjunto), tenemos que conocer cómo funcionan las energías masculina y femenina en esta realidad.

IGUAL + OPUESTO

Todo lo que existe en nuestro mundo está compuesto por polaridades energéticas. La interacción entre las fuerzas energéticas iguales y opuestas es lo que mantiene unida esta realidad. Lo masculino y lo femenino son fuerzas energéticas iguales y opuestas que debemos equilibrar correctamente si queremos vivir en armonía aquí, en el planeta Tierra. Nuestro mundo está desequilibrado porque, durante bastante tiempo, hemos hecho más hincapié en lo masculino, sin dar importancia a lo femenino. Por eso los niveles de inteligencia emocional de la humanidad están tan recortados, porque no hemos valorado lo femenino tanto como lo masculino.

El Apagón nos está ofreciendo una oportunidad increíble para evolucionar hacia una consciencia nueva de inteligencia más elevada. Para ello debemos recuperar el equilibrio y el alineamiento con la Tierra, lo que significa que tenemos que elevar lo femenino. Evidentemente, eso implica dar poder a las mujeres para que accedan a su grandeza, a ser gigantes y a conducir al planeta para que este pueda recuperar la armonía. Al mismo tiempo tenemos que elevar también las cualidades femeninas de todas las personas, con independencia de su género biológico (o incluso psicológico) e incorporar las energías femeninas a nuestra sociedad y a nuestro mundo. Esto solo puede suceder si reconocemos que los hombres y las mujeres somos diferentes, que las energías masculina y femenina tienen unas cualidades muy distintas y que ambas son valiosas y necesarias para la supervivencia de la especie.

FUNDAMENTOS BÁSICOS DE LA ENERGÉTICA MASCULINA
Y FEMENINA

Lo femenino es, por naturaleza, intuitivo y emocional. Está relacionado con los sentimientos, con fluir, con fundirse, con conectar y con relacionarse. La energía masculina, por su parte, se relaciona con la estructura, la ubicación y la tarea, con los patrones, el régimen y la rutina. Lo masculino implica hacer, arreglar, conseguir y obtener cosas.

Lo femenino —que por su propia naturaleza carece de estructura— debe ser armonizado con la orientación dirigida de lo masculino. Observa que he dicho *armonizado*, no dominado. Lo masculino lleva mucho tiempo dominando a lo femenino, equiparando incorrectamente la emoción con la debilidad y la intuición con las tonterías. La devaluación de estas cualidades ha provocado sufrimiento tanto a los hombres como a las mujeres, a la sociedad y a la Tierra misma.

Cuando lo masculino y lo femenino están sincronizados, se complementan mutuamente en una simbiosis maravillosa. Sin embargo, cuando la naturaleza ordenada y dirigida a resolver problemas de lo masculino no está equilibrada con la perspectiva expandida y emocional de lo femenino, ambas se distorsionan.

Aunque las mujeres tienden fundamentalmente a encarnar la energía femenina y los hombres, por su parte, más la energía masculina, todos albergamos tanto la masculina como la femenina. Por tanto, cuando digo *masculino* y *femenino* no me estoy refiriendo solo a los hombres y a las mujeres, sino que hablo también de las diferencias de polaridad naturales que determinan cómo percibimos y abordamos la realidad.

Cuando los hombres y las mujeres se relacionan entre sí desde unas energías masculina y femenina equilibradas, consiguen sacar las fortalezas del otro y amplificarlas. Y lo mismo sucede con el mundo. Cuando equilibramos de forma colectiva las energías masculina y femenina en la política, la cultura, la educación, el entorno, la economía y todo lo demás, prosperamos en un planeta emocionante y en una Era Gigante para todos.

LÓGICA FRENTE A INTUICIÓN

La lógica y la intuición son polaridades —masculina y femenina— fundamentales. La lógica es un constructo de razonamiento intelectual que se basa en hechos, cifras, datos y razonamiento deductivo para establecer si algo es cierto o no. La intuición es un medio de percibir la realidad a través de un proceso cognitivo interno mucho más sutil e intrincado. Básicamente, es la síntesis de emociones y energías empáticas combinadas con las manipulaciones del sistema nervioso central, el simpático y el parasimpático. Estos instrumentos de la percepción colaboran para crear un aparato sensorial muy amplio que nos permite percibir qué frecuencias energéticas están alineadas con nuestro ser y nuestro entorno y cuáles no. En líneas generales, nuestra intuición es nuestro *sí* interno y nuestro *no* interno.

Truco espiritual: Calibra tu SNI

Para integrar plenamente estas ideas, no podemos limitarnos a procesarlas con la mente cognitiva. El cuerpo mental es asombroso, pero para lograr un conocimiento integrado de cualquier cosa debemos experimentarla personalmente. El chamanismo es fundamentalmente experiencia. No significa creer en las palabras de otra persona ni apuntarse a la supuesta autoridad de alguien. Supone empoderarnos mediante nuestra propia experiencia encarnada. Para eso son los trucos espirituales.

Aquí tienes un truco espiritual para calcular tu sistema de navegación interior (SNI). Las antiguas chamanas (eran mujeres) utilizaban esta técnica para averiguar dónde debían asentarse sus tribus nómadas. Les permitía descifrar si había agua cerca, si había caza y qué plantas se podían comer sin peligro y cuáles eran venenosas. Calcular tu SNI es una forma de conectarte con tu propia brújula personal para saber cuándo algo está alineado para ti y cuándo no.

- Enraízate en tu cuerpo respirando hondo unas cuantas veces. Centra tu atención en tu estado interior observando cómo sube y baja tu tripa con cada inspiración y exhalación.

- Di en voz alta: «Cuerpo, muéstrame el *sí* para que pueda sentirlo».
- Analiza tu cuerpo en busca de sensaciones.

Observa lo que sientes y dónde lo sientes. Podría ser un hormigueo en el plexo solar, una pulsación detrás del ojo, una oleada de energía en el pecho, un tirón en el codo, picazón en la garganta u otra sensación en cualquier zona del cuerpo. Cuando identifiques una sensación y un lugar, di esos detalles en voz alta (en la segunda parte explicaré por qué, cuando nos adentremos más en los trucos espirituales).

- Di en voz alta: «Siento _____ en _____ ».
- Luego di también en voz alta: «Cuerpo, muéstrame el *no* para que pueda sentirlo».
- Analiza tu cuerpo en busca de sensaciones.
- Di en voz alta: «Siento _____ en _____ ».

Puedes usar este truco espiritual siempre que quieras ver con claridad una pregunta o una situación. También, si te apetece ir a la playa pero se supone que tienes que trabajar, puedes preguntarte: «¿Ir hoy a la playa responde a mis intereses mejores y más elevados?». O, si no estás seguro de que la persona con la que has estado intercambiando mensajes en una aplicación de citas merece tanto la pena como para que inviertas tu energía en ella, puedes preguntarte: «¿Existe un alineamiento o una conexión auténtica que haga que merezca la pena explorar con esta persona?». A continuación, escucha el *sí* o el *no* exclusivos de tu cuerpo y toma una decisión informada a partir de ello.

Ahora bien, por si acaso no resulta ya evidente, el conocimiento intuitivo no es menos importante que el que deducimos a través de la lógica. Sin embargo, como esta cultura ha intentado demonizar lo femenino e invalidarlo, a menudo se desdeña y se desprecia el conocimiento intuitivo calificándolo de tontería, mientras se glorifica la lógica como lo principal y el fin último de los procesos cognitivos. Esto ha supuesto un gran detrimento de la especie. La intuición es un recurso extremadamente valioso para la supervivencia y la adaptación, porque es la facultad que nos permite percibir el peligro y los desequilibrios antes de que se manifiesten. La decisión de colocar la lógica por encima de ella ha provocado un efecto profundamente negativo en la capacidad de los seres humanos para captar y corregir los desequilibrios que están amenazando a nuestro planeta. Además, ha entorpecido gravemente la habilidad y la disposición para desarrollar nuestras facultades sensoriales y nuestra inteligencia emocional.

Cuando la gente «lógica» actúa de manera ilógica

El chamanismo está ligado a lo femenino. Se basa en sentir y percibir señales interiores sutiles y en confiar en ellas. Yo trato con fuerzas energéticas invisibles misteriosas a diario y también con un puñado de personas supuestamente lógicas que intentan desacreditar mis prácticas, mis sanaciones, mi experiencia y mi linaje chamánico tildándolos de supersticiones irracionales, porque los ven a través de su lente ignorante, distorsionada y masculina. ¡Menuda osadía, invalidar todo el ámbito espiritual y calificarlo de gilipolleces solo porque no lo han visto, no lo han explorado, no lo han estudiado y no lo comprenden! La arrogancia de la inconsciencia humana es sencillamente ridícula.

Por cierto, la lógica es una estrategia de evaluación que implica salir a descubrir y hacer lo necesario para afirmar o refutar la veracidad de la estructura en cuestión. Una persona realmente lógica tiene una idea acerca de algo y emprende un proceso de descubrimiento para recopilar datos y pruebas que validen si esta idea es verdadera o falsa. Una persona ilógica escupe su opinión sin disponer de conocimientos reales que la respalden y afirma que lo que sale de su boca es «lógico», porque repite como un papagayo aquello en lo que ha sido adoctrinada. Es absurdo.

> Para superar el Apagón, hay que empezar a cuestionar los pensamientos y las creencias y ponerse a averiguar la verdad por uno mismo. Es decir, si las personas reivindican la lógica, tienen que actuar de manera totalmente lógica.

LO FEMENINO UNIFICA, LO MASCULINO DIVIDE

Lo masculino se orienta de forma natural hacia sí mismo y, por tanto, da prioridad a lo que quiere, a lo que necesita y a lo que le va a servir, por encima del bienestar del conjunto y de las partes que lo componen. Vamos a dejar clara esta idea. No estoy diciendo que los hombres se dediquen a dividir ni que sean incapaces de atender a la colectividad. Estoy hablando de cómo se orienta por naturaleza la polaridad masculina y de cómo se expresa de forma innata si no cuenta con el aspecto femenino que lo equilibre.

Luchar, guerrear, ganar, dominar son todos ellos conceptos masculinos. Lo masculino ve el mundo a través de una lente de *nosotros* frente a *ellos*, de *yo* frente a *tú*, que encasilla a los demás como adversarios a los que hay que vencer, en lugar de aliados con los que se puede colaborar. Esta orientación viene dada por miles y miles de años de impronta biológica y programación para la supervivencia que se remonta a las épocas en las que éramos nómadas tribales y vivíamos en unas condiciones completamente distintas de las actuales. Estas tendencias y formas de ver las cosas no eran un problema cuando lo femenino era igual de poderoso y respetado, cuando se honraba a las mujeres por su intuición, su sensibilidad y su inteligencia emocional, porque los hombres y las mujeres se equilibraban mutuamente y en nuestro planeta reinaban la armonía y la prosperidad.

El mundo moderno muestra una imagen muy distinta; estamos desconectados de lo femenino, y lo masculino es lo que dirige el cotarro. Este desequilibrio nos lleva a actuar desde una mentalidad de *cada uno para sí mismo,* en lugar de sintonizarnos con el conjunto de la comunidad y lo que sirve para el bien de todos. Al haber sobreenfatizado tantísimo lo masculino, nos identificamos como individuos independientes que compiten entre sí por unos recursos limitados, más que como una especie unificada dedicada al bienestar de todos en un planeta de abundancia. Cuando albergamos pensamientos que nos dicen que no hay suficiente para todos, nos sometemos a la influencia de la oscuridad y, de este modo, nos atascamos en la maya y actuamos en modo supervivencia, en el que es imposible prosperar y donde el tren iluminado no tiene paradas.

Lo masculino acumula, lo femenino da

La falta de conciencia quiere que creamos que nunca hay suficiente, que tenemos que luchar por una cantidad limitada de recursos finitos si queremos sobrevivir. La disposición colectiva a aceptar esta idea de escasez completa y absoluta es un resultado directo de nuestra desconexión de la naturaleza femenina del planeta.

Lo femenino da. Eso es lo que hace. Mira todo lo que las mujeres dan; dan a sus hijos, a sus parejas, a sus familias, a sus amigos. Las mujeres vacían su pozo hasta la última gota para dar agua a todo el pueblo y a todas las personas con las que comparten su vida y calmar así la sed de todo el mundo. Por eso yo las denomino las *dadoras divinas.*

¿Adivinas quién más da? La naturaleza. La Tierra es un planeta femenino animado por un espíritu claramente femenino también llamado Gaia. La función de este es proporcionar, proporcionar constantemente, porque eso es lo que genera armonía y equilibrio en el planeta Tierra. El sol da. La luna da. Los árboles dan. Los océanos dan. La naturaleza está siempre dando, en todo momento. Si cualquier parte de ella se volviera de repente avariciosa y empezara a acumular sus dones y a retener sus ofrendas, todas las especies vivas morirían.

Los seres humanos limitan, acumulan y entregan su poder a la falta de conciencia, porque perciben la realidad a través de la lente masculina distorsionada de *tú frente a yo*. No comprenden que esta perspectiva es, en su conjunto, completamente absurda. No tiene sentido lógico, porque implica que tiene que ser uno o el otro. Como si no hubiera suficiente espacio u oxígeno para que existiéramos ambos. La Tierra no actúa así. No es un planeta que separe a este del otro. Es un planeta de *sí y*. Si el sol brilla, eso no significa que la luna tenga que irse o que, para que existan glaciares, haya que erradicar los volcanes. El sol brilla, la luna mueve las mareas, los volcanes rugen y toda la naturaleza realiza sus funciones específicas sin complejos estúpidos de separación, porque sabe cómo coexistir. Los seres humanos también formamos parte de ella y eso significa que, si queremos superar el Apagón, tenemos que aprender a coexistir. Para ello, debemos asumir lo femenino.

La separación es una cuesta resbaladiza

Mientras lo masculino se centra fundamentalmente en servirse a sí mismo y es por tanto propenso a emplear la división y la competición para obtener lo que desea, lo femenino actúa desde una perspectiva integrada y busca armonizar, conectar y servir. Utiliza la emoción y la intuición para sintonizarse con el bienestar del constructo en su totalidad y también de las partes que este contiene.

Cuando hacemos demasiado hincapié en lo masculino, tal y como llevan haciendo los seres humanos desde hace siglos, anulamos nuestras facultades emocionales e intuitivas y nuestra conexión y compasión hacia el conjunto. Al desconectarnos de ese modo del planeta, de nosotros mismos y de los demás, percibimos erróneamente el mundo a través de la lente de la separación. Esto nos permite racionalizar el uso de la violencia y la agresión para obtener poder y control, en lugar de favorecer la acción de apoyo centrada en el corazón, que sirve al mayor bien de todos. Hoy en día estamos siendo testigos de lo que sucede cuando el desequilibrio en una dirección es demasiado grande y dura demasiado tiempo. Estamos contemplando un mundo carente de lo femenino.

El desequilibrio entre lo masculino y lo femenino no solo ha generado las condiciones de un medioambiente global hostil propicio para el Apagón, sino que ha abierto grietas en nuestro campo de energía colectivo a través de las cuales hemos permitido que se cuele la oscuridad.

Entra la oscuridad...

La oscuridad se esfuerza muchísimo en anular el poder de lo femenino, porque las mujeres están diseñadas para la paz y la inclusividad, ninguna de las cuales alimenta al ámbito oscuro. La matriz necesita tener sometidas a las mujeres, porque el conflicto y la división que la energía masculina predominante sigue creando están manteniendo al inframundo vivito y coleando.

Antiguamente, cuando los seres humanos estaban alineados con la naturaleza y con el espíritu, había armonía entre hombres y mujeres. Por aquel entonces, cada persona desempeñaba su papel al servicio del bienestar del conjunto en una simbiosis muy hermosa y coherente. Entonces la oscuridad metió la nariz en los asuntos de las personas e infectó tanto a hombres como a mujeres con una frecuencia distorsionada que le ha permitido mantener un control considerable sobre la humanidad.

La matriz sabe que necesita tener lo femenino desconectado para sobrevivir y por eso se infiltra en las mentes de los hombres y los manipula para que crean que la energía femenina es débil. Como hemos asumido la programación que devalúa y nos desconecta de la energética femenina, también hemos subestimado el poder de las mujeres y perdido el respeto a la sabiduría profunda que albergan. La oscuridad sabe que si las mujeres estuvieran en el poder, y si la emoción y la intuición se valoraran y respetaran en nuestra sociedad, nosotros, como colectivo armonizado, percibiríamos las distorsiones y desequilibrios del sistema, lo echaríamos todo abajo y lo reconstruiríamos de una forma amorosa y sostenible. Pero eso no le viene nada bien a los cálculos de la oscuridad.

EL CÓDIGO DE VIDA

La oscuridad es muy astuta. Es consciente de que las mujeres llevan consigo el código de vida y de que están diseñadas para honrarla y protegerla. Los antiguos egipcios lo sabían muy bien y por eso el ankh aparece de una forma tan destacada en su mitología. Este símbolo, que se parece muchísimo a la vagina o canal del parto, representa la vida eterna, porque las mujeres son las que dan la vida. Son las que siguen trayendo vida a este planeta, generación tras generación. Su útero lleva impreso el código de vida; la pared de este está literalmente codificada con símbolos geométricos (incluido el ankh) que actúan como portales y mecanismos sensoriales que sintonizan a las mujeres con el equilibrio y el bienestar de la vida en el planeta.

Los hombres no albergan el código de vida en su interior. A ellos no les preocupa el mecanismo interno que permite que un organismo conserve la vida y la conciencia. Están sintonizados con la estructura y la función. Por eso, cuando un niño pequeño ve por primera vez una mariposa, quiere saber cómo funciona, de qué está hecha, si sangra o no, e intentará averiguarlo arrancándole las alas y pinchándola con un palo. Lo femenino, por el contrario, opera a través de múltiples aparatos sensoriales que permiten a las hembras comprender por intuición que la mariposa contiene el código de vida. Por eso, en lugar de hacerle daño, mutilarla o intentar averiguar qué aspecto tiene su intestino, la niña la acunará en sus manos, se maravillará de su belleza y su complejidad y percibirá intuitivamente su naturaleza delicada, su gentileza y su majestad.

El código de vida es lo que permite a las hembras percibir de forma cuántica. Como ya hemos establecido, cuántico significa que *opera simultáneamente en múltiples dimensiones*. Lo femenino lo es. El aparato sensorial de las mujeres, también. Sin duda, todos albergamos en nuestro interior energía masculina y femenina, pero como son las mujeres las que llevan el código de vida, perciben en un nivel diferente y superior.

LO MASCULINO ES LINEAL, LO FEMENINO ES CUÁNTICO

Piensa en lo masculino como si fuese una línea y en lo femenino como si fuese un círculo. Al ser una línea, lo masculino se mueve siguiendo una trayectoria lineal recta, lo cual, a la hora de hacer las cosas, es estupendo. Seguir lo femenino circular se parece más a hacer un giro total en una montaña rusa. En un momento dado estás mirando al cielo, al siguiente estás cabeza abajo y de repente te encuentras deslizándote a gran velocidad por una cuesta empinada para caer en un estanque gigante. Es una experiencia completamente distinta.

La naturaleza cuántica e intuitiva de las mujeres les permite percibir cómo funciona internamente un sistema, mientras que los hombres se sienten más atraídos por la estructura externa que contiene esas funciones. La conexión de las mujeres con lo interno les permite también entender por qué la estructura exterior está desalineada, pero desde una perspectiva más amplia e informada.

Cuando evaluamos una situación a través de la lente de lo masculino lineal, la percibimos de una manera muy estrecha con el objetivo de comprender, solucionar los problemas y obtener lo que queremos y lo que necesitamos. Cuando la vemos a través de lo femenino cuántico, nos sintonizamos con una multitud de factores —internos, externos, visibles e invisibles— y nos dedicamos a encontrar un equilibrio coherente entre todos los componentes y los participantes en pro del bien del conjunto. Es un marco de referencia completamente distinto.

La matriz no quiere que percibamos los desequilibrios internos y externos y, desde luego, no quiere que percibamos de manera cuántica. En realidad, no quiere que percibamos absolutamente nada y punto, porque si los seres humanos pudiéramos sentir y percibir lo desequilibrado que está nuestro mundo, actuaríamos para cambiarlo inmediatamente.

Sensorio

Una de las razones principales por las cuales los seres humanos tienen tanta carencia de inteligencia emocional es que no son capaces de sentir sus sentimientos. Resulta muy complicado dominar el estado emocional si ni siquiera podemos percibir nuestras emociones. Hemos perdido el contacto con ellas porque lo hemos perdido con nuestro sensorio.

El sensorio es el aparato sensorial del cuerpo. Nos permite no solo percibir nuestros sentimientos y energías, sino también los de otros seres. Cuando digo *seres* no me refiero solo a las personas, sino también a los árboles, a las plantas, a los insectos y al resto de los animales.

Los chamanes saben lo que sabemos nosotros y pueden hacer lo que hacemos, porque su sensorio está en la audiofrecuencia perfecta. Déjame que te diga que cuando sentimos realmente el mundo en el que vivimos, cuando percibimos la discordancia, el amor, la angustia, la alegría y todo ello, la experiencia de la realidad resulta completamente distinta. La mayor parte de las personas actúan con un sensorio absolutamente cerrado y no tienen ni idea de lo que sienten, y mucho menos de lo que sienten los árboles, los pájaros, los parques o la gente que las rodea. Es triste, porque no se imaginan lo que se están perdiendo.

Por eso yo no bebo alcohol ni consumo drogas, no fumo porros ni tomo champán en las bodas, en los *benei mitzvás* ni en los vuelos internacionales. No jugueteo jamás con esas cosas, porque soy un chamán y, si lo hiciera, aunque solo fuera de vez en cuando, acallaría mi sensorio e interferiría con mi capacidad para comunicarme con los espíritus que vienen a través de mí. Los chamanes mantienen unos recipientes muy limpios y puros para poder comunicarse con el plano espiritual, sobre todo los chamanes del espíritu, que no utilizan medicinas vegetales ni animales para moverse entre los mundos. No me intoxico, porque mi trabajo como chamán depende de tener un sensorio fuerte. Mi sensorio es lo que me permite establecer en todo momento una relación dinámica, implicada y comunicativa con mi entorno, y eso es crucial para ser un chamán, porque nunca sé cuándo va a venir un espíritu o un ancestro a través de mí ni cuándo van a darme instrucciones, orientación, una enseñanza o una tarea que deba cumplir.

La matriz no quiere que tengas un sensorio fuerte. Quiere que seas un borrego. Quiere que estés insensibilizado, mudo, desconectado, muerto, para que no te des cuenta de que eres esclavo de un sistema que se alimenta de una miseria que ni siquiera puedes percibir que existe. Impide nuestro contacto con el sensorio contaminando nuestra conciencia a través de un chorreo constante de informaciones perturbadoras basadas en el miedo, que se transmiten a través de las noticias, los anuncios, la música pop, las películas de miedo y los luminosos parpadeantes que no cesan de gritarnos constantemente a la cara ¡BANG! ¡¡BANG!! ¡SANGRE! ¡TRIPAS! ¡TERROR! ¡MIEDO! ¡HORROR! ¡DESTRUCCIÓN! ¡¡¡¡¡COSAS DESAGRADABLES!!!!!!

Este ataque violento de lo que yo denomino *estimulación irritada* desconecta a la gente de su sensorio inundando su organismo con una información absolutamente innecesaria para adaptarse y prosperar. A la única que sirve la estimulación irritada es a la oscuridad. Nos abruma y genera frecuencias perturbadas en el cuerpo, la mente y el espíritu que nos separan aún más de nuestras capacidades intuitivas y hacen que resulte mucho más difícil percibir los desequilibrios que están amenazando el bienestar del planeta en este momento.

Eso de la inteligencia emocional

Si la humanidad quiere superar el Apagón, tiene que realizar necesariamente un salto cuántico en inteligencia emocional. No hay otra forma de conseguirlo. La inteligencia emocional es clave.

Como lo femenino ha sido tan degradado en este planeta, a los seres humanos no se les ha enseñado a abordar sus emociones de una forma saludable y útil. Para perjuicio de la sociedad, el sistema ha colocado la propensión masculina hacia el razonamiento por encima de la inclinación femenina hacia el sentimiento. Este desequilibrio lleva a los seres humanos a identificar incorrectamente las emociones y a considerarlas una especie de limitación. Por eso las desdeñan, las pisotean y desprecian por completo su función sagrada de ayudarnos a crecer. Esto es realmente a lo que se refieren esos tipos de la Nueva Era con aire de diosas cuando hablan del «regreso de lo femenino divino». Están hablando de la curación del cuerpo emocional de la humanidad, de este momento crucial en la historia humana en el que nuestra especie toma la decisión de evolucionar conscientemente y de volver a alinear este planeta elevando nuestra inteligencia emocional.

LAS EMOCIONES ESTÁN ESTIGMATIZADAS

Los seres humanos tienen mucho miedo a sus emociones; las juzgan como si algunas fueran malas o incorrectas y afirman que, si las sentimos, somos unas personas terribles. Lo cierto es que las emociones no son nunca malas ni están jamás equivocadas. Son herramientas energéticas que nos permiten sentir lo que estamos experimentando. Son señales del universo, que nos dicen: *Estás aquí ahora*. Percibir nuestros sentimientos es lo que nos permite conectarnos con la verdad. Lo que decidamos hacer basándonos en ellos es otra cuestión. Y aquí es donde interviene la inteligencia emocional. Pero juzgar nuestros sentimientos por el simple hecho de existir es algo radicalmente absurdo.

El problema es la mente, que es lo masculino. Secuestra las emociones, les dice que están equivocadas e intenta acosarlas para que hagan ver que son otras muy diferentes..., unas más agradables, más apropiadas y socialmente más aceptables. Lo más doloroso es que sus intentos de controlar las emociones nos distraen de sentir las cosas que realmente estamos sintiendo, lo que nos desconecta aún más. Cuando la mente intenta dominar y reprimir las emociones, experimentamos conflicto y desequilibrio en nuestro ser. Es como lo que estamos viendo en el exterior, en el planeta mismo. *Como es arriba, es abajo. Como es fuera, es dentro.*

Este desequilibrio ha provocado un déficit colectivo de inteligencia emocional que se manifiesta como represión y mala gestión de nuestras emociones y una dependencia excesiva de la lógica y el razonamiento como estrategia dominante para ir por la vida y crear la realidad.

Mala gestión emocional

Como a los seres humanos no nos han enseñado a gestionar o a relacionarnos de forma eficaz con nuestras emociones, es fácil que nos abrumen. El agobio emocional se manifiesta como reactividad emocional, uno de los principales problemas de este planeta.

Así es como funciona: recibimos una mala noticia que desencadena una respuesta emocional en el cuerpo. El instante en el que se registran los datos marca un punto de elección. En ese momento podemos decidir cómo queremos interpretar esas emociones, cómo deseamos expresarlas y si queremos o no aprovechar la oportunidad de aprender de ellas. Los que estamos montados en el tren iluminado vamos a exprimirlas al máximo para aprovechar todas las lecciones que nos puedan enseñar, porque queremos levantarnos y cambiar, y sabemos que nuestras emociones están aquí para ayudarnos a evolucionar. La mayoría de la gente, sin embargo, no aprovecha esa oportunidad ni ese punto de elección. Ni siquiera sabe que existe esta oportunidad y que elegir una respuesta emocional diferente es una opción que puede poner en práctica en cualquier momento. Los seres humanos desconocen todo esto porque no lo enseñan en los colegios. A cambio, nos enseñan álgebra y cómo regurgitar unos datos inútiles para obtener unos grados aún más inútiles, porque las escuelas son instituciones de la matriz.

Cuando reaccionamos y permitimos que nuestras emociones se adueñen de nosotros, generamos una respuesta situada exactamente en la misma banda de frecuencia que el estímulo de entrada que nos perturbó. Es bastante estúpido, porque así lo único que conseguimos es perpetuar las emociones que están provocando nuestro sufrimiento, emitir al mundo vibraciones discordantes, hacer perder el tiempo a otras personas y conformar de ese modo nuestra realidad.

Las emociones colorean nuestra realidad. Cuando estamos enamorados, experimentamos el mundo como un lugar amoroso. Vibramos en la frecuencia del amor y por eso lo vemos en todas partes, porque filtramos la realidad a través de esa lente y con esa resonancia. Del mismo modo, si estamos tristes, el mundo nos rompe el corazón una y otra vez. Pero las emociones no afectan solo a nuestra percepción de la realidad; también determinan cómo se manifiesta esta enviando frecuencias electromagnéticas que atraen a personas y sucesos que vibran igual. Cuando nos sentimos frustrados e impacientes, el universo nos envía semáforos en rojo, desvíos, interrupciones y complicaciones, porque las frecuencias emocionales de la impaciencia y la frustración están atrayendo experiencias que se ajustan a ellas. Por eso es tan importante que las personas dejen de entregar su poder a emociones fugaces que no desean sentir, porque estas frecuencias vibratorias están organizando nuestra realidad.

Puertas a la posibilidad

Cuando permitimos que nuestras emociones nos superen, y cuando reaccionamos y las escupimos a los demás y al mundo sin filtrarlas por la lente de la conciencia, nos impedimos a nosotros mismos acceder a todo el espectro de posibilidades que tenemos a nuestra disposición como creadores cuánticos. El motivo por el que nos hemos encarnado en este planeta, en este constructo dimensional, es para atravesar tantas puertas y vivir tantas experiencias diferentes como sea posible. Entonces, ¿por qué eligen los seres humanos imponerse tantas limitaciones innecesarias al reducir sus opciones de respuesta emocional mediante patrones de reacción inconscientes? No tiene sentido. Es decir, eso es lo que significa iluminarse y vivir una vida gigante y petazeta: expandir las posibilidades, no limitarlas.

Los chamanes sabemos que no somos nuestras emociones. No nos identificamos con ellas ni las confundimos con el concepto personalizado del Yo. Por eso no sentimos la necesidad de defender nuestros sentimientos. Cuando los chamanes se activan, no luchan, ni atacan, ni se encierran, ni pierden los papeles. Lo que hacen es llevar la conciencia al sentimiento y luego gestionar este correctamente: *Estoy sintiendo una emoción. Una emoción está moviéndose a través de mí y animando mi espíritu. Qué interesante. Déjame sentirla, porque sé que es fugaz y que otra visitará muy pronto mi recipiente.*

En el chamanismo no entregamos nuestra libertad a nuestras emociones. No entregamos nuestro poder a nuestros sentimientos. Los chamanes nos entrenamos para elevar nuestra inteligencia emocional y poder así elegir conscientemente las frecuencias emocionales que deseamos generar, en lugar de ir por defecto a la del estímulo emocional, que lo único que hace es esclavizarnos a él. Para ello utilizamos los principios chamánicos de la consciencia y la percepción emocional que nos permiten generar nuestras respuestas emocionales propias y auténticas de manera consciente en lugar de dejar que alguien del mundo exterior las genere por nosotros. Y lo hacemos mediante el *hacking* espiritual.

Cuando empleamos los principios chamánicos para elevar nuestra inteligencia emocional, cultivamos la habilidad para percibir nuestras emociones con claridad y conciencia. Esto nos permite hacer una pausa antes de reaccionar y decidir por nosotros mismos si queremos aumentar la frecuencia emocional que se ha disparado o si preferimos dejarla ir. El acto de llevar la conciencia a nuestras emociones en tiempo real, cuando son estimuladas, y decidir luego deliberadamente cómo queremos responder a ellas nos aporta la capacidad de percibir la realidad de muchas formas diferentes. La inteligencia emocional nos permite ampliar nuestra percepción y acceder a distintas vías de pensamiento, y también de acción; generamos así una nueva respuesta emocional a algo que en el pasado nos habría superado y vemos luego qué puerta abre esta nueva frecuencia emocional y adónde nos conduce.

ERES RESPONSABLE DE TUS EMOCIONES

Tener inteligencia emocional significa asumir la responsabilidad del estado de nuestras emociones. Con mucha frecuencia echamos a otros la culpa de nuestra experiencia interna con frases como «Has hecho que me sienta así» o «Él ha hecho que me sintiera así», como si cualquiera tuviera poder para hacernos sentir algo. Es ridículo. Los sentimientos son energías que se generan internamente. Somos nosotros los responsables de nuestras emociones.

No soy un chamán de pacotilla ni me ando con rodeos. Por eso a veces mis clientes se enfadan conmigo cuando les llamo la atención sobre cosas que no quieren ver. Tuve una vez una que me dijo durante la sesión: «Chamán Durek, haces que me sienta una mierda».

Si yo fuese un narcisista o un espíritu del inframundo, probablemente me habría sentido halagado ante la idea de que soy tan poderoso que tengo control sobre las emociones de otra persona. Pero soy un ser de amor y un chamán, lo que significa que carezco de esa capacidad y que tengo más conocimiento.

—Solo estoy siendo yo mismo y mostrándome tal cual soy —le expliqué a mi cliente—. De los cientos de miles de frecuencias de experiencias emocionales distintas que podrías sacar del campo universal de conciencia y generar para ti, has elegido la de *sentirte una mierda*.

A mi cliente no le gustó oír esto. Muy pocas personas desean oír que son las responsables de su experiencia de la realidad y que, si quieren que esta realidad sea distinta, las que tienen que cambiar son ellas. Mi cliente quería que yo aprobara su historia, que la pintaba como víctima de mi control emocional imaginario, y lo deseaba no para sentirse menos mierda, sino porque, si yo la aprobaba, eso le permitiría estar en lo cierto.

A LOS SERES HUMANOS LES GUSTA TENER RAZÓN

El orgullo hace que los seres humanos crean que necesitan tener razón para sentirse seguros. Lo utilizamos para no sentirnos vulnerables, y eso es muy triste, porque tener razón es algo muy propio de la era oscura.

El adoctrinamiento religioso ha tullido a las personas y les ha infundido un miedo casi debilitante de no ser suficientemente buenas; las ha programado para que crean que, si desean obtener el amor de Dios, deben personificar algún tipo de perfección idealizada. Como si Dios acumulara amor y lo retuviera y solo repartiera pequeñas porciones de él a las supermodelos, a los que logran todo lo que se proponen y a los medallistas de oro olímpicos. Es tan absurdo... Este miedo ha hecho que los seres humanos se muestren tercos y arrogantes en lo que respecta a su capacidad —o más bien *incapacidad*— para asumir la responsabilidad de sus problemas, de sus fallos y de cualquier forma de discordia que exista en su vida. Es una orientación realmente equivocada, porque la Tierra es un lugar de perfeccionamiento, no de perfección. ¡La perfección no existe! Estamos en este planeta para aprender y crecer, y para ello tenemos que cometer errores y aprender de ellos.

Los seres humanos deben evolucionar para superar la idea de que tienen fallos, de que tienen debilidades y de que cometer errores nos convierte necesariamente en personas malas. También tienen que aprender a recibir con humildad los comentarios acerca de sus problemas y a dar buen uso a esa información. Yo cuento con mis amigos y familiares para que me hagan ver mi mierda y para hacer que siga siendo humilde. Mi ayudante me reprocha que necesito mucho mantenimiento. Y tiene razón. Necesito mucho mantenimiento. Y aunque pueda resultarme incómodo oírlo cuando me pillan *in fraganti*, cuando actúo de una forma arrogante y difícil, valoro que él me aprecie lo suficiente como para hacerse eco de mi forma de actuar y me haga ver que esta no beneficia a nadie, ni siquiera a mí mismo. ¿De qué otra forma podría ver lo que tengo que observar de mí mismo si quiero levantarme, cambiar y ampliar mis capacidades sobrehumanas? Es decir, si me dejara llevar por el dolor y cayera por defecto en una de esas tonterías de *evolucionar a través del dolor*, manifestaría algún tipo de crisis terrible para poder ver lo que necesito observar de mí mismo. Sin embargo, estoy montado en el tren iluminado, lo que significa que he elegido evolucionar a través del amor. He elegido hacerlo a través de la alegría, de la conciencia y de mis relaciones, fortaleciendo la conexión con mi tribu. Llamarnos mutuamente la atención acerca de nuestras gilipolleces es un acto de amor y generosidad, porque, cuando lo hacemos, estamos eligiendo acercarnos al otro para mostrarle lo que su evolución le está pidiendo que vea acerca de sí mismo para que pueda crecer.

EL FACTOR FEMENINO

El Apagón está aquí, ahora, porque el desequilibrio entre lo masculino y lo femenino está aumentando. Este desequilibrio en la importancia que hemos dado a lo masculino ha infectado todas nuestras estructuras sociales básicas, que están impregnadas de normas, reglas, jerarquías, burocracia, juegos de poder y problemas de autoridad. Vemos cómo esta toxicidad estructural estrecha y lógica ha penetrado en las escuelas, en el gobierno y en los servicios sociales, y también la vemos en la justicia, en la aplicación de la ley y en la religión, que, teniendo en cuenta la forma en que funciona actualmente, solo sirve para que nos sintamos *más* apartados de la fuente de lo que estaríamos si en todas esas iglesias, templos y mezquitas no se dedicaran a decirnos cómo se supone que debemos adorar al Espíritu y vivir nuestra vida.

El Apagón es una oportunidad para echar abajo nuestros conceptos sociales ya tambaleantes y verlos así a través de la lente de lo femenino. Se nos pide que utilicemos lo que yo denomino el *factor femenino* para elevar nuestros actos, nuestras estructuras, nuestro medioambiente, nuestras perspectivas y nuestras relaciones de manera que funcionen armoniosamente en favor del bienestar de todos.

Para ello, lo primero que debemos hacer es fomentar lo femenino en nosotros mismos. Esto se logra equilibrando lo masculino y lo femenino en nuestro ser, elevando nuestra inteligencia emocional y empoderándonos como creadores cuánticos en un universo amoroso de abundancia infinita.

SEGUNDA PARTE

SACÚDETE PARA DESPERTAR

3

ABRE MÁS LOS OJOS

Vamos a dejarlo muy claro: la matriz mantiene toda su mierda unida. Unida *de verdad*. Sabe lo que quiere. Quiere miedo, carencia, discordia, conflicto y separación, y ha creado un sistema de control muy eficaz para generar y extraer estas energías de los seres humanos a los que esclaviza. No tenemos más que observar la rápida aceleración del Apagón para ver el impulso con el que la matriz respalda su agenda, que consiste en seguir provocando más y más discordia entre los seres humanos para alimentar la oscuridad. Si queremos reequilibrar este planeta y manifestar una Edad Gigante aquí en la Tierra, tenemos que abrir los ojos, tenemos que alinearnos, tenemos que hacernos conscientes y empoderarnos. Y la única forma de hacer cualquiera de estas cosas es aumentar el nivel de nuestra voluntad.

Las voluntades débiles producen borregos y apagones

Las personas que han asumido la matriz (es decir, la mayor parte de los seres humanos del planeta) tienen una voluntad débil.

Les mueve una fuerte necesidad de obtener aprobación externa, de recibir el reconocimiento de los demás, de alcanzar logros para convencerse a sí mismas de que merecen la aprobación externa y el reconocimiento por el que luchan. De todas formas, su voluntad sigue siendo débil.

Cuando tenemos una voluntad débil, nuestros actos están regidos por la necesidad de encajar y de obtener la aprobación de otros, en lugar de guiarnos por lo que está realmente alineado con nuestro espíritu. La mayor parte de la gente ni siquiera sabe lo que significa estar realmente alineado con su espíritu, y mucho menos lo que hay que hacer para encarnarlo o actuar según esa alineación. Están demasiado distraídos por la matriz y por las diversas zanahorias de estatus, éxito y felicidad que el sistema les coloca delante de sus narices…, esas que los borregos se afanan por conseguir para sentirse merecedores del amor y la aceptación, que es el derecho consustancial de todo el mundo.

Alineamiento

Cada ser humano del planeta posee una firma energética exclusiva que le conecta con unas energías y frecuencias concretas que le apoyarán en su camino. Nuestra firma determina, por ejemplo, si nos alineamos con la vida en la ciudad o en la naturaleza, si se nos da mejor trabajar solos al aire libre o en una oficina con otras personas, si nos inspiran más las actividades creativas o las académicas. Si se supone que una persona tiene que trabajar con las manos, en la naturaleza, y sin embargo está afanándose en Wall Street, va a sufrir, porque lleva a cabo elecciones que no están alineadas con su firma.

Cuando estamos alineados con nuestra firma, nos conectamos con personas, oportunidades y experiencias que nos resultan armónicas y nos sirven de apoyo. Sin embargo, cuando tomamos decisiones basándonos en las ideas, opiniones o sistemas de creencias de otros —tal y como hace hoy en día la inmensa mayoría de la gente—, traicionamos nuestra firma energética y nos creamos una vida que no está alineada con lo que somos realmente ni con lo que creemos de verdad. Lo triste es que muy pocos seres humanos viven alineados con su firma.

¿CON QUÉ SUEÑAS?

Tener una voluntad fuerte significa estar comprometido, con una convicción inalterable, con nuestra verdad, con nuestra autenticidad y con nosotros mismos. Significa que estamos al mando de nuestro barco y que nuestros actos se identifican con nuestros deseos. Cuando nuestra voluntad está bien, sabemos quiénes somos, lo que queremos, adónde vamos y lo que necesitamos. Elevarla es el primer paso para iluminarnos y para vivir como creadores cuánticos esta vida, en la que no solo podemos soñar en grande, sino también manifestar esos sueños gigantes de forma rápida y fácil.

Tal y como está la situación, con el Apagón y todo lo demás, las personas no están soñando sus propios sueños, y mucho menos, por ejemplo, manifestándolos. Están interpretando el sueño singular que el sistema les ha programado para seguir. Claro que hay distintos aromas y expresiones que dan a este constructo la apariencia de libertad —puedes, por ejemplo, hacerte rico siendo abogado, médico, rapero o constructor—, pero no son más que diferentes medios para hacerte rico, porque en esta cultura esto se considera el mayor de los logros, solo por detrás de hacerte rico *y famoso*.

Los multimillonarios no están iluminados

Yo hago trabajo chamánico con un montón de millonarios y multimillonarios. Te sorprendería saber cuántos de ellos son desgraciados. Estas personas han pasado toda su vida desalineados con su firma energética y con el verdadero propósito de su alma, acumulando todo aquello que el sistema les había dicho que les daría la felicidad, la plenitud, el éxito, que les haría merecedores de recibir la aprobación y el amor. Ahora que tienen todo lo que jamás habían soñado, y todo el reconocimiento externo, siguen sintiéndose vacíos. Para ellos resulta muy confuso, porque pueden volar a cualquier lugar del mundo, hacer todo aquello que desean y en el momento en que lo desean, con lo cual no pueden echar la culpa de su malestar a los problemas económicos, como hace el resto del mundo. Su desesperación procede de saber que han dejado que el sistema les apartara de lo que era más importante: ellos mismos.

El sueño con el que nos adoctrinan no está solo relacionado con el dinero o la fama. Abarca también la pareja, la casa, la familia, el éxito, el coche, el reloj, el guardarropa y cualquier otra cosa externa que el sistema nos dice que necesitamos acumular para ser alguien, para ser importantes. Gilipolleces. No necesitas conseguir nada para ser importante. Lo eres porque *eres*. Tu presencia, tu propósito y tu aliento son sagrados. No necesitas cantar mantras, ni lavarles los pies a los leprosos, ni casarte con un cirujano, ni ganar un premio Nobel o un Grammy para ser sagrado, para ser valioso e importante. La voluntad de Dios es que seas feliz, que seas libre, que estés a gusto, que tengas amor, que tengas alegría, que tengas prosperidad, que tengas buena salud, que tengas todo aquello que puedas querer. Y no hay nada que debas hacer o conseguir para obtener el derecho de vivir esas experiencias.

Pero la matriz no quiere que lo sepas, porque, si nos reconociéramos como seres íntegros, como merecedores de amor incondicional, aceptación, paz, alegría, salud, prosperidad y plenitud tal y como somos ahora mismo, no anhelaríamos todas esas cosas que el sistema necesita que anhelemos para seguir funcionando.

EL CICLO DEL DESEO

El sueño con el que nos adoctrina el sistema es una mentira. No se cumple. Jamás se cumple y jamás lo hará. Eso derrotaría el propósito de la matriz, que consiste en mantener a aquellos que esclaviza en un estado constante de anhelo para que sigan haciendo la voluntad de la oscuridad, para que continúen impulsando el sistema hacia delante a través de un consumo insostenible y toda la discordia que crea el ciclo del deseo.

El anhelo es una frecuencia energética que genera la matriz para mantener a los seres humanos en un estado constante de ansia que los impulsa a perseguir y consumir. Esto, a su vez, genera más ansia, y más persecución, y más consumo, porque perseguir los deseos programados no satisface los deseos programados. Solo crea más deseos y, al mismo tiempo, ayuda al sistema a crear más y más cosas que podamos desear, para mantener así a los seres humanos persiguiendo continuamente la siguiente cosa mejor... y la siguiente... y la siguiente... y la siguiente...

Por eso las grandes empresas tecnológicas no dejan de cambiar sus dispositivos y accesorios, de «mejorar» sus teléfonos, y sus ordenadores, y sus sistemas operativos. Por eso los fabricantes de coches hacen modelos nuevos cada año y las casas de modas sacan colecciones nuevas cada temporada. Esto se debe a que estas empresas —que son instrumentos de la matriz— saben que los seres humanos van a querer siempre algo más grande, mejor, más brillante, más feliz, más, más, más, más, para intentar llenar el espacio vacío que albergan en su interior y que ha sido colocado allí de forma deliberada por la matriz.

CARENCIA

El sistema nos esclaviza a través de nuestros deseos manipulando la mente para que crea que le falta algo. Para ello se vale de los medios de comunicación y la publicidad, que están constantemente diciéndonos que no valemos lo suficiente. Esta falsa idea de carencia activa la frecuencia del anhelo en el cuerpo emocional y produce grandes cantidades de energías negativas, como la envidia, la jerarquía y la separación, además de un montón de pensamientos y creencias distorsionadas que intentan convencernos de que la hierba siempre es más verde en las redes sociales de otra persona y que nuestro valor está basado en el precio de nuestro bolso, en la marca de nuestro coche o en la talla de sujetador de la mujer que llevas del brazo. Este deseo interminable saca lo peor de la conducta humana, que abandona toda dignidad e integridad para obtener lo que (cree que) desea. En realidad, el deseo es una farsa. La matriz lo emplea para engatusarnos y llevarnos a buscar cosas externas que prometen saciar el anhelo que está manipulando, y eso es imposible. La disonancia que esta trampa genera en los seres humanos es lo que está impulsando al sistema, porque, cuantas más carencias vemos en nosotros mismos, más deseo generamos y más cosas externas perseguimos y consumimos, en un esfuerzo por calmar el anhelo incesante que la oscuridad ha programado en nosotros.

Para ello la matriz hace relucir esa cosita brillante y resplandeciente delante de nuestras narices y pone en marcha toda esta parafernalia para convencernos de que, si compramos este artilugio, si seguimos este camino, si tenemos este aspecto, si hablamos de esta forma, si actuamos así y hacemos lo que nos dicen que debemos hacer, vamos a obtener esa cosita brillante y resplandeciente que hemos estado anhelando. Y no solo obtendremos lo que deseamos, sino que esta cosita nos dará toda la felicidad, el éxito, la plenitud y la libertad que podríamos desear.

Las personas con voluntad débil (es decir, los borregos) son susceptibles de caer en esta trampa, porque tienen desconectado su mecanismo de discernimiento y por eso emprenden todo aquello que la matriz les dice sin pararse jamás a preguntarse si realmente quieren llevar a cabo eso que les ordena ni qué es lo que de verdad quieren hacer. Por eso siguen haciendo lo mismo que todo el mundo.

EL GRAN GLAMUR

En el chamanismo, a esas cositas brillantes y resplandecientes que el sistema agita ante nosotros les denominamos el *gran glamur*. No importa qué forma tengan realmente —si son un objeto material, una experiencia, una personalidad, un movimiento o un estilo de vida—; el gran glamur es una ilusión seductora que los manipuladores potenciales utilizan para distraer a las personas de lo que realmente es importante, valioso, auténtico y alineado. El sistema genera un flujo constante de glamur a través de los medios de comunicación, los deportes, la moda, la tecnología y la publicidad para hacer que nos sintamos pobres, feos e inferiores a los demás, y de ese modo nos distrae de nuestro propósito y nuestros deseos auténticos y de lo que realmente está sucediendo en el planeta.

El entretenimiento es el método principal del que se vale la matriz para hipnotizar a la humanidad, y por eso los actores ganan tanto dinero. Fingir puede no parecer una tarea tan importante en el gran esquema del funcionamiento de la sociedad, pero, en lo que se refiere a distraer al populacho para hacer que se sienta tan encantado con el glamur como para seguir alimentando a la matriz, los animadores se encuentran entre los actores más importantes del sistema.

El gran glamur existe para fascinar a las personas con el brillo, el relumbrón y el bombo publicitario, para que no se den cuenta de lo discordante que es realmente el mundo y de lo desconectadas que están consigo mismas. Cuando estamos bajo el hechizo del glamur, la teatralidad de la matriz —el boato, el he-

donismo, lo absurdo y las atrocidades— consumen nuestra atención y nuestra devoción, y nos obsesionamos tanto con la masca-
rada que se está representando que no percibimos toda la mierda
que está sucediendo justo debajo de nuestra nariz.

La industria publicitaria utiliza el gran glamur para hacernos
comprar cosas. Abres una revista y ¿qué es lo que ves? Una imagen reluciente de un hombre con aspecto de dios griego vestido
con un traje de Gucci sosteniendo en su regazo a una supermodelo de labios rojos medio desnuda que le mira con ojos sensuales y
da la impresión de estar a cuatro segundos de bajarle la cremalle-
ra del pantalón para montarlo. La imagen manipula la conciencia
del lector de la revista para hacerle envidiar, anhelar y pensar:
«Vaya, si tuviera ese traje, podría follar a una modelo y todos me
envidiarían. Coño, es probable que con ese traje pueda incluso
conseguir un ascenso, y un Mercedes. ¡Vendido!».

Y lo mismo sucede con las mujeres. Se matan de hambre por
caber en ropas sexis y se endeudan para comprarse unos carísi-
mos zapatos de tacón Louboutin con suela roja, de manera que
cuando paseen por la ciudad todo el mundo sepa que llevan un
calzado de moda y que son unas personas especiales. El problema
es que, cuando lo que nos impulsa es la idea de que todos nos
admiren, nos convertimos en esclavos de ellos. Nos convertimos
en la puta de la gente. Y eso significa que lo que esos zapatos de
suela roja están diciendo realmente es: *Te necesito para que me
apruebes y así sentirme bien conmigo misma.* Eso es lo que dicen
en realidad todos los símbolos de estatus social: *Haré cualquier
cosa que el rebaño me pida que haga para encajar, porque la verdad es que no sé quién soy.*

La tontería de los Rolex

En cierta ocasión, un amigo mío me ofreció un Rolex y se quedó de piedra cuando le dije que no lo quería. No llevo reloj y no me importa el estatus, así que ¿para qué iba a querer un Rolex? ¿Por qué le importa tanto a la gente llevar un Rolex? No es como si curase el cáncer o generara un cambio positivo en el mundo. Para lo único que sirve es para decirles a los demás: *Estoy forrado, tío. Estoy forrado.* Pero ese mensaje, y esos símbolos de estatus, no hacen sino crear más división, más separación. Yo no quiero provocar los celos de otros, ni su envidia, ni la idea de carencia. Es decir, sería distinto si me gustaran los relojes, si me interesara la historia de Rolex o si de verdad me entusiasmara la forma en que un Rolex hace que me sienta. Sin embargo, la mayor parte de la gente no los compra porque le interese de verdad la mecánica que hace que sean un artículo de lujo. Lo hacen para que todo el mundo sepa que son personas de éxito, importantes, que merecen tu admiración porque se han gastado ocho mil euros en un reloj. Lo que sea. Yo prefiero llevar un cristal estupendo que posea sabiduría e inteligencia naturales y que tenga un aspecto igual de impresionante.

El ciclo del deseo es una trampa, porque el anhelo de obtener satisfacción fuera de nosotros mismos solo genera más deseo. El ansia de conseguir cualquier cosa fuera de nosotros mismos es una distorsión, lo que significa que esas frecuencias de deseo no pueden satisfacerse jamás. Por eso el ciclo se convierte en un bucle continuo que se mantiene a sí mismo. Claro que el subidón de dopamina de la gratificación instantánea es real al principio, pero se disipa igual de rápido que llegó y volvemos a aterrizar en la carencia, en el anhelo, con lo que el ciclo vuelve a iniciarse una vez más. No importa cuántas cosas adquiramos, acumulemos o consigamos, lo cierto es que el anhelo no desaparece, no se agota jamás. Y lo que sucede realmente es que nuestros esfuerzos por satisfacerlo acumulando cosas fuera de nosotros mismos no hace más que sumirnos en una esclavitud energética de todas esas cosas a través de lo que denominamos entrelazamiento cuántico.

ENTRELAZAMIENTO CUÁNTICO

El entrelazamiento cuántico nos ata a las energías, de manera que estas influyen física, psicológica, emocional y energéticamente en nuestro estado interno de homeostasis. En el caso del ciclo del deseo, la acumulación de tantos elementos externos que no se identifican realmente con nuestra firma interior nos amarra a unas energías discordantes que no favorecen nuestro bienestar. Esto genera mucha perturbación en las personas que se han esforzado por adquirir las diversas cosas que la matriz les ha inducido a comprar, porque no les han proporcionado el amor y la felicidad que prometían y ahora están solo complicándoles la vida.

DEVOCIÓN

Por si acaso a estas alturas no resulta ya completamente obvio, la matriz no pierde el tiempo. Está en todo momento conectada con su sistema. Es una técnica con un diseño muy brillante, porque, tal y como está organizada, todas las personas contra las que trabaja la matriz son precisamente aquellas que la están impulsando. Resulta muy eficaz. De todas formas, no es infalible. La oscuridad, el anhelo y demás solo pueden manipularnos cuando tenemos una voluntad débil. Por eso es tan importante reforzarla, para que nuestra devoción al amor, al Espíritu, a la verdad y a la autenticidad esté tan encendida y tan petazeta, tan gigante, que los turcos, trampas y teatralidad de la matriz no nos distraigan.

La devoción es la energía que centra nuestra voluntad y, como ya he dicho y voy a seguir repitiendo, porque es importantísimo, es absoluta e inequívocamente crucial que reforcemos esta si queremos liberarnos del yugo de la matriz y de la oscuridad a la que sirve. Es el mecanismo que nos permite actuar deliberadamente. Es lo que hace que nuestra devoción adopte una forma tridimensional y lo que manifiesta nuestra devoción en la forma tridimensional. Cuando estamos dedicados a elevarnos a nosotros mismos y al planeta y estas energías están fortalecidas por una voluntad fuerte, tenemos poder para realizar un cambio positivo en el mundo sin que puedan impedírnoslo los intentos que hace la matriz para distraernos.

Cuando hablo de tener una voluntad fuerte me estoy refiriendo a la habilidad de dirigir de un modo consciente nuestra atención hacia aquello que queremos y de mantenerla allí con una devoción inquebrantable, porque eso es lo que nos impulsa a actuar de forma positiva y deliberada. Solo cuando nuestra devoción está alineada con la inteligencia de la luz, con nuestro auténtico camino, con nuestro propósito verdadero, con nuestra alegría real y con nuestra inspiración auténtica podemos devolver el equilibrio a nuestro planeta.

Todo esto nos lleva a plantear las siguientes preguntas: ¿en qué te centras?, ¿te centras en comprobar tus *Me gusta*? ¿Te centras en hablar de gilipolleces sobre los famosos, sobre los del partido político contrario o sobre tus amigos? ¿Te centras en ir de fiesta y en engancharte a videojuegos o pornografía? ¿O te dedicas más bien a ascender y cambiar, a elevar tu inteligencia emocional, a irradiar positividad, alegría e inspiración mientras viajas con tu tribu en el tren iluminado y a aumentar las vibraciones del planeta Tierra en beneficio de todos?

EL ELEMENTO FUEGO

Las culturas tribales llevan utilizando el elemento fuego como herramienta de reflexión desde hace siglos. El chamanismo africano lo denomina «el que percibe», el que puede ver en todas las direcciones y agudiza nuestras habilidades psíquicas. Los chamanes lo invocan para comprender cómo opera la mente en unión de la voluntad. Las tribus antiguas lo contemplaban mientras sostenían su energía con una intención, una experiencia o un resultado concretos, porque esta energía enciende la chispa de la vida en aquello en lo que centramos nuestra devoción. Es lo que se denomina *adivinación mediante el fuego*.

Truco espiritual: Adivinación a través del fuego

La adivinación mediante el fuego nos permite fortalecer nuestra voluntad aprendiendo a dirigir la energía hacia un lugar y a sostenerla durante un periodo largo. Cuanto más tiempo consigamos mantener la mirada fija en algo y nuestra devoción centrada en ello, más absorberemos su energía. Esto nos permite alinear nuestra frecuencia vibratoria y a nosotros mismos con nuestra devoción. Nos estamos entrenando para enraizarnos allí donde *decidimos* hacerlo. Nos estamos formando para asumir la autoridad de nuestra vida y para elegir dónde, cuándo y cómo dirigimos, comprometemos y dedicamos nuestra energía.

Lo mejor es que practiques este truco espiritual estando solo, libre de distracciones, a ser posible en una habitación oscura, con el teléfono desconectado y vistiendo ropa suelta. La intención es liberarte de todo aquello que pudiera apartar tu atención de ti, ya sea un mensaje de texto, una mascota deambulando o una tela dura que se te clave en los muslos.

Vas a necesitar cinco velas.

- Siéntate con las piernas cruzadas dentro de un círculo formado por cuatro velas encendidas, cada una de las cuales representa uno de los puntos cardinales.

- Enciende la otra vela y colócala en el suelo delante de ti.
- Programa cinco minutos en un temporizador.
- Mira fijamente la vela mientras invocas mentalmente un pensamiento o una energía.

Este pensamiento puede ser cualquier cosa que quieras reforzar o invocar: amor, dinero, tu trabajo soñado, una galleta con trocitos de chocolate…, lo que quieras.

- Mantén en tu mente ese pensamiento o esa energía mientras contemplas fijamente la llama sin desviar la mirada ni permitir que ningún otro pensamiento te distraiga.

El pensamiento es tu devoción. Tu mirada es tu compromiso. Comprométete con tu devoción a esa llama sin centrarte en nada más durante todo el tiempo que puedas.

- Cuando suene el temporizador, apaga las cuatro velas que te rodean.

FINALIZACIÓN DE LA PRÁCTICA

- Programa el temporizador otros cinco minutos más.
- Di en voz alta: «Aumento el fuego que arde dentro de mí para que me permita ver en todas direcciones».
- Respira de forma consciente y deliberada, y repite: «Aumento el fuego que arde dentro de mí para que me permita ver en todas direcciones».
- Sigue respirando y diciendo esta frase en voz alta hasta que suene el temporizador.

Es importante terminar todas las sesiones de adivinación mediante el fuego con esta breve práctica de finalización, porque una voluntad reforzada mediante la visión de las cuatro direcciones es una voluntad muy fuerte.

Yo animo a mis alumnos a que practiquen esta técnica de adivinación *al menos* una vez al día y a que se esfuercen por mantener la mirada sobre la llama de la vela cada vez más tiempo a medida que van progresando. Recomiendo añadir cinco minutos por semana a la práctica hasta que se sea capaz de mantener la atención sobre la llama durante una hora cada vez.

Reforzar la voluntad es crucial, porque solo cuando nuestra devoción al amor es muy fuerte —enormemente fuerte— resulta inconmovible e impide que nos puedan distraer. Las voluntades débiles hacen que resultemos fáciles de controlar. La falta de conciencia que generan nos hace vulnerables a la programación de la matriz y evita que nos cuestionemos el adoctrinamiento al que nos están sometiendo. No se nos ocurre hacer una pausa para preguntarnos si eso que agitan ante nuestra cara está alineado con el amor o con nuestra verdad auténtica, porque, si no tenemos una voluntad fuerte, ni siquiera sabemos cuál es nuestra verdad auténtica. Si nos conociéramos y nos valoráramos, no entregaríamos tan fácilmente nuestra fe y nuestra lealtad, sobre todo a esas estupideces que la máquina de los medios de comunicación intenta hacernos tragar. Cuando nuestra voluntad es fuerte, no podemos ser controlados ni adoctrinados, porque sabemos quiénes somos, y ese conocimiento nos protege de la oscuridad.

Conócete a ti mismo en plenitud

Cuando la voluntad es débil, el deseo de encajar y formar parte de la multitud supera nuestra devoción al alineamiento. Ese es el motivo de que la oscuridad no quiera que nos conozcamos como seres completos, que nos sintonicemos con nuestros deseos auténticos ni que nos conectemos con los demás, ni con el planeta, ni con nosotros mismos…, porque todo el concepto de la matriz depende de que creamos en la separación, en el amor condicionado y en nuestra debilidad para funcionar y mantener la situación establecida.

El sistema tiene un interés especial en que conservemos nuestra inseguridad y nuestra autoestima de mierda, y por eso programa a los seres humanos para que crean que son básicamente defectuosos y que solo pueden encontrar seguridad dentro de los límites acogedores de la manada, a la que se supone que debemos seguir ciegamente sin cuestionarnos jamás su dirección, sus motivos ni su cordura. Esta estratagema consigue que las personas tengan miedo de ser ellas mismas, cuando eso es exactamente lo que debemos hacer. La forma más rápida y eficaz de recuperar el poder que nos ha quitado la matriz es enraizarnos en nuestro auténtico yo, es decir, conocernos y encarnarnos tan bien, y estar tan iluminados, que no haya grietas en nuestra conciencia por las que pueda colarse la oscuridad. La forma de recuperar nuestro poder de la matriz es enraizarnos tan profundamente en la verdad de nuestra plenitud, de nuestra conexión, de nuestra naturaleza tan incondicionalmente amorosa, que nos hagamos inmunes a todos los métodos con los que la matriz intenta robarnos nuestra soberanía y nuestra fuerza vital.

CONÓCETE A TI MISMO COMO UN SER ÚNICO, COMPLEJO Y LLENO DE MATICES

Como las personas no están enraizadas en su voluntad, no tienen una sensación clara y enraizada del Yo. Solo se conocen a sí mismas a través de lo que consumen, de las personas a las que siguen y de los *Me gusta* que ha conseguido su último selfi. Por eso, en lugar de cultivar una relación auténtica y armoniosa consigo mismas, de reconocerse y de usar trucos espirituales y principios chamánicos para transformarse, se limitan a aferrarse a alguna identidad prefabricada, como esos objetos que puedes conseguir en un gran almacén, que han sido producidos en una fábrica de Camboya y que encuentras colgados junto a docenas de otros similares. Es ilógico. ¿No preferirías ponerte una obra de arte única de alta costura que puedes fabricar tú mismo, puntada a puntada, teniendo en cuenta que se trata de *tu* vida? La mayor parte de la gente no lo hace. No dedican el tiempo, la atención o el esfuerzo necesarios para cultivar un sentido auténtico del Yo. Se limitan a ponerse la versión de los grandes almacenes pretendiendo que les sienta bien y luego confunden esa identidad distorsionada, aburrida e industrial, con su *yo* auténtico.

El negro no siempre me pareció bello

Yo odiaba ser negro. Al principio lo hacía porque mi madre se divorció de mi padre y se mudó a la otra punta del país cuando yo tenía tres años. Yo creía que se había ido porque ella no era negra y yo sí. Además, mi madrastra me dijo entre palizas que eso era lo que había sucedido.

Luego odié ser negro por todo lo que eso significaba. Crecí en un barrio blanco adinerado, así que lo único que sabía de lo que suponía ser negro en Estados Unidos era lo que veía en la televisión, en donde todos los que salían era matones pobres y tontos que vivían en guetos, bebían litronas de cerveza y se saltaban las leyes.

Yo solía ir a Thrifty's para comprar decolorante cutáneo. Me lo echaba por todo el cuerpo con la esperanza de que me blanqueara la piel, pero lo único que conseguí fue quemarme. También me decoloraba el pelo… hasta que se me cayó, y por eso ahora no tengo. Y todo porque quería ser blanco.

Mi padre me prohibió quedar con chicas negras y me dijo que la única forma de salir adelante en la vida era llevando del brazo a una mujer blanca. También me contó historias acerca de lo que supusieron para

él su infancia y su adolescencia siendo negro y viendo linchar a gente.
Como eso no era lo que yo quería para mí, tampoco quería ser negro.

Solía desviarme de mi camino para evitar a otros de mi color. No
quería que nadie pensara que me estaba relacionando con los gustos
de un negro, porque eso habría significado que los había aceptado y,
como no podía aceptarme a mí mismo, era imposible que aceptara a
otro. El odio que sentía hacia mí por ser negro era muy profundo.

Y entonces conocí a un gurú, un sanador increíble llamado Mike,
que me ayudó a afrontar mis problemas con el hecho de ser negro. Me
enseñó que el simple hecho de que los estereotipos negros estuvieran
programados de una determinada manera en la conciencia de las masas
no significaba que yo tuviera que apuntarme a esa versión de lo que
significa ser negro ni que yo tuviera que *ser* esa versión de negro.

Ese punto de vista me produjo un impacto profundo y me permitió
arraigar un conocimiento más hondo de lo que yo era, más allá de las
etiquetas y las condiciones que el mundo estaba intentando imponer-
me. Me di cuenta de que yo era algo más grande, algo más complejo,
único y misterioso. Fue entonces cuando empecé a darme cuenta de lo
bello que era para mí ser negro, y comencé a comprender que lo que
les sucedía a los negros del planeta no tenía nada que ver conmigo. Era
lo que le sucedía a ese concepto llamado «gente negra», y yo podía ser
negro, podía encantarme ser negro, pero que no tenía ninguna necesidad de asumir ese concepto ni el adoctrinamiento que lo sostiene.

EL ASUNTO DE LA IDENTIDAD

La identidad es una jaula. No hay vuelta de hoja. Es una forma de encasillar a la gente en categorías que invalidan completamente los matices, la complejidad y la experiencia individual, en
un intento por homogeneizar a las personas basándose en estereotipos superficiales y clasificaciones aleatorias. Estas jaulas cierran
un montón de puertas y clausuran muchísimas oportunidades y

experiencias mientras hacen que los borregos se sientan seguros y como si estuvieran integrados formando parte de algo.

Esta fase actual de la evolución humana, a la que yo denomino la Era del Narcisismo, ha dado paso a una crisis colectiva de identidad que lleva a grandes bloques de la población a jurar lealtad a etiquetas como *gay, blanco, cis, judío, capricornio, tullido, latino* y demás. La gente parece creer que estos conceptos identitarios son muy distintos, cuando en realidad son exactamente iguales. Son todos ellos un medio de crear un sentido del yo, de la valía y del propósito basado en etiquetas que la matriz emplea para dividirnos y controlarnos.

Pero las etiquetas no son gratuitas. Llevan aparejada una «mochila». Conllevan todas estas características y tendencias implícitas que se supone que debemos adoptar en cuanto nos identificamos con ellas. En el momento en que alguien sale del armario y se identifica como homosexual, tiene que poner una pegatina con el arcoíris en su coche, votar a la izquierda, escuchar música de películas, vestir camisetas ceñidas y hacer abdominales..., a menos que adopte el estilo oso, en cuyo caso tiene que tener una buena barriga y dejarse crecer la barba. Las etiquetas dan por hecho que existe una fórmula que hay que seguir para ser gay, negro, musulmán o lo que sea, en lugar de simplemente ser gay, negro o musulmán de la forma que mejor le vaya a cada uno.

La identidad divide

Estas fórmulas son casillas, igual que las identidades. Cuando nos metemos en una, nos identificamos con ella y decimos que somos aquello que la casilla representa; nos separamos automáticamente de cualquiera que no esté en ella y que no sea todo aquello que supuestamente esta representa. Resulta completamente absurdo. El asunto de la identidad no es más que otra forma en la que los seres humanos hacen lo que les pide la matriz, porque es solo otro concepto que utilizamos para separarnos de los demás.

Ahora, con el Apagón, estamos viendo cómo las políticas identitarias dividen a las personas de una forma realmente extrema, discordante y violenta. El grado de desarrollo que ha adquirido esto de la identidad es un reflejo del desequilibrio entre lo masculino y lo femenino, una auténtica plaga de nuestro planeta, en el que, en lugar de intentar comprender y conectar con aquellos que tienen unas creencias distintas de las nuestras, nos separamos de ellos, nos burlamos, los avergonzamos y los convertimos en nuestros enemigos. Es muy triste, porque estos conceptos de la identidad son una estupidez.

Conócete en la evolución

Las personas confunden su concepto de la identidad con el Yo y luego malinterpretan el constructo del Yo como si fuese algo fijo o constante. Es como si yo me declarara algo en concreto y en consecuencia siempre fuera eso, y considerara que siempre seré eso, que esa es mi identidad y eso es lo que soy: ese es mi Yo. Esta idea es una distorsión. La idea de una identidad estática va en contra de la vida en su conjunto, que está en movimiento constante, siempre fluyendo.

En esta realidad, nada es fijo ni estático, *sobre todo* el Yo. Por eso siempre me río cuando la gente intenta definirse a sí misma diciendo *soy el tipo de persona que* _____, como si la conducta que está describiendo lógicamente equivaliera a un concepto identitario. ¡Es increíble lo ilógica que es la gente! Cuando nos definimos como *el tipo de persona que* lleva calcetines rosas, nos impedimos llevar calcetines de otro color, porque, según nuestra «lógica», como somos el tipo de persona que lleva calcetines rosas, llevarlos morados nos convertiría en un tipo completamente

distinto. Esto obligaría a procesar toda una crisis identitaria exis-
tencial en lugar de limitarse a un cambio del vestuario. ¿Por qué
esposar nuestra conducta a una identidad? ¿Por qué encasillar-
nos? Las casillas son para los borregos, no para las personas ilu-
minadas que viven una vida petazeta en un planeta de paz y prosperidad para todos.

Contrariamente a lo que afirman las creencias/estupideces
populares, el Yo no es un punto fijo en un mapa, ni un estado
estático que podamos indicar con una etiqueta, ni una casilla que
podamos señalar cuando solicitamos un pasaporte. El Yo es un
proceso evolutivo en constante renovación, en constante desarrollo. El axioma hermético de *Conócete a ti mismo* no es lo que la
gente cree, porque no existe un Yo constante y singular. Conocernos a nosotros mismos no significa pegarnos a una identidad fija
declarando *Soy* este *tipo de persona* o *Soy* ese *tipo de persona*.
Significa ser conscientes de cómo estamos evolucionando y desa-
rrollándonos en una realidad cuántica siempre cambiante que
constantemente nos está ofreciendo datos nuevos, información
nueva, experiencias nuevas y reflexiones nuevas que —siempre y
cuando no estemos atascados en alguna idea tozuda de quiénes
somos o quiénes no somos— podemos dejar que nos conformen
tal y como queramos.

Consciencia

Si queremos vivir libres de etiquetas y casillas y conocernos
auténticamente en evolución, tenemos que agudizar nuestra consciencia. Al carecer de la muleta de un concepto identitario, y de la
fórmula y las normas que lo acompañan, la única forma de conocernos de verdad es ser *conscientes* de nosotros mismos: estar
presentes, abiertos, amorosos, aceptar y girar siempre la lente de
observación hacia nosotros.

La consciencia es una herramienta chamánica muy importante. Cuando la centramos en algo, observamos lo que es. Eso es. No lo analizamos, no lo juzgamos, no intentamos hacer que sea mejor o diferente; simplemente, observamos. Esto resulta muy sencillo y a la vez muy potente, porque, cuando observamos lo que es, la verdad nos inunda. Cuando observamos algo y le permitimos que se nos muestre, estamos haciendo aquello que todo en la vida quiere que hagamos: conectarnos con ello.

¿Te has dado cuenta alguna vez de lo que sucede cuando dejas que la gente hable de sí misma, sin meter baza, y manifiestas en qué te identificas con lo que está diciendo, sin pensar en ti mismo, sino simplemente centrando toda tu consciencia en ella? ¿Has comprobado que, cuanto más escuchas y te limitas a observar, más se abren? ¿Has observado que te cuentan más cosas de las que jamás le han contado a otro ser vivo en su vida? ¿Has visto que te dicen cosas que ni siquiera se habían dado cuenta de que pensaban o creían? Es porque les has dado tu consciencia.

Los chamanes no somos especiales *per se*. Simplemente hemos aprendido a agudizar nuestra consciencia, a expandirla, a sostenerla, porque sabemos que es la que permite que se abran las puertas de la posibilidad y se multipliquen. Sabemos que todo lo que conforma nuestra realidad desea comunión y por eso nos entrenamos para expandir nuestra consciencia, para centrarla, para que podamos mostrarnos receptivos no solo a los datos disponibles, sino también a la inteligencia que se está transmitiendo. Yo puedo conectarme con un tumor en el bazo de un cliente y luego con el bazo en sí para discernir cuál es la fuente del desequilibrio, qué necesita para curarse, no porque yo sea especial ni porque tenga poderes mágicos, sino porque he agudizado mi consciencia hasta el punto de ser capaz de captar comunicaciones sutiles de las que la mayor parte de la gente no es consciente.

Lo que hace que alguien sea un borrego es la falta de consciencia. Los borregos están desconectados. Están tan ocupados

manteniendo su personaje de Internet y pendientes de todo aquello que esté de moda, o se considere estupendo, o cualquier otra
cosa que su grupo de iguales juzgue importante, que no se dan
cuenta de la discordia que amenaza nuestro mundo ni de lo que
realmente está sucediendo dentro de ellos. Es algo intencionado.
Por eso el sistema coloca las rupturas matrimoniales de los famosos en las portadas de las revistas y pone flúor en el agua potable
de las ciudades. Ambos realizan la misma función: inundar el cerebro con toxinas y desconectar a las personas de su consciencia
para que sean más fáciles de controlar.

La única forma de combatir este problema es volver a conectarse; y eso, cariño, significa hacerse consciente.

Truco espiritual: Consciencia chamánica

Este es un antiguo truco espiritual que me enseñaron mis antepasados para reforzar mis capacidades chamánicas. Debes practicarlo tan
a menudo como puedas, porque te permitirá cultivar una consciencia
ampliada y empezar a percibir cosas que normalmente no verías.

Lo ideal sería que lo practicaras con el estómago vacío, cuando el
cuerpo esté en modo ayuno y no ocupado en tareas de digestión y
asimilación. Cuanto más ligero estés, más podrás percibir.

- Extiende la mano delante de la cara.

No hace falta que sea la mano. Puedes hacerlo con cualquier objeto. Sin embargo, para que la explicación resulte coherente, vamos a
usar la mano como ejemplo.

- Obsérvala.

Cuando te digo que la *observes*, quiero decir que centres toda tu
consciencia en ella. No con los ojos. No con tu conocimiento cognitivo
de lo que es una mano o de lo que debería ser. Centra simplemente tu

consciencia en la mano. No estás intentando comprenderla. Estás dejando que tu mano se te presente desde un espacio de relajación y aceptación.

- Pide a tu mano que se te revele. Dilo en voz alta: *Mano, muéstrate a mí.*

Observa qué sensaciones surgen cuando invitas a tu mano a establecer una comunión más profunda. Estas sensaciones son el medio por el cual tu mano —y todo tu cuerpo— se comunica contigo.

- Pronuncia en voz alta cada observación a medida que la vayas registrando.

Quizá notes un hormigueo en algún lugar, en cuyo caso podrías decir: *Noto hormigueo en la parte derecha de la palma.*

Quizá notes un latido sordo en los nudillos, en cuyo caso podrías decir: *Noto un latido sordo en los nudillos.*

Quizá notes pesadez en la palma, en cuyo caso podrías decir: *Noto pesadez en la palma.*

Quizá notes un temblor en el meñique, en cuyo caso podrías decir: *Noto un temblor en el meñique.*

Quizá percibas una luz azul rodeando el pulgar, en cuyo caso podrías decir: *Percibo una luz azul rodeando el pulgar.*

Es posible que no notes nada de esto; probablemente percibirás otras cosas completamente distintas. No hay nada que esté mal ni bien. Estás simplemente observando.

- Expande tu consciencia y céntrala más profundamente aún en la mano que tienes delante. Di: *Mano, muéstrame más cosas.*

Si estás intentando describir el aspecto que tiene tu mano o comprenderla, no la estás observando. La estás analizando, es decir, estás intentando controlar tu experiencia con la mente. No lo hagas. Deja que simplemente sea; permite que emerjan las sensaciones. Sigue diciéndolas en voz alta a medida que las vayas observando.

- Cuando sientas que la práctica se ha completado, termina ofreciendo tu gratitud a tu mano por el intercambio. Di: *Gracias, mano.*

Consejo para realizar los trucos espirituales

Cuando estemos practicando un truco espiritual, tenemos que decir siempre en voz alta lo que sentimos. Es la forma de reconocer la comunicación que está teniendo lugar y de reforzar el puente que existe entre nuestro cuerpo físico y el espiritual. Esto se aplica a las cosas que vemos, sentimos, oímos, degustamos y olemos, así como a cualquier percepción extrasensorial que se nos revele.

A veces la gente se siente un tanto ridícula hablando en voz alta a su mano, a un árbol o a un espíritu. A mí no me parece lógico, pero es porque crecí en una familia de chamanes en la que hablar con entidades invisibles era algo que hacía todo el mundo. De todas formas, en el chamanismo sabemos que todo está impregnado de inteligencia de luz y no malgastamos ni un solo segundo en preocuparnos de lo que otros podrían pensar si nos oyeran hablando a esa inteligencia. Eso no es más que vanidad. Es solo ego. Es simplemente la forma de pensar que tienen las personas con voluntad débil, los borregos. Debes superarlo si quieres montar en el tren iluminado.

La clave de la consciencia es entrenar la mente para que observe sin juzgar. La observación objetiva y de final abierto nos permite recopilar muchos más datos de aquello que estamos observando que el acto de hacerlo con ideas preconcebidas. Cuando observamos juzgando, no vemos de manera objetiva, sino que más bien lo hacemos para confirmar nuestras creencias. La mayoría de los seres humanos perciben el mundo a través de la lente del enjuiciamiento, lo que resulta arrogante y absurdo, porque no ven con un deseo genuino de conocer lo que es; miran simplemente para demostrar que tienen razón. A los chamanes no nos agobia la necesidad de tener razón ni de confirmar la situación establecida. Nos va bien no saber. De hecho, nos va estupendamente, porque el no saber nos permite observar desde una posición de receptividad que genera un campo de aceptación incondicional en el que el objeto de nuestra observación puede revelarse a sí mismo como mejor le parezca.

Mejorar nuestra voluntad, incrementar nuestra inteligencia emocional y dar entrada a una Edad Gigante petazeta aquí, en la Tierra, nos exige dar un salto cuántico en nuestras facultades conscientes. No podemos llegar adonde vamos a menos que sepamos dónde estamos en este momento. La consciencia es la herramienta que nos permite averiguarlo.

Tu poder no está esperando a que lo encuentres en el lateral de un cartón de leche

El motivo de que estemos en el Apagón y de que el mundo sea como es reside en que la mayor parte de los seres humanos del planeta se sienten desempoderados, como si no tuvieran capacidad para realizar ningún cambio o producir un efecto positivo a ningún nivel.

Mi misión —la razón por la que me encarné, morí, regresé, sané mi cuerpo y mi cerebro y estudié con místicos, maestros y ancianos de todo este mundo y de muchos otros— es ayudar a la humanidad a acceder a su poder. Vamos a dejarlo bien claro: no es que la humanidad haya perdido su poder ni que este esté roto o ausente; lo que sucede es que ha olvidado mantener su consciencia en él. Mucha gente habla de él como si estuviera perdido, como si no existiera, como si tuviera que recuperarlo de alguien que se lo robó. No, su poder sigue estando ahí. Siempre está ahí. El problema no es ese, sino que su consciencia y su devoción no están en él.

Cuando tomas la decisión de alinearte con tu voluntad y de seguir tu camino auténtico tal y como Dios lo quiso, le vas a crear un problema a la oscuridad. Un problema enorme. La oscuridad no puede permitir que estés empoderado, que camines erguido y lleno de confianza conociéndote a ti mismo, sabiendo tu valor y ejerciendo un efecto positivo en el mundo. De ninguna manera. Por eso va a ponerte delante todo tipo de obstáculos para sacarte de él, para hacer que cambies tu forma de pensar y vuelvas a ser un borrego. Va a hacer todo lo que esté en su mano para distraerte, para retarte y para impedir que avances y manifiestes lo que deseas. Te va a decir que no puedes tenerlo, que no estás suficientemente cualificado y que no eres lo bastante bueno para ello. Va a usar el gran glamur para desviarte de tu camino. Va a hacer lo que pueda para mantenerte donde quiere que estés: atascado en el sistema, en la situación establecida y en tu desempoderamiento. Y ahí es donde entra en escena tu voluntad para decir: *Apártate, oscuridad. Yo soy el que dirige la función.*

AUTOEMPODERAMIENTO

La voluntad es el mecanismo que nos permite hacernos cargo de nuestro recipiente y dirigir nuestro barco. Nos empoderamos autorizando activamente nuestra propia vida, y solo podemos hacerlo cuando tenemos una voluntad fuerte. Esta es la que nos ayuda a girar, a variar la energía, a cambiar de dirección y a crear nuevos caminos, a abrir nuevas puertas y a forjar nuevos terrenos. Esto es el autoempoderamiento; no es nada que puedas comprar, pedir prestado, ponerte o falsificar. Es un aspecto de lo que significa reconocer nuestro Yo y creer en él. Proviene del interior.

EL MIEDO A LA MARGINACIÓN

Entre las comunidades de la Nueva Era existe un bulo que afirma que las personas tienen miedo a su poder. Es falso. No tienen miedo a su poder. Este solo les asusta en lo que respecta a cómo creen que los demás van a percibirlos en él. Lo que la gente teme realmente es que otros no se sientan cómodos con su poder. Lo que les asusta de verdad es que no les amen, no gustar a los demás.

Lo que más asusta a los seres humanos es la posibilidad de quedar marginados. La idea de que vamos a vernos exiliados, alienados, condenados al ostracismo o abandonados sacude a las personas en el núcleo mismo de su ser. El pánico a la marginación es el mayor miedo de los seres humanos.

El hecho de que la inmensa mayoría de las personas se comprometa debido a este miedo indica nuestro déficit de inteligencia emocional. Una persona emocionalmente inteligente sabe que el abandono no existe, que no es posible estar alienado, porque, si una persona no te quiere, entonces no debe formar parte de tu vida. Si una persona no quiere estar en tu vida, eso no significa que tú estés equivocado, ni que seas malo, sino solo que vuestras firmas energéticas ya no vibran en una frecuencia coherente. Y no pasa nada. Su decisión de abandonar tu vida dejará más espacio para que entren otras personas que resuenen más contigo. Sin embargo, como la gente no actúa con inteligencia emocional ni con un sentido saludable del Yo, se compromete para mantener relaciones discordantes y encajar.

¿ERES UN LUCHADOR POR LA LIBERTAD ESPIRITUAL O UN ESCLAVO?

Hace mucho tiempo acepté que no voy a gustar a algunas personas. Levanto ampollas. Por lo que a mí respecta, si no levantas ampollas, es que algo no va bien, que te limitas a agradar a la gente. Yo no estoy aquí para agradar a las personas. Estoy aquí para empujarlas. Estoy aquí para forzar sus límites y pulsar sus botones. Estoy aquí para hacer que la gente se sienta incómoda y para obligarla a mirar lo que sucede en su interior; para que, de ese modo, se vuelva más de verdad.

Está claro que a veces me molesta no gustar a la gente, pero nunca hasta el punto de estar dispuesto a sacrificar por ello mi verdad. Esa es la diferencia entre ser un luchador por la libertad espiritual o ser un esclavo. Es muy sencillo. Desde mi libertad estoy dispuesto a esforzarme por obtener tu amor, tu aprobación, porque decidas que te gusto o que no te gusto. Estoy dispuesto a ponerlo todo sobre la mesa, porque no tengo nada que perder. ¿No te gusto? Muy bien, puedo aceptarlo. Puedo aceptar no gustarte y también que no me quieras, pero no el hecho de ser un esclavo, porque eso significaría estar dispuesto a sacrificar mi libertad por tu aprobación.

Cuando era niño, mi padre hizo todo lo que pudo para mantenerme apartado del chamanismo. Me pegó, me sobornó, mantuvo a mi madre alejada de mí. Y cada vez que abría la boca para prohibirme estudiarlo y practicarlo, añadía otro barrote a la cárcel que estaba intentando crear para mí y que construyó con sus palabras, sus conceptos, sus limitaciones y su adoctrinamiento. La única forma que tenía yo de escapar de la cárcel de mi padre era desafiándole, a él y a todos aquellos principios que estaba empleando para intentar programarme. Y déjame decirte que desafiar esos principios programados me daba mucho miedo, porque significaba ir contra mi tribu, y eso despertaba todos los temores de ser un marginado. Pero tenía una voluntad fuerte y mi devoción al amor y al Espíritu era más grande que el miedo. Echando la vista atrás, no encuentro ni un solo momento de mi vida en el que me haya arrepentido de haber permanecido fiel a mí mismo y de desafiar a mi padre como lo hice. De hecho, mi desafío es el único motivo de que siga aquí, dentro de este traje espacial biológico, hablando contigo en este momento, porque fue lo que me mantuvo fiel a mí mismo y leal a todo lo que represento, que es amor.

PIRATEANDO LA MATRIZ

Oigo a muchísima gente hablar de combatir contra el sistema, de machacar el patriarcado y de todas esas tonterías que utilizan para justificar su rabia, sus problemas y su impulso de aplastar cosas. Encolerizarse contra la máquina está muy bien si lo que quieres es malgastar tu energía, generar dramas y conflictos y quedar magullado y machacado. Sin embargo, no es un medio eficaz para crear cambios. Ni mucho menos.

Entonces, ¿qué hacemos?

Para empezar, no luchamos. No machacamos la matriz ni luchamos contra ella, y no intentamos convencerla de que tiene que ser más amable, gentil o diferente. Nos hacemos conscientes de ella y de cómo afecta a nuestra vida, y luego hacemos que trabaje para nosotros.

Cuanto más perfeccionamos nuestra consciencia, fortalecemos nuestra voluntad y nos empoderamos, mejor empezamos a comprender que, aunque estemos actuando dentro de la matriz, no somos *de* la matriz. Esta consciencia resulta de lo más liberadora. A menos que te mudes a una chabola desconectada en mitad de la nada, cultives tus propios alimentos, te fabriques tu ropa y funciones a base de trueque, vas a seguir tratando con la matriz de un modo u otro. Es imposible dejarla por completo. Sin embargo, empoderarte para ser inmune a ella y al mismo tiempo utilizar el concepto para crecer, evolucionar y manifestar una Edad Gigante aquí en la Tierra es lo que nos permite estar iluminados.

4

MEJORA TUS PALABRAS

En esta cultura no se valora el amor hacia uno mismo. No se nos enseña en el colegio. No aparece en los medios de comunicación. Desde luego, *yo* no lo conocí de niño en la casa de mi padre. Y cuando nos amamos a nosotros mismos, nuestros colegas nos consideran presumidos, porque no hacemos lo mismo que el resto del rebaño, es decir, odiarnos y quejarnos.

El sarcasmo, por el contrario, sí está muy valorado. El menosprecio hacia uno mismo está muy bien visto en la sociedad. Va muy bien en las fiestas y en los perfiles de Tinder. No sabes la cantidad de veces que veo a gente entrar en entornos sociales donde no conocen a nadie y ponerse a hablar mal de sí mismos como forma de integrarse en el grupo. A continuación, todos los demás se unen a la fiesta comentando todo aquello que se les da mal, en lo que son un desastre, y, de repente, todo el mundo está dándole vueltas al asunto regodeándose con toda esta negatividad. La cosa va así: *Estupendo, acabas de entregar tu confianza y tu autoestima para encajar, para sentirte integrado, mientras la oscuridad sigue engordando y haciéndose cada vez más fuerte. Te felicito.*

El amor hacia uno mismo no es separación

Los seres humanos confunden la autoestima con la arrogancia. Están atascados en la distorsión dualista, que quiere que creas que, como me amo a mí mismo, estoy de algún modo oponiéndome a ti. Eso significa que tengo que creer que soy mejor que tú o que tú eres inferior a mí. Y es falso. No es más que la inseguridad humana proyectada sobre la persona que la refleja. Sin embargo, como la mayor parte de las personas no actúan con inteligencia emocional, se identifican con la forma del pensamiento y la frecuencia de separación que genera, lo que les lleva a pensar que cualquiera que se ame a sí mismo es unególatra.

La arrogancia, el narcisismo y el engreimiento se cuelan en nuestra conciencia cuando colocamos nuestro amor hacia nosotros mismos por encima del amor hacia el otro, cuando competimos por la posición rebajando a los demás. Eso no es amor hacia uno mismo. Es inseguridad. Es separación.

El amor hacia uno mismo no está relacionado con la separación ni con la comparación o la jerarquía. No tiene nada que ver con los demás. Depende solo de nuestra relación con nosotros mismos. Significa compartir tiempo con nosotros, aprender y nutrirnos. Es mostrarnos amables, compasivos, generosos con nosotros y aceptar cada uno de los aspectos de nuestra persona, incluso aquellos que nos gustaría que fueran diferentes.

El egoísmo es el nuevo amor hacia uno mismo

La gente me llama altruista por compartir mis enseñanzas chamánicas y por mi activismo global y mi filantropía. Sin embargo, mi trabajo está impulsado por el egoísmo. No tiene nada de altruista. Como soy un chamán, como mi sensorio es tan fuerte, percibo el sufrimiento del mundo y el dolor de todas las personas, y déjame decirte que la humanidad duele. Así que no, no vuelo por todo el mundo para trabajar con clientes, mantener reuniones con jefes de gobierno, impartir talleres y ofrecer sanaciones porque sea una persona noble ni santa. Lo hago para aliviar mi propio sufrimiento. Lo hago porque, cada vez que ayudo a uno de mis hermanos o hermanas a recuperar su poder, consigo acabar con el dolor y el sufrimiento de una persona y así no tengo que sentirlo; de ese modo, hay una persona más que está despierta, que puede provocar un cambio positivo en el mundo, que puede inspirar a otras personas para recuperar su poder, despertar y generar más cambio positivo en el mundo. Lo hago para dormir mejor por la noche, porque soy egoísta.

El egoísmo tiene, en nuestra cultura, un estigma negativo, porque se mezcla con los privilegios, que dan por hecho que ponemos nuestras necesidades y preferencias por delante de las de los demás. Pero yo no me estoy refiriendo a esto. No estoy hablando de jerarquía, rivalidad ni rango. Para mí, ser egoísta significa conectarme conmigo mismo y asegurarme de que mis necesidades están satisfechas, que estoy atendido y que tengo tiempo para conocerme, para descubrir lo que me gusta, lo que me funciona y lo que me mueve a ser quien soy. No se trata de hacer esas cosas dejando de servir a los demás. El egoísmo es necesario para ser auténtico. ¿De qué otra forma vamos a aprender cosas acerca de nosotros mismos si no dedicamos tiempo y esfuerzo a averiguarlas? ¿Cómo vamos a poder servir a los demás si no sabemos cómo servirnos a nosotros mismos?

Lo cierto es que el amor a uno mismo solo puede alcanzarse a través del egoísmo. No podemos darnos a menos que tengamos una copa llena desde la que servir. Sin duda, no podemos siquiera empezar a pensar en dar a nadie si estamos vacíos.

Llena tu propia copa

Las relaciones saludables se crean empezando por el interior. Tengo muchísimos clientes que acuden a mí quejándose de todo lo que no están obteniendo de su pareja, de sus amigos, de su familia o de sus compañeros de trabajo, mientras su alma me dice que no se están dando todas estas cosas a sí mismos. Como si la responsabilidad de satisfacer nuestras necesidades fuera de cualquier otra persona. *Por favor.* Cuando albergamos expectativas de que la responsabilidad de que nos sintamos bien, queridos o valiosos recaiga sobre otros, nuestras relaciones se convierten en transacciones, en codependencia, y nos volvemos resentidos. Si quieres que la gente respete tu tiempo, tus dones, tienes que respetar tú tu tiempo y tus dones. Si anhelas sentirte amado, sentirte bien, sentirte bello y digno de recibir, maravilloso, tienes que empezar a quererte a ti mismo y a hacerte sentir bueno, bello, digno de recibir y maravilloso.

La falta de conciencia no se refiere solo a las cifras de nuestra cuenta bancaria ni a las posesiones materiales que no tenemos. Son también las energías y emociones que queremos experimentar y no nos estamos dando, energías como la amabilidad, la risa, el afecto, la relajación y el juego. Cuando nos amamos a nosotros mismos, aprendemos a darnos estas energías y experiencias en lugar de cargar a las demás personas que forman parte de nuestra vida con la responsabilidad de hacerlo por nosotros.

Amor sostenible hacia uno mismo

Cuando subcontratamos el amor y dependemos de los demás para recibirlo, nos lo pueden quitar. El amor puede perderse. Puede ser abandonado. Puede estar ausente. Sin embargo, cuando lo generamos nosotros mismos desde nuestro interior, fluye infinitamente y en todo momento.

Buscar el amor fuera de nosotros no resulta sostenible. Ni siquiera funciona, porque si no nos amamos primero nosotros, el amor que otros puedan darnos se cuela por las grietas de nuestra conciencia y pasa a través de nuestro espíritu. Ser abundante significa tener abundancia de la naturaleza del Espíritu, es decir, poder dar y recibir un amor sostenible. Y esto solo puede suceder cuando aprendemos a amarnos a nosotros mismos. Cuando hablamos de sostenibilidad como sociedad tendemos a centrarnos en edificios, energía y agricultura. Sin embargo, el Apagón nos está invitando a entender mejor la sostenibilidad y a aplicarla a la naturaleza viva de los seres humanos, y eso incluye nuestras emociones, nuestra autoestima y nuestra conexión con el Espíritu.

Cuando nos sentimos frustrados, agitados y malhumorados, suele ser porque hemos renunciado a llenar nuestra copa. Significa que estamos agotados, que no estamos obteniendo suficiente descanso, masaje, meditación, sexo, naturaleza o cualesquiera otras actividades o experiencias que hemos señalado como prácticas de autocuidado y que nos permiten abastecer nuestro almacén de bienestar para seguir estando iluminados. No te engañes. Este planeta es intenso y la matriz nos exige mucho. Todos necesitamos disponer de lo básico —alimento, agua, cobijo— para reforzarnos y nutrirnos, para no filtrar nuestras emociones a los demás ni esperar que ellos anticipen nuestras necesidades y se ocupen de nosotros.

Yo no me siento dichoso las veinticuatro horas del día. Tengo mis momentos. Sin embargo, cuando me pongo de mala leche, cuando me siento irascible e irritable y empiezo a pagarlo con las personas que me rodean, eso significa siempre que tengo que aumentar mi amor hacia mí mismo, que he dado demasiado a los demás y muy poco a mí y que mi copa está vacía, que necesito concederme aquellas cosas que me reabastecerán, cosas como hacerme la manicura y pedicura, jugar con mis figuras de acción o pasarme un día en la playa. La responsabilidad de cuidar de mí no es de nadie más, solo mía.

Truco espiritual: Infusión chamánica para amarse a uno mismo

Las infusiones chamánicas son una forma estupenda de inundar el cuerpo a través de la respiración con una energía maravillosa de vibraciones elevadas. En muchas tradiciones espirituales antiguas, como el chamanismo hawaiano tradicional, entre otras, la respiración es una herramienta muy poderosa.

Los chamanes hawaianos invocan a los espíritus del aire para que introduzcan determinadas energías en su cuerpo a través de la respiración. Puedes utilizar las infusiones chamánicas para traer la energía que quieras, pero, en este caso, vamos a hacerlo para aumentar el amor hacia uno mismo. Este truco espiritual es una forma estupenda de desarrollar inmunidad mental, emocional y espiritual, porque el amor a nosotros mismos es lo que nos permite movernos por este mundo sin vernos afectados por sucesos o circunstancias externos.

Puedes llegar a practicar las infusiones chamánicas tumbado, pero para empezar es mejor que te sientes erguido. De ese modo evitarás quedarte dormido. Además, este truco hay que practicarlo con los pies desnudos y sin cruzar las piernas. Cuando las cruzamos, se interrumpe el flujo de energía. Asegúrate de quitarte también el cinturón y el reloj para minimizar las restricciones.

- Siéntate cómodamente en una silla con los pies sobre el suelo y hazte consciente de tu respiración.
- Pronuncia mentalmente estas palabras mientras inspiras hondo: *Inspiro amor a mí mismo y lo introduzco en mi cuerpo.*
- Al exhalar, siente cómo el amor circula por todo tu cuerpo. Puedes dirigirlo hacia las extremidades y los dedos. Puedes llevarlo al vientre, al cerebro o a cualquier parte del cuerpo en la que necesites un poco más de amor, o sencillamente dejar que impregne todo tu cuerpo como mejor le venga.
- Inspira repitiendo mentalmente las palabras: *Inspiro más amor hacia mí mismo y lo introduzco en mi cuerpo.*

- Exhala una vez más sintiendo cómo el amor impregna todas tus células.

Repite diez o quince veces, o hasta que te sientas lleno de amor hacia ti mismo.

Aunque las infusiones chamánicas no son un sustituto de la atención hacia ti mismo, está claro que pueden ayudarnos cuando nos sentimos agotados y con la copa bajo mínimos. Utiliza este truco espiritual tan a menudo como te apetezca, sobre todo cuando sientas que te vendría bien un chute de amor hacia ti mismo.

El amor hacia uno mismo no es un día en el *spa*

No me malinterpretes. No puedes tratarte a ti mismo de mala manera a diario y creer que, porque una vez al mes te des un masaje facial con piedras calientes, ya es suficiente, ya has cumplido con tu dosis de amor. No funciona así. Quererse a uno mismo no significa darse caprichos sensuales ni tratamientos de *spa*. Depende más bien de la forma en la que nos relacionamos con nosotros cada minuto del día a través de los pensamientos que dejamos entrar en nuestra mente y de las palabras que salen de nuestra boca.

Forma incorrecta de pensar

Las personas tienen la mala costumbre de pensar mal de sí mismas. Se despiertan criticándose, maldiciéndose y albergando todo tipo de pensamientos negativos hacia ellas, y luego dejan que la cosa siga así a lo largo de todo el día, hasta que se duermen por la noche. *La he liado. Lo estoy haciendo mal. Soy un perdedor. Odio mis muslos.* Lo que tú quieras. Y por si eso no fuese suficientemente absurdo, lo dicen en voz alta. Afirman cosas como: *Soy un idiota, No puedo, No sé, Estoy arruinado, Hoy me he portado mal porque me he tomado una magdalena.* La gente está constantemente diciendo este tipo de cosas. Son calumnias regulares, pensamientos y afirmaciones constantes que acompañan la vida de la mayoría de las personas, y aquellos que los profieren ni siquiera se paran a pensar en cómo están difamando su propio carácter.

El niño que todos llevamos dentro

La mayor parte de los seres humanos cree que Dios es un tipo con barba que vive en una nube y premia a los buenos y castiga a los malos, como Santa Claus pero sin renos ni elfos. Pero Dios no es eso, ni por lo más remoto. Es ese niño pequeño que tienes dentro, que existe en el interior de todos y cada uno de nosotros como inocencia pura y amor incondicional. Ese niño es tu alma. Y el alma que yo tengo dentro de mí es la misma que tú tienes dentro de ti, porque solo hay un dios, aunque tenga muchas formas. El alma se expresa a través de tu forma individual como tú, igual que lo hace a través de mi forma individual como yo. Nuestra forma exclusiva le permite expresarse de modo diferente y desarrolla su encarnación de manera distinta, pero, en su nivel más básico, es la misma.

Cuando hablamos de nosotros de una forma cruel y difamatoria, estamos dirigiendo nuestras palabras a ese niño inocente que habita dentro de nosotros. Decírselas a un niñito que estuviera sentado justo delante de nosotros y decírnoslas a nosotros mismos es exactamente igual. El hecho de que no puedas ver al niño que habita en tu interior no significa que no exista, y claramente tampoco que tus palabras sean inofensivas. Imagina lo que pensaría la gente si te viera diciéndole a un chaval de cinco años que es estúpido, que es feo, que ha echado todo a perder o que lo odias con toda tu alma, e imagina cómo afectarían estas palabras a ese niño. Eso es exactamente lo que tus palabras están haciéndole al niño que albergas en tu interior.

CHARLA DEL ALMA

Cuando yo era niño, y sobre todo de adolescente, gestionar unos niveles tan altos de sensibilidad y consciencia me resultaba dificilísimo. Aunque mi padre sabía lo que me pasaba y comprendía de primera mano a qué me estaba enfrentando, se negaba a hablar de ello conmigo y a reconocerlo en modo alguno.

Le habría resultado muy fácil decirme: «Eh, que no estás loco». Ese gesto me habría ayudado muchísimo y me habría permitido sentirme seguro, cuerdo y apoyado en mi viaje. Sin embargo, como rechazaba con tanta fuerza el chamanismo, ignoró mis experiencias y pretendió no darse cuenta de lo que yo estaba pasando. Por eso me convencí de que no me quería y —al carecer de un amor paterno incondicional que me atara a este plano de existencia— decidí que ya no quería estar aquí.

Cuando tenía dieciséis años, intenté suicidarme. Me tomé un montón de pastillas de litio que me había recetado un psiquiatra cuando me diagnosticó trastorno bipolar y esquizofrenia. Eso es lo que hace el modelo médico occidental: convierte en enfermedades todo aquello que no entiende (como ser un chamán) y luego te da pastillas para enmascarar los síntomas. Mi hermana me encontró inconsciente en las escaleras y desperté en el hospital, donde me hicieron un lavado de estómago y me obligaron a beber jarabe de ipecacuana para vomitar las pastillas.

Después pasé un tiempo en la sección de enfermedades mentales. Cuando salí, mi amigo Anthony me llevó a un refugio de animales para adoptar un perro. Un pequeño golden retriever saltó sobre la valla para llamar mi atención y me habló telepáticamente.

Voy a ayudarte a que te veas a ti mismo, me dijo.

Mi padre se negó a dejarme tenerlo. Yo le supliqué y le rogué, y luego Anthony intervino sugiriendo que me vendría bien tener algo que me anclara a esta realidad y me diera un motivo para querer estar aquí. Gracias a eso, con cara de exasperación y bufando, mi padre cedió y me dejó quedarme con el perro. Le puse de nombre Dexter.

Solía llevármelo a la playa para que me acompañara en los rituales. En cierta ocasión había quedado con un chamán indígena americano, un anciano lakota. Este echó un vistazo a Dexter y dijo:

—Este perro es tu espíritu animal. Te habla. Este perro te dice cosas.

Y era cierto. Aprendí muchísimo de él.

Un día estábamos jugando en mi cuarto y Dexter daba la sensación de estar llorando.

—¿Por qué lloras? —le pregunté.

—*No estoy llorando* —me dijo telepáticamente—. *Tú eres el que estás haciéndolo. Te estoy mostrando lo que te estás haciendo a ti mismo.*

Cuando le pregunté a qué se refería, me explicó que el que lloraba era el niñito que residía dentro de mí, y que lo hacía porque yo le decía cosas feas. Me explicó que los seres humanos están constantemente machacándose con sus palabras y sus pensamientos. Me dijo que se elevan mediante el amor, que se inspiran con el amor y que ya era hora de que empezara a hablar a mi niñito con amor.

Al principio me resultó raro y no supe qué decir.

—¿Un niñito? —pregunté— ¿Tengo de verdad un niño pequeño dentro?

—*Sí* —oí decir a una voz infantil.

—*Díselo* —me ordenó Dexter, y yo asimilé el hecho de que estaba hablando a un niño que se encontraba dentro de mi persona.

—Te quiero —le dije.

—*¿De verdad?* —preguntó la voz infantil.

—Sí, de verdad —respondí.

Y así seguimos durante un tiempo; cada vez que le decía a mi niñito que le quería, él me preguntaba: *¿De verdad? ¿Lo dices en serio?*

—Sí —le aseguraba una y otra vez—. Te quiero. Te quiero de verdad.

Al cabo de un tiempo, empezó a confiar en mí y a descansar en ese amor, porque podía percibir que era de verdad. Luego amplié la práctica y empecé a decirle a mi niñito por qué le quería exactamente: por su amabilidad, su cuidado, su sensibilidad, su generosidad, su ternura, su inteligencia, su carácter juguetón, su compasión.

Esta práctica, que yo denomino *charla del alma,* fue la que me hizo regresar desde el lugar donde había querido suicidarme. Me produjo un efecto tan profundo y transformador que no solo regresé, sino que lo hice con una fuerza. Volví con una misión. Esa práctica me iluminó tanto con el hecho de ser yo que dejé de comer carne. Empecé a trabajar como voluntario en un albergue de mujeres maltratadas y me lancé de cabeza al activismo en favor del empoderamiento femenino. Solo hicieron falta unas cuantas sesiones para que esa forma de comunicarme conmigo mismo se volviera normal. Ahora lo hago constantemente e incluso lo he convertido en una práctica diaria. Todas las mañanas dedico un rato a hablar con mi alma y a decirle al niño que habita en mi interior todas sus asombrosas cualidades y, por supuesto, que *le quiero, le quiero, le quiero.*

Truco espiritual: Charla del alma

Este truco espiritual debes practicarlo nada más despertarte por la mañana, es decir, antes de hablar con tu pareja, antes de despertar a tus hijos, antes de comprobar tu correo electrónico, antes de tomarte el café y antes de meditar. La charla del alma establece tu relación contigo mismo para el resto del día, y por eso es tan importante hacerlo en cuanto te despiertas, antes de que nadie tenga la ocasión de descentrarte ni de convencerte de que no eres magnífico y asombroso.

Cuando charlas con tu alma, creas tu camino, porque estás hablando a tu niñita o a tu niñito, lo que significa que estás hablando con Dios. Dios crea las realidades que pronunciamos con nuestra boca y desde nuestra mente, y por eso, cuando hagas este truco espiritual (y siempre), debes hablar partiendo de una postura de amor y de aquello en lo que te quieres convertir. Recuerda que, cuando practicas una charla del alma, estás hablando directamente con tu alma.

Para realizar este truco espiritual, coloca una mano o las dos sobre tu corazón mientras permaneces en un campo de amor incondicional. Háblate con amor, en segunda persona, mientras describes las cualidades que aprecias en ti y también aquellas que deseas desarrollar y manifestar, sabiendo que te vas a convertir en todo aquello que le dices a ese niñito que está dentro de ti y lo vas a amplificar. Aquí tienes unos cuantos ejemplos de cosas que puedes decir:

Amo lo bello que eres.
Amo tu inteligencia.
Amo tu carácter juguetón.
Amo lo libre que eres.
Amo la facilidad y la elegancia con la que manejas el estrés.
Amo tu naturaleza generosa y amorosa.
Amo lo buen amigo que eres.
Amo tu amabilidad y tu compasión.
Amo tu sentido del humor.
Amo que siempre pienses lo mejor de ti mismo y de los demás.

En realidad, no existe ningún límite para las cosas maravillosas que puedes decirle a tu alma acerca de ti. Juega. Sé creativo. Diviértete dándote una ducha de amor y aprecio y conformando tu yo ideal a través de lo que dices.

No te sabotees con lo que dices

Muy muy a menudo, la forma en la que los seres humanos se atacan a sí mismos con sus pensamientos no es tan evidente como los pensamientos y las palabras autodifamatorias. Con mucha frecuencia, nuestro automaltrato se realiza mediante un autosabotaje. Por ejemplo, tenía un amigo que estaba montando un negocio y se sentía muy estresado. Cuando le pregunté por qué trabajaba tanto, me respondió:

—Los inicios de una empresa requieren tiempo y estamos haciendo todo lo posible para no fracasar.

Sin embargo, de lo que no se daba cuenta era de que ya había fracasado. Ya se había echado una maldición a sí mismo al nombrar la posibilidad del fracaso. Si actuamos para evitar «fracasar», tenemos casi garantizado que lo vamos a hacer, porque estamos enmarcando nuestros esfuerzos alrededor de la idea del fracaso. No importa si queremos fracasar o no; el simple hecho de dar vida a la energía del fracaso diciéndolo en voz alta le da poder.

—¿Y por qué no haces todo lo que estás haciendo para tener éxito? —le pregunté—. ¿Por qué no organizas todo para el éxito que estás eligiendo y no para el *fracaso* que temes?

—¡Mierda! —exclamó—. Nunca se me había ocurrido verlo así.

Puedes ser un grifo o un sumidero

Somos mucho más que unos simples mamíferos de dos patas que albergan la ilusión de un tiempo lineal sobre una roca que da vueltas. Somos creadores cuánticos que vivimos en una realidad multidimensional de infinitas posibilidades. Cada vez que abrimos la boca para hablar, tocamos una pantalla para escribir o disparamos una neurona para pensar, estamos creando o destruyendo. Como siempre digo, eres un grifo o un sumidero.

Las palabras son herramientas de creación poderosísimas. Cuando hablamos, alineamos lo que decimos con nuestra voluntad y esta impulsa a estas palabras para que adquieran forma. Los actos de pensar y de hablar son creativos, porque nuestras palabras funcionan como una varita mágica que Dios nos ha dado para hacer uso de nuestra voluntad en el mundo.

Dios crea basándose en nuestras palabras, tomando todas y cada una de ellas como instrucciones de cómo queremos que se conforme nuestra realidad. Cada palabra que pronunciamos, sin excepción, es una semilla de creación. La gente se equivoca con Dios. Creen que está ocupado juzgando, contando pecados y llevando la cuenta de todas las veces que pronunciamos su nombre en vano, y que luego nos castiga con su flagelo. Lo único que hace realmente es escuchar lo que decimos y lo que pensamos y luego dar forma a nuestras palabras. Solo se ocupa de crear.

Por eso es tan importante que seamos conscientes de lo que decimos y pensamos, porque es una ley universal que Dios crea todo aquello que decimos, y no solo lo bueno. No está atascado en el engaño de la dualidad, así que no hace cosas *buenas* y *malas* ni *correctas* e *incorrectas*. Eso son conceptos humanos. Dios nos concedió el libre albedrío para que pudiéramos organizar nosotros mismos nuestra evolución, y eso significa que todo aquello que decimos y todo aquello que pensamos *se hace realidad*.

El poder sanador de las palabras

Después de morir, pasé mucho tiempo en el hospital. Estaba paralizado. Tenía daños en el cerebro. Mis órganos habían fallado y mis pulmones se habían colapsado. Tenía el cuerpo hecho un desastre. Allí tumbado, solo, enchufado a un montón de máquinas, completamente incapaz de moverme ni de hablar, lo único que tenía eran mis pensamientos. Y como acababa de morir, estaba asustado y apenas sabía dónde me encontraba, pensaba en cosas como: ¿Voy a quedar bien? ¿Y si no puedo volver a respirar por mí mismo? ¿Voy a estar enganchado a estas máquinas el resto de mi vida?

Y mientras permanecía allí tumbado, dándole vueltas a la cabeza, los espíritus vinieron a mí y me explicaron que todo lo que creo y todo lo que experimento se basa en cómo me hablo a mí mismo y que, para volver a respirar, tenía que imaginarme respirando, tenía que decirme que podía respirar. Me informaron de que tenía que decir lo que quería que sucediera, no lo que no quería que sucediera.

Cogí las riendas de mis pensamientos y empecé a decirme una y otra vez: *Estoy respirando. Estoy respirando por mí mismo. Y me resulta fácil. Estoy respirando por mí mismo y lo estoy consiguiendo muy rápido. Estoy respirando. Lo estoy consiguiendo de la noche a la mañana. Cada vez me resulta más fácil respirar. Estoy respirando con fuerza y lo estoy haciendo bien. Estoy respirando. Estoy respirando.* Y esa misma noche me llegó una voz que me enseñó a respirar, a guiar el oxígeno para que mis pulmones pudieran trabajar con él. A la mañana siguiente ya lo hacía por mí mismo y me retiraron la respiración asistida.

Los espíritus volvieron a visitarme cuando me dieron el alta y me fui a casa en silla de ruedas. Me habían dicho que no podría volver a caminar y los espíritus me ordenaron que me propusiera, a través de mis palabras, caminar de nuevo.

Amo y aprecio muchísimo mis piernas, me decía. *Me encanta ver cómo mis piernas están cada vez más fuertes. Me encanta ver lo bien que mi cerebro se comunica con mis piernas. Estoy entusiasmado ante la curación tan acelerada que se está produciendo en mi cuerpo.* Muy pronto no solo volví a caminar, sino que también volví a bailar.

Utilicé esta práctica para sanar los coágulos de sangre que había en mis órganos, los daños del cerebro y todas las lesiones que se habían producido en mi cuerpo cuando morí. Sané toda mi anatomía mediante mis palabras y mis pensamientos.

Cómo no debemos rezar

Los espíritus me lo dejaron muy claro: si quería volver a respirar, volver a caminar y usar de nuevo mis manos, no tenía que alinear mis pensamientos con el miedo ni con la duda, ni ponerme en el peor de los casos. Me explicaron que tenía que alinearlos con la realidad que deseaba y luego hablar a esa realidad y solo a ella. Porque con lo que decimos estamos dando permiso a Dios para que lo haga posible. Recuerda que Dios no juzga. Dios crea. Crea lo que le decimos que cree a través de nuestras palabras y nuestros pensamientos. Si hubiera dejado a mi mente correr libremente con todas las posibilidades negativas que pudieran haberse hecho realidad en aquel hospital, habría estado dando a Dios la sensación de que elegía esas realidades. Si hubiera hablado con duda acerca de la curación de mi cuerpo, o si hubiera rezado con miedo, lo más probable es que hoy en día siguiera en la silla de ruedas, y eso contando con que hubiera conseguido no depender de la respiración asistida.

La mayor parte de la gente reza de forma incorrecta. Lo hacen partiendo del miedo y la duda, con la esperanza de convencer a alguna Fuerza Universal castigadora que los considere suficientemente valiosos como para concederles su deseo. No tiene sentido. Debemos rezar con el convencimiento de que, sea lo que fuere lo que estamos pidiendo, ya *es*, ya está hecho y nuestra plegaria ya ha sido atendida. Observa que, cuando hablé a mis pulmones y luego a mis piernas, lo hacía sobre la curación que *ya se estaba producir*. No estaba *esperando* poder respirar, no estaba pidiendo a Dios que tuviera misericordia de mí, que por favor me permitiera volver a respirar en el futuro. Afirmaba esa realidad para mí en ese momento y lugar. No pedía, no esperaba, no rogaba y claramente no dudaba. Decía: *Así es como es*. Por eso lo conseguí. Sin embargo, la mayor parte de las personas no rezan con esa certidumbre ni esa convicción. Lo hacen desde la inseguridad. Y eso se lo debemos a la oscuridad. Ella es la que ha confundido a los seres humanos diciéndoles cómo deben rezar y los ha engañado para que filtren sus deseos a través del miedo, porque Dios actúa desde el campo del amor puro, lo que significa que no recibe los mensajes que se filtran a través del miedo. Piénsalo: ¿cómo va a poder alzarse del suelo una frecuencia de densidad inferior para ascender hasta los ámbitos más altos donde Dios pueda recibirla? Una pista: no puede.

La auténtica forma de rezar es expresar tu gratitud por lo que está sucediendo en presente, como si ya estuviese hecho: *Gracias por la curación que estás haciendo en mi cuerpo en este momento* o *Estoy muy agradecido por esta reparación acelerada de mis células*, o *Me siento estupendamente en mi cuerpo sano y me entusiasma abrirme a niveles superiores de conciencia mientras sigo elevando mi vibración*. Rezamos sabiendo que somos merecedores de aquello que pedimos y lo hacemos con gratitud, desde la confianza, sabiendo que, mientras decimos nuestra oración en voz alta, ya se ha cumplido.

La gente malinterpreta cómo actúa la creación. Toman de forma absolutamente literal unas cuantas secciones de la Biblia y de otros libros considerados espirituales, cuando en realidad son metáforas y parábolas, y luego no creen las partes que de verdad deberían tomarse de forma literal, como: *Llama y la puerta se abrirá*, y *Pide y recibirás*. No dice: *Llama, sé merecedor y la puerta se abrirá*, ni tampoco *Pide y, si no has cometido ningún pecado, recibirás*. Sin embargo, como el sistema no quiere que sepas que es así de fácil, y que está diseñado para ser fácil, y que podemos de verdad hacer realidad nuestros mayores sueños y vivir una Era Gigante aquí, en la Tierra, programa a las personas para que piensen en contra de sí mismas. Por eso, en lugar de pensar en todo lo que quieren y en lo estupendo que puede ser, lo hacen con miedo, con preocupación, partiendo de la carencia, de la separación... y todo ello genera el mal funcionamiento del pensamiento, que es la razón por la que los seres humanos están sufriendo.

AMA A DIOS, ÁMATE A TI MISMO

El amor hacia uno mismo es el acto de reconocernos a través de la creación. Hace que nos demos cuenta de que nuestro valor es un subproducto de nuestra existencia. Es muy curioso que lo confundamos con la arrogancia cuando en realidad es un acto de humildad. Supone comprender que somos importantes porque *somos*, no porque seamos ricos ni famosos ni guapos ni porque tengamos talento o éxito. Es exactamente lo contrario. Amarse a uno mismo significa amarnos sencillamente porque existimos.

Cuando nos amamos de verdad, comprendemos lo que significa amar a Dios, porque estamos en contacto con la divinidad, que anima a todos los seres y a la vida en su conjunto. Por eso las personas que se aman a sí mismas son santas; reconocen que no existe separación alguna entre los seres individuales y que no estamos separados de Dios. Ven el mundo entero como algo sagrado. Saben que amarse a sí mismas es amar a Dios, un acto de adoración, una oración.

El hecho de amarnos a nosotros mismos lleva aparejado saber que, cada vez que nos decimos algo a nosotros, se lo estamos diciendo a Dios. Por eso, si me digo que soy un idiota, estoy llamando idiota a Dios, porque soy una creación suya. Siempre que nos denigramos, estamos denigrando la creación, la fibra misma de la vida.

Cuando juzgamos, cuando condenamos, estamos desafiando la creación de Dios, al decir *Solo puedo amar y aceptar aquello que comprendo desde mi perspectiva limitada*, lo que significa que no amamos realmente a Dios, porque Él no se limita a una forma ni a una perspectiva y su amor jamás es condicional. Por eso amarse a uno mismo significa ser capaz de amar la creación de Dios en todas sus formas, lo que te incluye a ti. Es evidente.

Truco espiritual: Altar del amor hacia uno mismo

Un altar es una fuente de poder que existe en todas las culturas y en la mayoría de las tradiciones espirituales. Es una forma de centrar nuestra energía y nuestra devoción sobre algo. Cuanta más atención prestes al tuyo —encendiendo velas, haciendo ofrendas y manteniéndolo arreglado—, más refuerzas tu impulso de poder.

Muchas personas construyen altares a gurús que no han conocido jamás y a personas espirituales a las que ponen en un pedestal, y adoran becerros de oro. Este tipo de altares están bien siempre y cuando nos aporten alegría, pero no son necesariamente muy potentes. Con mucha frecuencia, son superficiales y funcionan como medio de decir a otros lo santos que somos, pero no son un auténtico punto focal para la adoración y la veneración divina.

El propósito de crear un altar al amor hacia uno mismo es honrar la conciencia de este tipo de amor como amor divino, reconocer que, cuanto más te ames a ti mismo, más amas la creación. Esta es la energía que quiero que invoques en ti cuando hagas tu altar al amor hacia uno mismo.

Cosas que puedes incluir en tu altar:

- Una imagen de ti que te guste, que te inspire
- Dinero para representar la prosperidad
- Una piedra que simbolice la fuerza
- Una vela para invocar energía y protección
- Un mensaje que diga: *Tal y como yo me veo a mí, veo a Dios* (o una idea similar con la que te identifiques)

Tu objetivo es crear un altar que te inspire, que te eleve y te recuerde tu divinidad cada vez que lo mires.

Asegúrate de mantenerlo cuidado, de hacer ofrendas de flores frescas y de dedicarle tu atención con regularidad. Cuanta más energía pongas en él, más fuerte se hará tu impulso de amarte a ti mismo.

A LA MATRIZ LE ENTUSIASMA QUE TE ODIES A TI MISMO

La matriz ha invertido mucho interés en que nos odiemos a nosotros mismos, porque, si nos amáramos, no existiría un vacío interior. No habría nada que nos impulsara a buscar el amor fuera de nosotros, nada que conseguir para obtener el amor de los demás, nada que comprar para impresionar a los otros, y todo el sistema se pararía de golpe. Sin embargo, la oscuridad no puede permitirlo y por eso se ha construido la matriz, para evitar que los seres humanos se amen a sí mismos.

Si queremos crear una Edad Gigante en la Tierra, debemos transformar las estructuras y los conceptos que no estén alineados con el amor y que no sean sostenibles. Eso significa revisar el sistema legal, el sistema educativo, el sistema financiero, el sistema médico y todo lo demás. Para ello tenemos que unirnos con los demás seres humanos y hacer una tormenta de ideas, compartir pensamientos, conocimientos y soluciones para averiguar qué es lo que se debe cambiar, cómo es ese cambio y cómo podemos ponerlo en práctica. Esta conversación colectiva es crucial para superar el Apagón. Sin embargo, los seres humanos no están centrados en compartir esta charla, no están dedicados a crear y poner en marcha el cambio. Lo que hacemos más bien es equivocarnos dirigiendo nuestra devoción y nuestra atención a las estrellas del pop y a los raperos que cantan letras sobre putas, mujeres, colegas, tipos estupendos y corazones rotos.

LAS PALABRAS TIENEN PODER

¿Eres consciente de las palabras que reverberan por todo tu organismo cuando cantas tus canciones favoritas? ¿Escuchas las letras que repites una y otra vez? Esas que afirman: *No soy nada sin tu amor*, *Prefiero morir que vivir sin ti*, *El dinero es una lata*, *Mi viaje es mejor que el tuyo*, *Tus zapatos son una mierda* o lo que los músicos canten hoy en día.

La mayor parte de la gente cree que las palabras son meros símbolos que utilizamos para comunicarnos. Sin embargo, son mucho más multidimensionales de lo que se supone. Están codificadas con frecuencias que programan nuestra mente subconsciente y sincronizan los distintos órganos del cuerpo para que igualen su resonancia vibratoria con ellas. Cada una posee una frecuencia energética propia que abre su código exclusivo. Estos códigos influyen sobre nuestros cuerpos, tanto el físico como el emocional, el psicológico y el espiritual. Cuando cantamos canciones en las que afirmamos la carencia, la jerarquía o el materialismo, estas letras sincronizan nuestro organismo para que vibre en las frecuencias de la carencia, la jerarquía y el materialismo, y programan nuestra mente con cualquier otra basura limitante que la muñeca Barbie del micrófono repite una y otra vez.

Aguijón cerebral

La matriz utiliza los medios de comunicación para controlar nuestra mente. Si vas en coche al supermercado, te verás bombardeado por anuncios situados al lado de la carretera y diseñados para agitar la mente y disparar sensaciones de carencia y dudas acerca de uno mismo. Enciendes la radio y te inunda una estimulación indignada, noticias de guerra, conflictos, miedo y discordia. Según los locutores, en el planeta Tierra solo suceden cosas terribles. Las buenas noticias no sirven para adoctrinar de manera eficaz ni, desde luego, para conseguir jugosos beneficios en publicidad. Te pasas a una emisora de Los 40 Principales porque imaginas que la música te calmará el espíritu, pero ahí es donde aparece el aguijón cerebral.

¿Recuerdas que te dije que, cuando morí, los espíritus me explicaron que todo el sufrimiento humano procede de pensar de manera incorrecta? Todo. La matriz utiliza la música para programar a la población pirateando su cerebro y generando un mal funcionamiento en la forma de pensar de las personas. La música pop está diseñada para conseguir que la gente actúe de forma contraria a su carácter, en oposición a sí misma. A las noticias y a los políticos les gusta hablarnos de todas las guerras que se producen en suelo extranjero, en partes del mundo en las que hay terror, tiranía, opresión y petróleo, pero la verdadera guerra es el aguijón cerebral que proviene de nuestra pantalla. El ataque violento de los medios de comunicación, que nos bombardean a diario y durante todo el día, es la auténtica guerra.

La música es un mantra

Cuando escuchamos música, nuestro cuerpo, nuestro cerebro, nuestra psique y nuestros campos energéticos se sincronizan con las frecuencias que emite la canción. Esto incluye la melodía, la armonía y los sonidos de los instrumentos, y también la letra, que actúa como un mantra que programa la mente subconsciente.

Un mantra son palabras o frases que se murmuran en repetición rítmica para sincronizar la mente con frecuencias específicas como el amor, la paz o la abundancia. Esta repetición permite que las frecuencias de las palabras alineen el subconsciente con esas energías para que podamos encarnarlas e irradiarlas al mundo. Por lo general, cuando la gente piensa en mantras, entiende que se trata de cantos en sánscrito que alaban al Señor Krishna o a la diosa Lakshmi y cuyo objetivo es elevar y optimizar el espíritu humano. La matriz utiliza las letras de la música pop para esclavizar el espíritu humano mediante el principio de los mantras, repitiendo palabras y frases una y otra vez para programar el subconsciente y sincronizar el cerebro con las frecuencias codificadas en ellas. En lugar de repetir palabras y frases sobre amor, luz, abundancia y conexión, la industria musical escribe letras con el propósito deliberado de desempoderar a las personas para que resulten más fáciles de controlar. Por eso vemos a bellas estrellas del pop cantando sobre lo poco que valen ahora que se ha ido su hombre y cómo la vida ha perdido todo su significado desde que rompieron, afirmando que más les valdría matarse. Y por eso vemos a artistas de hip-hop rapeando acerca de las cifras de su cuenta bancaria, las etiquetas de sus camisas de diseño y los colegas con los que compiten y a los que quieren asesinar.

Estas canciones son herramientas del sistema y sus letras están diseñadas para manipularnos. Piénsalo. Esa melodía nueva que te entusiasma tiene un ritmo cautivador y unos bajos resonantes, lo que significa que, cada vez que la ponen en la radio —lo que sucede varias veces al día—, tú vas a cantarla también repitiendo el estribillo sin parar, porque los estribillos se repiten así. La repetición es la forma de programar el subconsciente. Eso significa que, desde un punto de vista chamánico, cuando escucha-

mos canciones que degradan el espíritu humano y a otras personas, que nos dicen que no valemos nada a menos que podamos
ostentar más, nos estamos maldiciendo de una forma muy eficaz,
porque estamos programando nuestro subconsciente para que
trabaje en contra nuestra y nos desempodere. Y lo que es más de
locos todavía: el sistema se ha establecido de manera que, una vez
más, nos lo hagamos nosotros mismos.

En la cultura tribal no tenemos este tipo de manipulación.
Los cantos, canciones y espirituales que cantaban mis antepasados hablaban de elevación, de empoderamiento y de cómo guiar-
se en los momentos difíciles. Yo no escucho música pop. Suelo
elegir música country. Pero no a todo el mundo le gusta, así que
¿qué se supone que debemos oír? Es una decisión que depende de
ti. Como creador cuántico, debes evaluar honestamente si las canciones que escuchas te transmiten una información que deseas oír
repetida una y otra vez, que de verdad quieres que suene en bucle
en tu conciencia. Porque cada vez que algo suena en bucle en tu
conciencia, se va grabando más y más en ella. Tienes que decidir
por ti mismo qué tipo de energías e información quieres que entren en tu conciencia.

Truco espiritual: Cómo esquivar el aguijón cerebral

Una cosa es ser conscientes de lo que escuchamos en casa, en el
coche o en el ordenador, y otra muy distinta hacerlo cuando salimos al
mundo, donde es la matriz la que mueve las cuerdas. Por eso muchas
veces me encuentro en una tienda, en un acontecimiento social o incluso en la gasolinera o en el banco y llega una canción con una letra que
no quiero que se hunda en mi cerebro. Cuando eso sucede, utilizo este
sencillo truco espiritual para proteger la santidad de mi conciencia.

- Date golpecitos en la nuca con la palma de la mano y di en voz alta: «Crea una barrera para que mi mente no logre que estas palabras se hagan realidad, se conviertan en hechos».
- Inspira hondo y exhala pronunciando con fuerza: «¡Uuuhh!».

Una vez protegido, no tienes que preocuparte de que las frecuencias del aguijón cerebral puedan infectar tu conciencia. De todas formas, no hay necesidad de tentar la suerte cantando esa melodía ni nada parecido.

AGUIJÓN EMOCIONAL

La industria de la música utiliza el aguijón cerebral como medio de control para desempoderar deliberadamente a las personas. El sistema utiliza la música, la televisión, las películas y los videojuegos como trasportines para diseminar unos códigos corruptos. Pero no te equivoques, el sistema es el que los escribe. Es el que escribe la letra. Todo está diseñado.

Así como el aguijón cerebral se transmite mediante la música, el emocional se cuela a través de las películas de miedo y la estimulación irritante. Desencadena el caos en el sistema nervioso y en el cuerpo emocional; provoca picos en la frecuencia cardíaca y en los niveles de cortisol, y envía por todo el cuerpo una enorme cantidad de hormonas de lucha o huida que dañan de verdad el traje espacial biológico. La psique, una vez machacada por las hormonas que inundan el organismo, sufre el mismo daño, se aferra a la ansiedad que están generando las diversas respuestas químicas y la almacena en la amígdala, desde donde se filtra al cuerpo emocional y provoca todo tipo de miedos, fobias, traumas, trastornos del sueño y cambios en la conducta.

El sistema crea las películas de miedo para retenernos, y por eso hoy en día todos los estrenos nuevos tratan de algún tipo de zombi, vampiro, extraterrestre maligno o apocalipsis provocado por una inteligencia artificial. No es casualidad que estemos precisamente en mitad del Apagón y que, de repente, este tipo de películas vuelvan a estar de moda. Plantan imágenes atroces en el subconsciente, donde siembran la conciencia con todo tipo de cosas espantosas que jamás consideraríamos nuestras. Una vez programadas estas imágenes en nuestra imaginación, se convierten en potencialidades reales que los seres humanos pueden manifestar fácilmente, porque han sido grabadas en nuestro inconsciente como posibilidades muy viables. Si seguimos centrando nuestra energía y nuestra devoción en este tipo de situaciones y circunstancias, en nuestra realidad se irán creando cada vez con más frecuencia. Por eso yo no veo nunca películas de miedo. Ni pagándome conseguirías que programara esas frecuencias en mi mente, porque no tengo ningún interés en destruir mi sistema nervioso ni en atraer a mi vida esos acontecimientos o situaciones, gracias.

Tal y como lo dices, así es

Pero no se trata de que seamos simplemente víctimas pasivas a las que la matriz bombardea con pensamientos incorrectos. Las personas se limitan voluntariamente a sí mismas a diario escribiendo sus propios códigos corruptos. Está sucediendo constantemente. En cierta ocasión me estaban haciendo una entrevista para un *podcast* y, justo antes de empezar a grabar, el entrevistador me dijo:

—Espero de verdad que esto le guste a la gente y lo capten.

A mí se me hizo un nudo en el estómago porque, «espero» y el tiempo verbal están codificados con duda e incertidumbre.

Le respondí:

—¿Y qué tal si dices: *A la gente le entusiasma todo lo que dices, y este podcast activa experiencias transformadoras que abren a las personas, las despiertan y las inspiran para que profundicen más en sus prácticas de amor hacia sí mismas?*

Si vamos a establecer nuestras intenciones, vamos a hacer que sean petazeta, ¿no te parece?

Y es que los maleficios son reales. Son las quejas. Son las preocupaciones. Son las dudas sobre uno mismo, las limitaciones, los sabotajes y los menosprecios que nos hacemos. Por ejemplo, yo nunca digo a mis clientes que «intenten» hacer un truco espiritual. Siempre les digo que lo «hagan». Cuando le digo a alguien que «intente» hacer algo, le estoy echando la maldición de no completarlo. La palabra «intentar» está codificada con la frecuencia de la duda y, por tanto, programa nuestra conciencia con la posibilidad del fracaso.

DESDE EL TRABAJO AL AMOR

Muy a menudo participo en actividades con maestros espirituales y estos siempre hablan de «hacer el trabajo» y de «trabajar sobre nosotros mismos». Me molesta muchísimo. «Trabajar» es una palabra de la matriz. Está codificada con frecuencias de resistencia, porque vivimos en un mundo en el que tenemos que trabajar para sobrevivir. Implica que tenemos que hacer algo que no nos apetece y desencadena la idea de esclavitud. Es un follón, porque hay un montón de gurús hablando del «trabajo» que tenemos que hacer para iluminarnos, porque la matriz ha programado esta resistencia en su vocabulario de Nueva Era. No es extraño que la gente se cuelgue de su sopor. La idea de que tengamos que *trabajar* para transformarnos no hace que el proceso evolutivo resulte atractivo, ¿no te parece?

En lugar de decir que estoy *trabajando* en mí, yo digo que estoy *amando* en mí. No *trabajamos* en nuestros problemas, sino que *aceptamos con amor las energías que estamos atravesando*. Así resulta mucho mejor, porque comunica la idea de que ya hemos decidido que estamos atravesando el proceso y eso significa que el movimiento ya está en marcha, es decir, que estamos acelerando dicho proceso.

Las personas que no son conscientes de sus palabras se pasan el día echándose maleficios y creándose unas vidas que no les gustan realmente. Dicen cosas como:

«Los asuntos de dinero se me dan fatal».

Entendido, dice el Espíritu, *seguiré haciendo llegar esos problemas económicos*.

«No hay chicos disponibles».

Muy bien. Te encanta estar sola. Nada de hombres disponibles para ti, dice el Espíritu

«Esto va a ser muy duro».

Recibido. Vamos a hacer que este proyecto resulte especialmente difícil.

«No sé lo que va a ser de mí».

Quieres estar en el limbo. Estupendo. ¡Venga el limbo!, dice el Espíritu.

Cuando hablas, las frecuencias de las palabras reverberan y descifran los códigos grabados en ellas. Por eso, cuando decimos que *la vida es dura*, estamos activando el código que se corresponde con la palabra «dura». Entonces esas frecuencias se proyectan al universo, donde se unen con todo aquello que esté vibrando en la de «dura», y el ego se pone a organizar nuestra realidad para reafirmarse en lo que hemos dicho y asegurarse de que nuestra vida está llena de experiencias difíciles, para que podamos tener razón.

Por eso hemos de tener muchísimo cuidado con lo que decimos, con cada una de las palabras que pronunciamos. Cuando decimos aquellas que no se corresponden con las realidades que queremos vivir, debemos reescribirlas y volver a pronunciarlas *inmediatamente* antes de que tengan tiempo de echar raíces, programar el subconsciente y materializarse en nuestra realidad.

Por eso, en lugar de declarar lo mal que se me dan los asuntos económicos, yo diría: «Cada vez se me da mejor la gestión del dinero».

En lugar de quejarme de que no haya chicos solteros, yo diría: «Me encanta estar conociendo cada vez a más hombres alineados y disponibles».

En lugar de echarme la maldición de pasar un purgatorio, yo diría: «Estoy entusiasmado al ver cuántas oportunidades emocionantes, increíbles y armoniosas me tiene preparado el Espíritu».

Cuando te escuches diciendo algo que va contra ti, es muy importante que reformules inmediatamente la idea de una manera más positiva. Recuerda que todo lo que estás experimentando en el presente es el resultado de los pensamientos, palabras y actos que has pronunciado o llevado a cabo en el pasado. Por eso, si queremos que cambie nuestra realidad, tenemos que expresar ese cambio en nuestra experiencia presente, y eso significa describir las cosas tal y como queremos que sean, y no como estamos cansados de que sean. No te avergüences de corregirte delante de otras personas. Tu alineamiento y la calidad de tu conciencia son muchísimo más importantes que lo que otros puedan o no pensar cuando te corriges en voz alta como el líder iluminado que eres.

El ego

En el momento en que entramos en la experiencia terrenal, la mente comienza a crear un apego a esta realidad a través de una identidad conocida como *ego*. Cuantos más conceptos identitarios asumimos, más fuerte, grande y terco se vuelve. La gente llega a colgarse de esta idea ridícula de «matar» al ego, como si eso fuese posible. Para vivir en este planeta, necesitamos tenerlo. No podemos sobrevivir sin él. Fue introducido en nuestro organismo como medio para apegarnos a esta realidad, para que tomáramos la decisión de permanecer en este cuerpo raro. Si no lo tuviéramos, no habría nada que nos mantuviera en este denso plano tridimensional. Somos demasiado poderosos. Somos muchísimo más poderosos que estos trajes espaciales biológicos con los que caminamos. El ego tiene mala reputación, porque el de algunas personas está basado en densidades inferiores, caracterizadas por el miedo, el juicio y la jerarquía. Sin embargo, son muchas las que eligen mejorarlo para que eche raíces en el amor, la devoción y el servicio. El ego no es malo; sencillamente se le ha malinterpretado y por eso no se utiliza ni evoluciona correctamente.

No es más que un dispositivo de afirmación. Su propósito es organizar tu realidad para que se ajuste a tus creencias. Eso significa que, si te aferras a una creencia que afirme que *los hombres son repugnantes*, el ego se asegurará de organizar tu realidad para que los hombres te traten fatal. Eso te permitirá tener razón. Eso se debe a que el ego es aquello que hace que tu realidad sea real para ti como creador. Yo lo llamo *el gran pisapapeles*. Su trabajo consiste en hacerte creer en el mundo que deseas ver. Recuerda que vivimos en una realidad cuántica. Existen infinitas realidades y la de cada uno es exclusiva de él. Por eso, si eliges creer que la vida es dura, el ego se asegurará de que tu realidad esté llena de dificultades; del mismo modo, si tus creencias se corresponden con el amor, el ego te creará una realidad amorosa.

CREA PARA REPRODUCIR

Cuando nos quejamos de nuestra vida, del estado del mundo o de cualquier otra cosa, no hacemos más que empoderar a los problemas de los que nos estamos quejando. Cuando una persona dice:

«Es terrible lo contaminados que están los mares», no está ayudando a sanar los océanos, sino solo añadiéndoles más contaminación. Está enviando instrucciones a todas las posibles fuerzas creadoras universales para que se aseguren de mantener los mares bien contaminados. Está haciendo lo que yo llamo *crear para reproducir*, lo que significa que cuanto más hablamos de algo, más lo experimentamos. Si realmente queremos ayudar a limpiar los océanos, deberíamos comunicar esta idea diciendo: «Los mares están cada día menos contaminados» o «Es emocionante ver tantos cambios positivos en el planeta ahora que la Tierra se está limpiando a sí misma». Esto envía un conjunto nuevo de instrucciones a esas fuerzas creadoras y pone en marcha el acto de limpieza de la Tierra.

HABLA DE AMOR

Es importantísimo que seamos conscientes de los códigos que estamos utilizando para expresarnos en el mundo, porque literalmente creamos realidad con cada una de nuestras palabras. Lo sepamos o no, y nos guste o no, es una ley universal. Cuando hablamos desde el amor, nuestras palabras crean una realidad amorosa. Cuando no lo hacemos así, nuestras palabras crean realidades compuestas de miedo, limitación y separación, todo lo cual empodera a la oscuridad. Por eso vivimos el Apagón y por eso el Apagón sigue intensificándose, porque da la impresión de que todo el mundo quiere hablar de lo que está mal, de quién es la culpa, de lo oprimidos que están y de por qué todo es tan terrible. Todas estas quejas están creando más energías de ese tipo y más realidades así. En esta fase del Apagón necesitamos urgentemente una política de tolerancia cero en lo que respecta a las quejas. Tenemos que hablar de lo que es maravilloso y de cómo puede ser mejor, de lo que supone vivir en un planeta Tierra equilibrado, próspero, abundante y petazeta.

5

SUEÑA A LO GRANDE

COMO VIVIMOS EN UN CAMPO DE ENERGÍA CUÁNTICO, todas las posibilidades que podrías imaginar y todas aquellas que todavía no has imaginado existen. Y el único motivo por el que te has encarnado aquí, en la Tierra, es para experimentar tantas de estas posibilidades como quieras. Por desgracia, los seres humanos no tienen muchas aspiraciones. Aunque somos hijos de Dios y estamos imbuidos de sus mismos poderes creadores, la inmensa mayoría de nosotros no los aprovecha. Es una oportunidad desperdiciada, porque no estamos aquí para achicarnos, sino para iluminarnos y para vivir nuestros sueños más increíbles y magníficos mientras hacemos que el mundo sea gigante.

El principal problema es que las personas no hacen lo que las ilumina y las mantiene en ascuas. No creen tener derecho a averiguar qué es lo que las ilumina, lo que las mantiene en ascuas, y mucho menos a hacerlo. Cuando llegamos a este planeta, no nos reciben unos espíritus amistosos y alentadores para explicarnos que somos creadores cuánticos en un universo infinitamente amoroso y abundante, que estamos aquí para experimentar aquello que queramos. Nacemos más bien en una caja estéril, bajo luz artificial, y nos sacan del útero de nuestra madre unas manos envueltas en látex y, con demasiada frecuencia, unidas a los brazos de un hombre (como si los hombres fueran los que dieran a luz a los bebés, aunque eso es tema de otro libro). Cuando tenemos la edad suficiente, nos meten en una institución que nos ahoga con normas y nos dice que tenemos que estar sentados, quietos y callados, que tenemos que levantar la mano para preguntar aquello que no nos animan a preguntar, para luego regurgitar toda esta tontería de doctrina que nos han hecho tragar y así poder ir a una buena universidad y pedir préstamos de miles y miles de euros para ir a otra institución con el fin de adoctrinarnos un poco más, de modo que podamos poner un buen título detrás de nuestro nombre y conseguir un trabajo que absorberá nuestro tiempo, nuestra fuerza vital y nuestra energía a cambio del dinero justo para sobrevivir y disfrutar cuatro semanas de vacaciones al año. Y si nos atrevemos a desviarnos de esta fórmula, seremos pobres, nos veremos proscritos y viviremos en una tienda de campaña hasta que muramos en cualquier zanja sin un céntimo y solos.

Como el sistema nos programa para que creamos que no tenemos más posibilidad que vivir esta fórmula que nos machacan en la conciencia desde el principio, las personas no se esfuerzan en absoluto en averiguar qué es lo que realmente quieren. No creen que se les permita averiguar qué es lo que de verdad quieren. ¿Quién soy yo para vivir mis sueños y brillar?, susurra la oscuridad a nuestro oído. Y, como pensamos que esa voz nos pertenece, la creemos y entregamos nuestro poder a la programación que nos dice que no nos merecemos otra cosa. Y entonces, como no tenemos el permiso de una gran autoridad para iluminarnos, para ser felices y vivir una vida petazeta, pues no lo hacemos.

Es fácil sentirse petazeta

Las mentiras que mantienen en pie el sistema son de lo más endeble, como las semillas de diente de león que esperan a que algo las disperse con un soplido. Porque si los seres humanos comprendieran lo poderosos que son, lo ilimitados que son y el poco esfuerzo que Dios ha hecho que necesitemos para manifestar todo aquello que pudiéramos soñar, la matriz se derrumbaría. Esa es otra razón por la que la gente no vive una vida magnífica, llena de experiencias increíbles y aventuras maravillosas: están programados para creer que es difícil, que requiere tiempo, esfuerzo, sangre, sudor y adversidad.

A las personas se las adoctrina para que crean que tienen que superar grandes dificultades y obstáculos ingentes para ganarse el derecho a vivir una vida buena y a tener cosas agradables. Los medios de comunicación nos instilan este programa sin descanso, el que defiende que tenemos que sufrir para ganarnos el bienestar y el disfrute. Los seres humanos dan un valor enorme al dolor y a las adversidades y utilizan estas energías como medio de justificar la riqueza y el placer: *tuve que soportar todas estas cosas terribles, así que ahora me merezco disfrutar mi sauna de infrarrojos, mi filtro de agua Kangen y mi matrimonio.* Es una trampa que nos hemos puesto a nosotros mismos para legitimar la creencia de que tenemos que soportar ciertas cosas para obtener algo, en lugar de elegir abrir la puerta a un sueño y entrar a él fácil y alegremente.

El motivo por el cual las personas no se crean vidas petazeta no es que crear esta vida sea duro. Dios no nos habría hecho creadores si crear fuera algo que nos resultara duro. La gente no crea vidas petazeta porque no sabe cómo manifestarlas. Repito, no se debe a que la manifestación sea dura, sino a que todo lo que nos han enseñado acerca del tiempo está equivocado.

Los años bisiestos no son una realidad

El sistema distorsiona deliberadamente nuestra relación con el tiempo para evitar que accedamos a nuestro poder como creadores. Los días, las semanas, los meses y los años son conceptos arbitrarios creados por la matriz para atraparnos en el programa que nos obliga a estar perpetuamente asociándonos con esta cosa llamada «tiempo», de la que jamás parece haber suficiente (a menos que estés aburrido, en cuyo caso resulta eterno).

Estas ideas distorsionadas del tiempo generan conceptos paralelos en nuestras células que quedan de ese modo programadas con las mismas distorsiones que hacen que el cuerpo crea que tiene que envejecer y morir. En serio, piensa en lo raro que resulta. Algunos meses tienen treinta días. Otros tienen treinta y uno. Y luego está febrero, que no resulta lógico a ningún nivel. Diciembre no es el décimo mes ni octubre el octavo pero, según su etimología, significan décimo y octavo, así que ¿qué carajo es esto? Una gran basura y, sin embargo, los seres humanos entregan su poder, su autoridad y su vida a este concepto tan completamente ilógico. Es decir, un sistema que mide el tiempo debería ser, como mínimo, consistente, racional o fácil de seguir, o las tres cosas a la vez, ¿no te parece?

El tiempo no es lineal

Hemos malentendido el tiempo, y ese es el mayor obstáculo que debemos afrontar los seres humanos en lo que respecta a la manifestación. El problema principal es que la gente cree que el tiempo es lineal. La matriz programa a las personas para que consideren el tiempo como una línea recta que las conduce desde el pasado al presente y al futuro, y por eso el sistema está estructurado alrededor de puntos de referencia institucionales y experiencias cuyo objetivo es mantener la ilusión de una trayectoria lineal. De este modo se nos recompensa con fiestas, regalos, ceremonias, celebraciones y respuestas positivas de nuestros amigos y familiares cuando «conseguimos alcanzar» determinados hitos que afirman esta supuesta progresión (cumpleaños, graduaciones, bodas, aniversarios, jubilaciones). La ilusión del tiempo lineal fue creada como forma de asegurarse de que los seres humanos permanecen bajo control, que siguen las normas y se atienen a las fórmulas prefabricadas del sistema. El problema es que, cuando actuamos desde la perspectiva distorsionada del tiempo lineal, nos apartamos del plano cuántico de la posibilidad ilimitada.

El campo cuántico de la experiencia

Si deseas conocer tu futuro, no tienes necesidad de consultar con un vidente, un oráculo o un lector del tarot. Lo único que tienes que hacer es prestar atención a lo que estás haciendo ahora. El futuro no es ese concepto misterioso y preexistente que está esperando para sorprendernos cuando llegamos a él. Es una síntesis de todo lo que pensamos, hacemos, decimos y somos ahora.

El campo cuántico de la experiencia existe siempre, y siempre está a nuestra disposición, pero solo podemos acceder a él cuando entendemos de verdad que el futuro no existe. A lo que la mayor parte de la gente se refiere cuando habla del «futuro» no es más que una extensión del momento presente, que siempre se está moviendo. Si yo te hablara ahora mismo, las palabras saltarían al pasado antes de que tu cerebro tuviera oportunidad de registrarlas y ese pasado conduciría inmediatamente a la creación de mi próxima experiencia que, a su vez, creará la siguiente y la siguiente, tal y como ese pasado crearía inmediatamente tu siguiente secuencia de experiencias.

El futuro está formado por este tipo de zarcillos y cada uno de ellos representa una determinada serie de posibilidades que son cuánticas, es decir, cada una conduce a su propio abanico de experiencias diferentes. No existe un camino futuro único que nos conduzca a algún gran destino hacia el que los seres humanos parecen creer que se están dirigiendo. No existe un destino único. La vida no se desarrolla por casualidad.

Sueña bien, vive bien, siente mucho

Los chamanes dicen que una persona que vivió una buena vida fue un buen soñador, lo que significa que se creó un montón de opciones. Un buen soñador se pone a disposición de todas las posibilidades contenidas en el campo cuántico de experiencia y sabe que una forma de acceder a ellas es permitir que su estado sintiente impregne todo su ser. Todo lo que existe en el mundo espiritual está fluyendo, como un río o un arroyo. Nada es estático, fijo ni permanente. Por eso, cuando un buen soñador decide que desea experimentar alegría, invoca el sentimiento de alegría en su cuerpo y eso le permite atraer un río dimensional que fluye en la frecuencia de la alegría. En ese momento salta a él y vadea en el río de la alegría durante un ratito y observa dónde le lleva y qué puertas le abre.

Luego, las energías cambian, porque todo fluye constantemente, y es posible que ahora nuestro soñador desee experimentar algo de afecto. Entonces invoca la presencia del afecto y observa qué sucede en el río de ese flujo y qué posibilidades se le abren en estas aguas. A continuación, cuando siente que ya ha tenido bastante, sale del río del afecto para sumergirse en las aguas de la inspiración, o de la magia, o del juego, o de la quietud. Todo existe y en cualquier momento podemos saltar a cualquier río si actuamos en el campo cuántico de experiencia y nos permitimos ser fluidos.

Truco espiritual: Pon tu futuro en pasado

La mayor parte de la gente se expresa diciendo sus deseos en futuro. Hablan de todas las cosas maravillosas que van a tener, que van a hacer y que van a crear. No comprenden que, cada vez que decimos que «vamos a» hacer algo, alejamos más esa energía de nosotros, la llevamos hacia ese concepto de procrastinación llamado *el futuro*. Cuando hablamos en futuro, retrasamos nuestras manifestaciones.

Hablar en pasado es un truco espiritual muy poderoso, porque nos permite sortear la influencia del pasado y crear desde un punto nuevo, y hacerlo además muy rápidamente. Cuando expresamos nuestro futuro en el presente, limpiamos la pizarra, por decirlo de alguna manera, al declarar un nuevo ahora, una trayectoria nueva. Esto significa que hablamos de las cosas que estamos manifestando como si ya hubieran sucedido. Por eso, en lugar de decir: «Me entusiasma la idea de que mi libro vaya a ayudar a elevar y empoderar a millones y millones de personas», digo: «Me entusiasma la idea de que mi libro esté ayudando a millones y millones de personas a elevarse y empoderarse». Cuando hablamos de cosas que todavía no se han desarrollado como si ya lo hubiesen hecho, engañamos a nuestro subconsciente para que acepte nuestras proyecciones futuras como si fuesen reales. Recuerda que la mente está unida al ego, que existe para hacer que tengamos razón. Al hablar de nuestras manifestaciones en pasado, la mente se pone a organizar la realidad para afirmar la historia que estamos contando, y eso supone aferrarse a la experiencia de la que estamos hablando y llevarla al futuro para que podamos experimentarla cuando el presente se desarrolle y tengamos razón.

Si queremos manifestar en el futuro, hablamos en pasado como si estuviésemos echando la vista atrás y reflexionando sobre la experiencia que ya ha sucedido. Como esa vez que dije: «Me encanta que esas personas estupendas e increíbles me acaben de llamar sin previo aviso para que me una a ellas en su barco y que hayamos pasado un tiempo maravilloso navegando por el Mediterráneo, bañándonos en el mar y comiendo cosas deliciosas». Al cabo de unos pocos días, recibí una

llamada de mi amigo Jeremy preguntándome si quería apuntarme con
él y su familia a hacer un viaje en barco por las islas griegas.

NOSOTROS CREAMOS NUESTRO FUTURO

Los seres humanos debemos darnos cuenta de que el futuro
es algo que solo hacemos nosotros. No tiene autonomía, ni agencia, ni agenda. El futuro está esperándonos para que lo dirijamos,
para que lo construyamos, para que le demos forma y matices.
Nosotros decidimos el aspecto que va a tener, cómo va a crecer,
cómo va a prosperar. Es un conjunto de nuestros actos, nuestras
conductas y nuestras creencias. No hay ningún factor X. Es enteramente aquello que nosotros hacemos que sea. Por eso, cuando
elegimos de forma colectiva alinear nuestros pensamientos, conductas y creencias hacia un futuro amoroso, protector, apacible,
próspero y sostenible, así será como se alineará el futuro, siempre
y cuando la mayor parte de las personas dirijan su conciencia
hacia esa visión. En la actualidad, por desgracia, los seres humanos no están dirigiendo su conciencia hacia esa visión, porque
están demasiado ocupados.

DALES PAN Y CIRCO

Estamos programados para creer que tenemos que trabajar
para sobrevivir, aunque nuestra supervivencia debería ser algo
que nos viniera dado, y nuestro trabajo una contribución auténtica a la elevación de la especie. El sistema nos impone todo tipo
de obligaciones. Tenemos que pagar la renta. Tenemos que pagar facturas. Tenemos que comprar cosas. Tenemos que asegurar

cosas. Tenemos que firmar papeles. Tenemos que recordar claves, actualizar acuerdos y confirmar nuestra identidad. Las personas se sienten abrumadas, atrapadas y deprimidas. Y como no quieren afrontar la presión y las obligaciones, buscan cosas externas que les hagan sentirse mejor. Se vuelven hacia los entretenimientos.

Julio César apaciguó a los romanos pobres y sin derechos dándoles «pan y circo». Fue la clave para manejar el poder político durante una época de grandes revueltas: dale al pueblo comida barata y mucho entretenimiento para distraerlos de su falta de poder y de la situación en la que viven. Poco ha cambiado en el transcurso de la historia: el sistema sigue apaciguando a las masas con esa misma estrategia. ¿Qué pasa si la gente está ahogada en deudas, en dudas, en depresión y en enfermedades? Échales un hueso de glamur y mantenlos entretenidos. De ese modo te dejarán hacer lo que quieras, porque la oscuridad se habrá apropiado de su atención.

LA ATENCIÓN CREA LA REALIDAD

Nuestra atención es el pegamento que mantiene unida la realidad. Lo único que hace que algo sea real es el acto de poner nuestra atención en ello e interpretarlo como tal. Todo este concepto dimensional se mantiene unido por nuestra atención, por aquello en lo que se centra el consenso de la conciencia, por eso a lo que nos dedicamos y, por tanto, pedimos a Dios que cree. El acto de dirigir nuestra atención es como votar por cómo queremos que sea nuestro mundo.

Pongamos, por ejemplo, que a una persona le diagnostican un cáncer y dice: «Voy a luchar contra este cáncer. Voy a vencer a este cáncer. No voy a dejar que este cáncer me mate». No importa lo que haga ni los tratamientos a los que se someta, desde este momento puedo decirte que está creando una experiencia en la que es poco probable que venza al cáncer. El acto de centrar tanta atención en *combatir al cáncer* y en *resistir al cáncer* no hace más que fortalecer y empoderar la enfermedad, porque está todo el rato dándole vueltas al *cáncer, cáncer, cáncer.*

Somos creadores cuánticos y dirigimos a Dios con todos nuestros pensamientos, con todas nuestras palabras. Por eso, cuando centramos nuestra atención en «combatir» el cáncer, nos supeditamos a que el cáncer siga estando presente para darnos algo contra lo que combatir, algo que hacer. Sin embargo, cuando apartamos nuestra atención del cáncer y nos comprometemos a «prosperar en un cuerpo sano» y a «vivir una vida larga y activa», estamos dirigiendo nuestra atención sagrada hacia la salud que estamos llamando, a la curación que estamos experimentando, en lugar de hacia la enfermedad que deseamos cambiar, y eso permite que, en consecuencia, el universo amplifique nuestra salud.

DISTRACCIÓN

El problema es que la gente utiliza mal su atención. Le falta el respeto. No la honra como principal filtro de la realidad. No tiene en cuenta cómo está centrándola, adónde está dirigiéndola, qué conceptos y situaciones está alimentando con ella, porque no la ven como un instrumento sagrado de creación. No saben utilizarla para mejorar su vida y por eso no la defienden. Se limitan a reaccionar y a dejar que su atención sea atraída por cualquier cosa: las noticias, los cotilleos, la celulitis, el consumo, los vídeos de gatitos, la farsa política, cualquier cosa que la matriz nos arroje para apartar deliberadamente nuestra atención de nosotros, robarnos nuestra fuerza creativa y reforzar y fortificar el sistema y todo el *statu quo* que perpetúa.

La matriz dirige nuestra atención a través de la distracción. Cuando nos permitimos dejarnos llevar por el glamur de la distracción, estamos votando por la realidad que esta distracción está creando. Esto significa que, si centras tu atención en todas las atrocidades que te dicen en las noticias, en todos los zapatos que no puedes permitirte y que tu estrella favorita tiene en su armario, en todas las maneras en las que el patriarcado te está desempoderando por el color de tu piel, tus genitales y tus preferencias sexuales, entonces esas son las realidades que estás decidiendo empoderar, las experiencias que estás decidiendo afirmar y aumentar. Pero dejémoslo claro: es una elección. Siempre es una elección. La mayor parte de la gente cree que tiene que aceptar el concepto de la realidad en la que viven, puesto que no han estudiado chamanismo y no saben que la caja solo sigue siendo la caja porque no dejamos de poner nuestra atención en ella. No saben que esta se disuelve en el momento en que apartamos de ella nuestra atención; no saben que es su atención la que crea su realidad.

ACERCA DE ESE SUEÑO...

El motivo por el cual la gente no se crea una realidad petazeta es que los seres humanos todavía no han aprendido a soñar. Cuando Martin Luther King pronunció las palabras *Tengo un sueño*, estaba hablando de soñar una realidad nueva para que se creara. Estaba hablando de soñar más en grande que la mayor parte de la gente por entonces. El doctor King es uno de mis mayores y más cercanos mentores. Me visita a menudo en el mundo espiritual y me indica cómo usar mis pensamientos para moldearme; y siempre me recuerda su sueño. Uno de los motivos que me llevó a regresar después de morir fue impulsar el sueño del doctor King y soñarlo más en grande.

Su sueño inicial fue crear la igualdad racial para todas las personas. Consiguió cambiar la conciencia de la gente para que vieran que era posible tener un sueño mayor, y el colectivo dio un salto cuántico hacia una realidad nueva en la que los negros ya no eran segregados. Sin embargo, el sistema no podía permitir que la cultura evolucionara de esa manera, porque se colapsaría, así que manipuló a la gente para que olvidara el sueño mayor. Y este sueño no se cumplió. El sueño era continuar. No solo «transformar las desavenencias discordantes de nuestro país en una hermosa sinfonía de hermandad», sino transformar todo el mundo.

Pero como una realidad marcada por la paz mundial no sirve a la oscuridad, el sistema creó un montón de distracciones que distorsionaron el sueño del doctor King para convertirlo en un tipo de glamur que hiciera parecer que los negros eran libres, pero que los volviera a dejar en la esclavitud…, aunque en una esclavitud diferente, decorada con bordes dorados, un montón de ostentación y unas extensiones alucinantes, pero igual de opresiva. Y lo logró dando entrada al espíritu del narcisismo para distraernos del sueño del doctor King, para distorsionarlo cambiando el de ser igual por el de ser una superestrella. Por eso hoy en día tanta gente centra su atención en todos esos deportistas y artistas famosos y no en sus propios sueños, en sus propias vidas, y desde luego no en establecer la igualdad global aquí en la Tierra.

EL ESPÍRITU DEL NARCISISMO

El espíritu del narcisismo existe para hacer creer a la gente que no son nada a menos que lleguen a ser algo. Lo que hace el sistema es dirigirse al vacío que genera la falsa creencia de que tenemos que conseguir algo para poder ser amados y luego lo maximiza introduciendo el espíritu del narcisismo y engañando a la gente para que crea que, a menos que alcancen un determinado nivel de reconocimiento, de aprecio o de valor —es decir, a menos que se hagan famosos—, no estarán satisfechos. Así fue como la matriz atrajo a las personas para que se apartaran del sueño del doctor King y redirigió su atención hacia esa zanahoria, a esa jaula, permitiendo al mismo tiempo que el racismo volviera a calar y a propagarse como un virus, aunque ese virus hubiera sido erradicado y estuviera siendo transformado en amor.

A esta fase del Apagón yo la denomino la Era del Narcisismo, una fase en la que los seres humanos están intentando comprenderse a sí mismos a través de las identidades que erróneamente creen que tienen y esforzándose por encajar en el constructo social que afirma: *Me valoro según la cantidad de* Me gusta *que obtengo en las redes sociales.* Esto no es necesariamente algo malo. El narcisismo está permitiendo que la gente se vea y aprenda a conocerse. Sin embargo, la mayor parte de las personas están atascadas en lo superficial y distraídas por el glamur, el aspecto tan chulo que presentan, sus *Me gusta*, sus emparejamientos y su popularidad virtual, y no profundizan en sí mismas para averiguar quiénes son —es decir, quién demonios son de verdad— y por qué actúan como lo hacen.

Sé fiel a ti mismo

Tenemos que apartar las distracciones que nos impiden centrarnos en nosotros mismos. Eso significa dejar de lado los entretenimientos. Hace falta valor, porque nos asusta lo que podríamos encontrar y tenemos miedo de no disponer de las herramientas necesarias para afrontar lo que hallemos. Por eso quiero compartir contigo estos trucos espirituales y estas herramientas chamánicas. No podemos soñar a lo grande si no comprendemos por qué estamos soñando nuestros sueños actuales. No podemos mejorar nuestra vida mientras no averigüemos por qué estamos viviendo nuestra vida actual. *Sé fiel a ti mismo,* escribió Shakespeare. Pero la única forma de ser fieles a nosotros mismos es averiguar qué nos está motivando a tomar las decisiones que tomamos, incluso cuando no estamos especialmente orgullosos de ellas.

Mi amiga estaba leyendo la revista *Star* mientras nos hacían la manicura y la pedicura. Cuando le pregunté por qué leía esa publicación concreta, me respondió que quería saber qué hacían una serie de famosos.

—¿Eres amiga de ellos? —le pregunté, genuinamente perplejo.

—No —me respondió—. Es un placer culpable.

—¿Y qué es lo que lo convierte en un placer culpable? —le pregunté aún más confuso, porque claramente mi amiga y yo teníamos una idea muy distinta de lo que significa *placer*—. ¿Es un placer culpable porque ves todas las cosas que ellos tienen y tú no, y por eso te sientes aún peor de lo que ya estabas? ¿Estás hablando de placer culpable o más bien de *automaltrato*?

Ante esto, mi amiga se molestó y dejó la revista. Pero fue un gesto vano, porque lo hacía solo para obtener mi aprobación, no porque se hubiera dado cuenta realmente de por qué prestaba atención a los cotilleos de los famosos y qué medicina le aportaba esto.

¿Cuál es la medicina?

En el chamanismo, todas las experiencias nos remiten a una medicina. Si te pica una serpiente, tu espíritu estaba reclamando medicina de serpiente. Si tu casa se inunda, está claro que necesitabas medicina de agua en tu vida; un montón de medicina de agua, pero este tipo de medicina al fin y al cabo. Cuando suceden cosas así, no podemos asimilar las lecciones a menos que entendamos la medicina que estas experiencias nos están aportando.

Por eso, si nuestra atención está centrada en cosas que no se alinean con nuestra devoción —como las dudas, el azúcar, las deudas o la crítica—, tenemos que discernir qué medicina contienen para nosotros estas decisiones poco saludables, antes de ser capaces de cambiar de verdad nuestro foco de atención para apartarlo de ellas.

Desde un punto de vista espiritual, si nuestra atención está centrada en algo es porque el espíritu quiere que prestemos atención a eso. No necesariamente porque desee que la mantengamos ahí, sino porque quiere que utilicemos ese algo para aprender más sobre nosotros mismos. No podemos desviar nuestra atención del veneno hasta que sepamos qué medicina nos está dando. Por eso fue inútil que mi amiga dejara la revista. Eso no fue crecimiento, sino un simple intento de controlar la situación. Quería leer cotilleos de los famosos. Eso era lo que atraía su atención. Así son las cosas. Esto es lo que está sucediendo. El siguiente paso debería ser que averiguara *por qué* la revista *Star* atraía su atención. Eso le permitiría desviarla de verdad a otras cosas más productivas, como hablar con su amigo chamán, que resulta que estaba en la silla de al lado.

Besar al dragón

Cuando tenía veintipocos años y estaba todavía averiguando si quería ser chamán, modelo o bailarín (como si realmente pudiera elegirlo), solía beber muchísimo. Pasaba los días aprendiendo chamanismo y haciendo lecturas, sanaciones y adivinaciones, y luego ensayaba con mi grupo de hip-hop y me emborrachaba y jugaba a videojuegos con mis colegas. Después nos íbamos a Castro[1] para disparar bolas de pin-

---

[1] Distrito de San Francisco donde abundan los locales destinados al público homosexual. *(N. de la T.)*

tura a los gais que salían de los clubs. No solo tenía un problema con la bebida, también era homófobo.

Mi padre —que era muy africano y muy haitiano— me había enseñado que la homosexualidad es mala, que los hombres que comparten amor e intimidad con otros hombres son débiles, no hombres auténticos. Estas ideas que me habían ido inculcando a lo largo de toda mi vida demostraron ser profundamente amenazadoras, puesto que, como se vio más tarde, yo mismo me siento sexualmente atraído tanto por hombres como por mujeres. Sin embargo, como tenía miedo de que mi padre me rechazara y de perder su amor, gestioné esos sentimientos reprimiéndolos y atacando a hombres que tenían el valor de ser ellos mismos.

El dolor que les infligía era en realidad mi propio dolor, el que sentía hacia mí mismo por no vivir mi verdad. Cuando los seres humanos actuamos movidos por el odio, la intolerancia, la violencia o la agresividad hacia otros, estamos realmente haciéndolo contra nosotros mismos, porque no vivimos en armonía con nosotros, porque nos estamos juzgando y queremos atacarnos. Las personas realizan estas conductas indignantes porque tienen miedo de sus propios reflejos, de lo que subyace en lo más profundo de sí mismas y de esos aspectos suyos que no comprenden. Mi experiencia personal con la homofobia me aportó un conocimiento profundo del conflicto —tanto global como interpersonal— y una pronunciada habilidad para ver ambos lados de cualquier situación. En último término, me preparó para ser el gran pacificador y meditador que soy en la actualidad. ¿Estaba mal mi forma de tratar a aquellos hombres? Por supuesto, estaba muy mal. Sin embargo, hay ocasiones en la vida en las que debemos dar pasos en la oscuridad para acercarnos más a la luz.

Pero esta no es realmente una historia sobre la homofobia, sino sobre el abuso de alcohol. Es una historia acerca de cómo, después de otra noche más de borrachera y ataques a los homosexuales que salían de los clubs, me desperté en el jardín de una casa con la mano por dentro de los pantalones (que tenía puestos al revés), vómito en la camisa y toda una familia mirándome con bastante desagrado.

Volví a casa humillado y decidido a averiguar por qué estaba centrando mi atención en el alcohol. Distribuí unas cuantas botellas de licor por la habitación para afrontar precisamente aquello que me asustaba: que el alcohol me había convertido en su puta. En el chamanismo es lo que denominamos *besar al dragón*. Me senté en la cama rodeado de todas las botellas, puse música de Metallica a todo volumen y me sumergí en las emociones que me llevaban a beber.

«¿Por qué está mi atención centrada en el alcohol? —me pregunté—. ¿Por qué está mi atención centrada en emborracharme?».

No preguntaba con actitud de juzgar, sino con una curiosidad genuina, queriendo saber de verdad qué era lo que me estaba intentando enseñar mi atención. Me di cuenta de que el motivo por el cual centraba mi atención en el alcohol era enmascarar el dolor del maltrato que todavía no había gestionado, el maltrato físico que había soportado de mi padre y el sexual que me había infligido mi canguro masculino. Darme cuenta de ello me permitió ver que el alcohol no era el auténtico problema, que era un medio a través del cual el Espíritu estaba atrayendo mi atención hacia el problema real, que era el dolor que tenía que sanar e integrar.

El acto de sincerarme y examinar por qué mi atención se dirigía una y otra vez hacia el alcohol fue lo que me permitió retirarla de verdad de él. Y, fíjate, no he vuelto a beber ni una sola vez desde ese día. No he sentido la tentación de hacerlo. Sin embargo, si me hubiese saltado ese paso y me hubiera limitado a decir: *No voy a volver a beber*, sin profundizar en *por qué* lo hacía, seguiría bebiendo y siendo un estúpido.

SUEÑA A LO GRANDE

Después de averiguar por qué soñamos lo que soñamos y de extraer la medicina de nuestro actual constructo de realidad, podemos soñar a lo grande. No podemos elevar nuestra realidad mientras no soñemos con otra mejor, porque es imposible salirse de algo para entrar en la nada. Es un fundamento de la física. Si hablamos de saltos cuánticos, que es lo que estamos haciendo, tiene que haber un lugar al que saltar. Tenemos que saber dónde vamos si queremos llegar ahí. Tenemos que soñar a lo grande. Cuando estaba en mi habitación rodeado de todas aquellas botellas de alcohol, escuchando a Metallica y examinando mi sueño de alcohólico, no me paré al darme cuenta de por qué lo estaba soñando. Soñé un sueño mayor, muchos sueños mayores. Si me hubiera limitado a soñar que pasaba un día sin beber, o una semana, eso no habría sido un salto suficientemente grande como para cambiar de verdad mi orientación dimensional. Cuando soñamos a lo grande, tenemos que estirarnos y soñar muchos sueños más allá del que tengamos en ese momento para así transformar realmente nuestra realidad de una forma gigante.

Por eso soñé más allá de lo que era en ese momento. Soñé más allá de la bebida, más allá de beber hasta perder el sentido y más allá de molestar a otras personas. Soñé con permanecer sobrio en una fiesta, con estar en contacto con mis sentimientos, con mi sensorio, y ser capaz de mantener una conversación sin balbucear. Soñé con lo que sería coger ese dolor al que me estaba aferrando y dejar que me abriera y me empoderara; y luego soñé con ser capaz de ayudar a otros a hacer lo mismo. Soñé con realizar los deseos de mi abuela, con salir al mundo y tocar las vidas de otras personas de una forma grande y significativa. Soñé de una forma mucho mayor que mi realidad en ese momento y, cuando terminé, me senté y vi todas aquellas botellas a mi alrededor, se produjo una desconexión total. Había seguido mi sueño grande tan lejos del ámbito en el que bebía que, cuando regresé a ese constructo dimensional, nuestras vibraciones ya no coincidían y el alcohol no me atraía en absoluto.

Tengo muchos clientes que acuden a mí porque dicen que quieren que su vida sea diferente, pero a la hora de averiguar cómo sería esa vida diferente, de qué estaría formada, no tienen nada. Yo puedo ser un chamán poderoso, pero no puedo soñar el sueño de otras personas y hacerlo realidad por ellas. Si no asumimos la responsabilidad y la iniciativa de tener en nuestra mente sueños más grandes para nosotros, nada va a cambiar.

Hoy en día vemos a muchos activistas afirmando que quieren cambiar el mundo marchando en contra de la realidad actual, protestando y despotricando contra ella. Sin embargo, lo único que están haciendo realmente es expandir esa realidad a la que están prestando toda su atención de una forma tan intensa. Si de verdad quieren cambiar el mundo, lo que tienen que hacer es dejar las pancartas y soñar a lo grande.

Truco espiritual: Sueña a lo grande

Soñar a lo grande es una práctica que nos permite ampliar nuestra vida más allá de su manifestación actual. Cuanto más la ejercitamos, mejor se nos da. Para empezar, resulta útil soñar con algo material hasta que le pillas el tranquillo; en ese momento puedes subir de nivel y empezar a soñar con cosas conceptuales.

Para este truco espiritual tienes que ponerte una ropa ligera y mínima. Lo ideal es practicarlo en la naturaleza, en un parque o, por lo menos, con una planta cerca, porque la naturaleza expande nuestra capacidad para percibir.

EL CALENTAMIENTO: OBSERVA A LO GRANDE

- Observa tu mano.

Centra tu atención en la mano. No estás analizando, ni intelectualizando, ni juzgando. Estás solo observando.

- Ahora, observa más a lo grande que tu mano.

Observa algo mayor que tu experiencia actual. Deja que tu observación se expanda más allá de esta realidad tridimensional sin dejar que tu mente se vuelva loca intentando averiguar qué es lo que significa eso intelectualmente.

El desarrollo de esta práctica no sigue ninguna regla. Quizá observes tu mano entrelazada con la del compañero al que estás *imantando* hacia ti. Puede que veas un objeto en tu mano, un brazalete alrededor de la muñeca o incluso una pulsera VIP o algún hilo sagrado. El fondo situado detrás de ella puede pasar de ser suelo duro a un océano cristalino, una arena en polvo blanca, un opulento suelo de mármol, un terreno selvático exuberante o dibujos cósmicos geométricos en la vasta expansión del gran vacío. No intentes forzar ni controlar el sueño, limítate a que tu sueño vaya más allá de la mano confiando en que siga la intención.

- Expresa en voz alta tus observaciones a medida que se te vayan presentando.

Aquí tienes unos cuantos ejemplos de lo que podrías decir, dependiendo de lo que veas: «Veo un anillo de oro alrededor de mi dedo», «Veo una llave en la palma de la mano», «Veo una garra de águila», «Veo una mano de niño en la mía».

- Sigue soñando a lo grande. Cuando te hayas concentrado en el sueño mayor, dilo en voz alta y vuelve a soñar a lo grande. Repite una vez más. Y otra.

HORA DE INICIO: SUEÑA A LO GRANDE

Ahora que ya has soñado tu mano a lo grande, ya estás listo para soñar algo más abstracto.

- Rescata un pensamiento negativo, el primero que te venga a la mente.
- Obsérvalo.

Observa de dónde procede y cómo está dando forma a tu vida. Imagina, por ejemplo, que has rescatado el pensamiento *No le gusto a nadie*. Ahora rememora cuándo fue la primera vez que lo pensaste.

Estaba en primaria, cuando me eligieron el último para jugar al balón.

¿Cómo está conformando tu vida en este momento?

Me está aislando, me provoca ansiedad social, me impide participar en celebraciones y experiencias que me gustaría tener.

- Sueña a lo grande.

Un sueño mayor que *no le gusto a nadie* podría ser ver que gustas. En ese caso dirás en voz alta: «Le gusto a muchísima gente», mientras te ves rodeado de personas entusiasmadas por conectarse contigo, o cualquier sueño mayor que se te presente. No debes forzarlo, controlarlo ni manipularlo. Lo único que estás haciendo es indicar a tu subconsciente que debe soñar a lo grande. Lo que le salga será absolutamente exclusivo para ti y lo más probable es que te sorprenda. Estos son algunos ejemplos de lo que podría salir.

- Sigue soñando a lo grande.

Ahora sueña más a lo grande aún. Quizá te imagines a ti mismo inundado de tarjetas, flores y globos en el Día de San Valentín. Ahora sueña más a lo grande, lo que quizá suponga verte en una fiesta haciendo reír a carcajadas a una mesa llena de personas o bailando la conga en una boda.

Sigue soñando a lo grande y diciendo tus sueños en voz alta. Sabrás que has terminado cuando intentes volver al pensamiento original —aquel que intentaba convencerte de que no le gustas a nadie— y ya no esté, porque has soñado cosas tan grandes que el programa negativo inicial ha quedado totalmente borrado de tu conciencia.

AQUELLA OCASIÓN EN LA QUE MI CLIENTE SOÑÓ A LO GRANDE

Tuve un cliente ejecutivo de Wall Street adicto al trabajo. Creía que la única forma de triunfar en el mundo era luchar, gritar, afanarse y estresarse. Cuando vino a verme tenía úlcera, un problema con la bebida y múltiples pleitos contra él. Le expliqué que no estaba soñando correctamente y que ese sueño en el que debía machacar, dar patadas y luchar para que le vieran y le respetaran y pudiera ganar dinero no le estaba ayudando; que, de hecho, era una pesadilla.

Su gran sueño era ganar mucho dinero y llevar una vida apacible y armoniosa, pero creía que no tenía capacidad para hacerlo realidad. Lo consideraba imposible. Yo le expliqué que la única razón por la que estábamos compartiendo ese momento, esa sesión, era porque me había soñado en su vida. Eso significaba que alguna parte de su mente ya tenía la capacidad de soñar más allá de lo que estaba experimentando; lo único que tenía que hacer era pedir a esa parte de él que me había soñado en su vida que soñara unas posibilidades aún más amplias para que las pudiera manifestar.

Poco después de nuestra sesión, fue a una librería y allí un libro sobre una búsqueda de visión se salió literalmente de la estantería y cayó a sus pies. Lo leyó y soñó su propia búsqueda de visión. Acabó aprendiendo con una tribu de ancianos lakota e hizo una búsqueda de visión de cuatro días que le inspiró un conjunto nuevo de sueños y le cambió la vida. Al final dejó Wall Street, se convirtió en una persona profundamente espiritual y estableció un fondo de protección medioambiental para hacer un mundo mejor y más sostenible.

EL DINERO NO ES MALVADO

Algunas personas se exaltan cuando oyen a otras decir que el dinero es una de sus prioridades o que su gran sueño incluye tener muchos ingresos. El problema es que han sido adoctrinadas para creer que el dinero es malvado.

El sistema programa a las masas para que lo asocien con personas que roban, acumulan y lo utilizan mal. Así consigue que lo rechacen y vendan su alma para sufrir en modo supervivencia en lugar de saltar al tren iluminado y crearse una vida abundante y próspera.

El dinero no es malvado. No es más que energía. Y, como es un constructo de la matriz en la que estamos viviendo, gozar de prosperidad es una forma estupenda de hacer que la matriz trabaje para nosotros.

Economía chamánica

El dinero es la energía del intercambio, y las monedas y billetes son la manifestación física de esta energía. La abundancia es la acumulación de dinero en efectivo (o, en realidad, de cualquier cosa) y la prosperidad es el flujo del intercambio. Igual que le sucede a la corriente de un río, al dinero en efectivo también le gusta moverse. La prosperidad significa que el dinero está haciendo lo que se supone que debe hacer, es decir, moverse por toda la comunidad y enriquecer así la vida de las personas. Es una energía estupenda, porque nos permite hacer cosas, tener experiencias, dar a los demás y vivir tal y como queremos hacerlo, en lugar de ir arañando para sobrevivir y creyendo que tenemos que vivir en modo supervivencia.

Las personas que actúan con falta de conciencia creen que el dinero resulta difícil de encontrar, que tienen que trabajar muy duro, comprometer sus valores y hacer daño a otras personas para conseguirlo. Sin embargo, jamás nos pidió que hiciéramos nada de eso ni quiere que lo hagamos. Lo único que pide el dinero es que nos alineemos, que invoquemos el efectivo en nuestra vida, que le permitamos moverse y fluir y que nos iluminemos.

Truco espiritual: Infusión chamánica
para invocar al dinero

Como ya expliqué en el capítulo tres, las infusiones chamánicas son una forma estupenda de sintonizar nuestra energía a través de la respiración con las frecuencias que decidimos atraer a nuestra vida. Este truco espiritual es una meditación muy poderosa para atraer el dinero.

Vamos a dejarlo claro: esto no significa que porque hagas diez sesiones de infusión para invocar dinero te vaya a caer un millón de euros del cielo directamente sobre el regazo. No funciona así. Lo que hace este truco espiritual es alinear tu frecuencia energética con la vibración del dinero, y esto te permite soltar y transmutar todos los bloqueos y desequilibrios que hayan estado impidiendo su flujo en tu vida.

- Siéntate en silencio en una postura de meditación cómoda.
- Pronuncia mentalmente estas palabras mientras inspiras hondo: *Atraigo el dinero a mi ser permitiéndolo plenamente.*
- Dibuja el símbolo del euro o del dólar en el aire con el dedo y exhala a golpes por la boca con cada movimiento del dedo. Imagina que el signo tiene un color azul eléctrico, que es un color de poder en el chamanismo.
- Repite el ciclo varias veces mientras sientes cómo el dinero se expande en tu cuerpo con cada inhalación y ves cómo el signo azul del dinero se ensancha hacia el mundo exterior con cada exhalación.

Como este truco espiritual ilumina los bloqueos y desequilibrios de nuestro flujo de prosperidad, presta atención a lo que te surja relacionado con la economía en los días siguientes a la práctica y anota en un diario todas las experiencias relevantes, incluidos los pensamientos, los sueños y los intercambios económicos.

Le enseñé este truco espiritual a un cliente que era diseñador gráfico. Tenía clientes que no le habían pagado y le debían mucho dinero.

> Al cabo de una semana de incorporarlo a su práctica diaria, empezaron a llegarle cheques que le debían desde hacía meses. Las infusiones chamánicas son muy poderosas.

LA POBREZA NO ES ESPIRITUAL

Las personas espirituales tienen abundancia. Así es como pueden servir al conjunto, porque tienen un excedente para compartir. La matriz programa a las personas para que crean que ser espiritual significa rechazar la comodidad, las posesiones y las cosas agradables. De este modo evita que cultiven una relación auténtica con el Espíritu. Pero eso son tonterías. Te aseguro que las personas espirituales no son pobres, porque, si no tienes nada que compartir, no se te dará muy bien ser espiritual.

He recibido muchas críticas por lo que cobro por mis sesiones, como si los chamanes no debiéramos ser compensados económicamente por nuestros servicios. La gente parece creer que el dinero es algo sucio, que mancha mis ofrendas espirituales o algo parecido.

En cierta ocasión, un famosísimo cantante de música country vino a mi casa de Hollywood Hills para una sesión. Echó un vistazo a mi coche, mi piscina y mi jardín. Luego entró en la casa de huéspedes que yo utilizaba como estudio de sanación y me dijo que se estaba repensando lo de trabajar conmigo, porque mi estilo de vida era inapropiado, porque cobrar por hacer un trabajo espiritual era algo incorrecto. Luego me dijo que yo debería vivir con lo mínimo, de la caridad de los demás, y ofrecer gratis mis sesiones, mis trabajos y mis enseñanzas.

—Ya veo —le respondí—. ¿Y cómo esperas que coma, que me cuide y que pueda servir a mis clientes, que muchas veces necesitan que coja un avión y vuele al otro lado del mundo para ayudarlos, si crees que no merezco unos ingresos?

Entonces, el señor Superestrella del Country me dijo que debería ofrecer mis servicios a cambio de donaciones y que la calidad de mis sesiones espirituales determinaría si la gente se sentía o no inspirada a dar. Eso decidiría si yo podía volar, comer o lo que fuera, porque, según él, cobrar por las sesiones chamánicas de sanación no es espiritual. Y me lo dijo sin pestañear, después de haber entrado en mi jardín conduciendo un Porsche y, según la revista *Us*, de haber pagado dos millones y medio de dólares por una casa Palisades Craftsman. A pesar de eso, tuvo el cuajo de decirme que yo debería suplicar limosna en la orilla del camino vestido con harapos y con los pies desnudos. Como si hacer música no fuera algo igual de espiritual. Como si sus fans debieran decidir después de sus conciertos si merecía o no que le pagaran por su actuación. Como si el dinero no fuese espiritual. Como si la riqueza y la libertad no fuesen espirituales. Como si Dios quisiera que fuéramos pobres. Todo eso no son más que tonterías de la oscuridad con las que nos programa la matriz. Y son sandeces. Dios quiere que todos los seres gocen de abundancia, las personas espirituales también.

Aquella época en la que yo creía que el dinero no era espiritual

Hace años, cuando acababa de empezar a ofrecer sanaciones chamánicas, fui desde Los Ángeles hasta el norte de California para trabajar con una mujer muy enferma perteneciente a una familia de multimillonarios extremadamente rica e influyente. Pasé tres días con ella y estuvimos trabajando casi todo el tiempo. Cuando ya preparaba mi equipaje, ella me preguntó cuánto me debía por el largo fin de semana. Yo le respondí que trabajaba con donaciones y que era libre de darme lo que quisiera por los tres días de sanación y rituales chamánicos y el viaje desde Los Ángeles.

Nos despedimos y ella me dijo:

—Ha sido increíble. Me has ayudado muchísimo. Me siento mil veces mejor. Gracias por todo. Aquí tienes, cielo —y me dio un sobre.

Cuando me metí en el coche, lo abrí y encontré veinticinco dólares. Era de risa. De hecho, me reí. Luego me entristecí y me enfurecí, porque ese dinero ni siquiera cubría uno de los múltiples depósitos de gasolina que había tenido que echar para llegar a Palo Alto, y mucho menos para regresar a Los Ángeles. Sin embargo, hasta que no llegué a San Luis Obispo no caló en mí la lección que ella me estaba enseñando, y, una vez más, me invadió la risa.

Como todavía no había muerto ni me había comprometido plenamente con mi camino como chamán, no estaba convencido de que fuera correcto cobrar por mis sanaciones; hacía las cosas a medias. Esa actitud se filtraba en mis sesiones y permitía a los demás devaluar mis sanaciones y mis enseñanzas tanto como yo lo hacía. Pasé ese viaje de vuelta a Los Ángeles profundamente inmerso en mí, analizando todos los juicios que yo albergaba acerca de no merecer la compensación por mis habilidades y mis ofrendas. Cuando al fin lo entendí, estallé en risas. Me di cuenta de que, si yo no honraba mi valía, nadie iba a hacerlo; que si yo no honraba el valor de mis ofrendas espirituales, nadie iba a hacerlo.

Esa experiencia me enseñó que no hace falta que ninguna autoridad externa me diga que mis ofrendas merecen una compensación; soy yo el que tengo que honrarlas desde el principio. Soy yo el que tengo que declarar mi propia autoridad, mi propia valía, y afirmar que lo que ofrezco tiene valor y merece una remuneración económica.

TODO ES CUESTIÓN DE FLUJO

Todo lo que tenemos en nuestra vida nos ha llegado de otra persona. Así funciona la vida. Los tomates que cubren tu pizza fueron recogidos por otros seres humanos. El lienzo sobre el que pintas fue colocado por alguien sobre un bastidor fabricado con madera cortada por otra persona. El dinero que tienes en la cuenta del banco te lo entregaron otros. Vertemos unos en otros igual que la naturaleza vierte en nosotros. El río no impide que su agua llegue a las plantas de la orilla por miedo a que venga una sequía. La naturaleza se vierte en sí misma y en nosotros, y así los seres humanos debemos verternos los unos en los otros. Aunque es cierto que cuanto más damos más recibimos, porque estamos reforzando ese canal energético, el objetivo de dar no es recibir, sino más bien mantener el flujo universal de energía al servicio de un planeta próspero y petazeta que nos sostiene a todos.

Truco espiritual: Ofrendas de gratitud

Las ofrendas de gratitud son una forma estupenda de entrar en la corriente del dar y de honrar la energía del flujo universal. Nos permiten cultivar la gratitud y la humildad en nuestra vida.

Una ofrenda es cualquier forma de energía dirigida hacia alguien sin un plan, sin más razón que ser generoso y dar. Cuando entregamos ofrendas de gratitud, estamos reconociendo la abundancia que nos ofrece este mundo y el flujo universal que mantiene la vida en este planeta.

Yo recomiendo hacerlas al menos una vez al mes. Puedes ofrecer cualquier cosa a quien tú quieras. Mi norma general en lo que respecta a este tipo de ofrendas es que, cuando se me ocurre mover algo de energía y dar, lo hago con la persona que primero me viene a la mente.

Aquí tienes algunas sugerencias de ofrendas de gratitud:

- Bendice un árbol.
- Quita las malas hierbas de un jardín.
- Entrega una flor a un extraño.
- Enciende una vela a los espíritus.
- Envía deseos positivos a tus antepasados.

- Manda a un amigo un sobre lleno de monedas o billetes sin ninguna nota ni remite.
- Baila para alguien.
- Da sanación a una persona.
- Lleva la compra de alguien.
- Haz de canguro para un amigo.
- Ayuda a alguien con un proyecto.
- Di «Jesús» a un extraño que estornude.

Sé creativo. Sé generoso. Estas dando por el simple hecho de dar, y eso es algo muy hermoso. Aunque sea simplemente ofrecer una patata frita al extraño sentado a tu lado, debes saber que al dar estás participando del flujo universal que nos alimenta a todos.

VIVE ILUMINADO, MANIFIESTA A LO GRANDE

Ahora que ya comprendes lo fácil que, según lo establecido por Dios, debe resultarte manifestar, ¿por qué vas a limitarte? ¿Por qué no vas a querer experimentar el lujo, la comodidad y la belleza? ¿Por qué no vas a querer tomar la comida ecológica más limpia, deliciosa y de vibración más elevada? ¿Por qué no vas a querer viajar por todo el mundo para conectarte con personas de distintas culturas, aprender de ellas y permitir que te enriquezcan? ¿Por qué vas a privarte de estas experiencias? Son cosas maravillosas para tener y compartir. ¿Por qué no experimentar todo lo que puedas querer vivir mientras estás en este planeta? *Puedes hacerlo*. Para eso has venido. Para manifestar tus sueños, darles forma física y hacerte un gigante.

Cómo manifestar como un jodido chamán

Cuando estás manifestando, no puedes andarte con medias tintas. Tienes que ser valiente, estar implicado y ser concreto. No puedes limitarte a decir *Voy a manifestar un trabajo nuevo* y dejarlo ahí creyendo que acabas de crearte un nuevo camino laboral. Tienes que guiar la energía. En el chamanismo, todo se centra en guiar la energía y, para ello, tenemos que ser conscientes, actuar con intención y expresar con absoluta claridad lo que estamos invocando para que se materialice.

Cuando lanzamos una idea vaga y mal concebida que no hemos sentido realmente ni cumplimentado, el universo no sabe qué hacer con ella. Quedan demasiados huecos sin rellenar. No existe información suficiente para impulsar la manifestación. En cambio, si dices *Estoy manifestando un puesto administrativo de nivel alto en una oficina preciosa donde me pagan muy bien y trabajo con personas creativas dedicadas a cambiar el mundo, y voy a aprender muchísimo y a conseguir un ascenso muy rápido, y voy a empezar el 1 de febrero o antes*, esa es una manifestación con la que el Espíritu puede trabajar.

Los plazos son importantes, porque crean un recipiente que permite a las energías manifestarse. Son una energía masculina saludable con la que podemos dirigir la energía y activar los zarcillos futuros correspondientes. Recuerda que existen infinitos futuros cuánticos. Por eso resulta útil aclararle al Espíritu de cuál estamos hablando en concreto: tu futuro de *dentro de cinco años* o tu futuro de *la semana que viene*. Además, las fechas y los tiempos ofrecen a tu manifestación una proclamación que aporta un cierto peso en este constructo dimensional.

Truco espiritual: Manifestar de forma gigante

A pesar del despliegue publicitario, de los *hashtags* y de *El secreto*, la mayor parte de la gente no manifiesta correctamente. Por eso son muchos los que no lo hacen, y punto. Han leído a Abraham-Hicks o han visto el blog de algún *coach* de manifestación y recortan unas cuantas revistas para sus tablones de visión, pero omiten unos pasos básicos en el proceso y su basura no se materializa. Entonces deciden que la manifestación es algo estúpido, que no funciona, y vuelven a ahogar sus sueños y a entontecerse con Netflix.

Si quieres manifestar bien, debes seguir estos cuatro pasos.

1. SÉ CONSCIENTE DE QUE PUEDES TENERLO

Todo lo que puedas tener en tu vida es gracias a que alguna parte de tu ser sabe que puedes tenerlo. Ese conocimiento se debe a que comprendes tu valor, tu valía. Lo que crees que vales y lo que crees que mereces, y, de ese modo, lo que te permites tener, son todo lo mismo.

Cuando estás manifestando, este conocimiento debe ser completamente firme. No desvíes tu atención de él para dar cabida a la duda o para contarte historias que afirmen por qué no mereces lo que estás invocando. Enraízate en ese conocimiento.

2. DÉJALO CLARO

Siente tu visión. Especifica tantos detalles como te sea posible. Incluye matices concretos. Pon fechas límite. No te contengas. Sé valiente. Sueña a lo grande. Amplíate. No hay límites.

3. EXPRESA TU MANIFESTACIÓN EN VOZ ALTA

Cuando expresas tus manifestaciones en voz alta, el sonido las transporta desde el mundo espiritual al físico y eso activa tu respuesta emocional, lo que te permite tener experiencias sensoriales de haber realizado lo que quieres manifestar. Al decir en voz alta tus sueños y visiones, estás haciendo realidad tu mundo.

4. DÉJALO IR

Aquí es donde la mayor parte de la gente toma el camino equivocado. Después de expresar en voz alta nuestras manifestaciones, debemos dejarlas ir y no estar repitiéndolas una y otra vez. Muchos gurús de la manifestación dicen que se deben repetir varias veces al día. Este enfoque anula el auténtico propósito, porque, si repites algo muchas veces, es porque no crees en ello y, por tanto, tu voluntad no está plenamente conectada con la manifestación. Repetir tu sueño no hace sino afirmar tu incredulidad. Por eso, cuando manifiestas a lo grande, solo expresas tu manifestación una vez. *Y listo*. No tienes que repetirla. No tienes que volver a hablar de ella. Sabes que se está produciendo.

¿QUÉ ASPECTO CREES QUE TIENE UNA REALIDAD PETAZETA?

El futuro está enteramente en nuestras manos y podemos soñarlo como queramos. La forma más poderosa de cambiar el mundo es recuperar nuestra atención de la matriz, apartarla de la distracción, del entretenimiento, del glamur y demás, y redirigirla hacia el sueño mayor. Hay que centrarla —en un único punto, con todo el corazón y de forma consistente— en soñar la Era Gigante ahora.

6

ASUME LA RESPONSABILIDAD

SI MANIFESTAR ES TAN FÁCIL —oigo a tu mente bella y terca protestar a través del campo cuántico—, *entonces ¿por qué hay tanta gente con carencias?*

Verás, seguimos compartiendo el universo con la materia oscura, lo que significa que la oscuridad existe todavía aquí, en la Tierra, y, como ya sabes, esta implica carencia y limitación. Sin embargo, ¿sabes qué? Tú estás aquí para remediarlo. Exacto. Verás, no estamos aquí solo para iluminarnos y manifestar alegría, salud, prosperidad, una vida petazeta y una Era Gigante, sino también para hacer ascender la oscuridad.

ASCENDER ¿QUÉ?

Como ya vimos hace unos cuantos capítulos, la oscuridad es la parte de esta realidad dimensional contenida en la densidad. Esta densidad existe para iluminar las posibilidades que no están en el campo del amor. Recuerda que vivimos en una realidad cuántica de posibilidades infinitas, y eso significa que *todas* las posibilidades existen, incluidas aquellas que no están alineadas con el amor. Mucha gente las ve como algo independiente de Dios y, de ese modo, interpreta erróneamente que la oscuridad misma es independiente de Dios y de la unicidad que todo lo engloba. Y esto es falso.

La unicidad es infinita y eterna y, por ello, está contenida en un campo de conciencia que se expande mucho más allá de los límites de la percepción y el entendimiento del ser humano. Dios no es uno de nosotros. Y, si bien nos imbuyó libre albedrío, que nos aporta unos poderes creativos similares a los suyos, nuestra capacidad de creación no es la misma. El libre albedrío es la capacidad que tienen las personas para elegir entre todas las posibilidades que existen. Dios *es* todas las posibilidades que existen. No es una caja ni un destino fijo. Es expansión eterna y, en esa expansión, nosotros, los seres humanos, tenemos voluntad soberana para crear. Esto significa que podemos crear formas que estén alineadas con el amor y otras que no lo estén. Sin embargo, esa creación sigue estando incluida en la unicidad que constituye toda la posibilidad, que es Dios.

La densidad que comprende la oscuridad, cuando se utiliza inteligentemente, genera la fricción necesaria para impulsar nuestra evolución. Como ya he explicado, la Tierra no es un planeta de perfección, sino de perfeccionamiento. Tomamos la decisión de encarnarnos en él para aprender, para crecer. La densidad que contiene la oscuridad, cuando se utiliza inteligentemente, es en realidad una herramienta para la evolución humana. Cuanto más nos permitimos abrirnos y aceptar *todos* los ámbitos de posibilidad, más crece nuestra mente y más se extiende hacia niveles elevados de conciencia. Esto significa darnos permiso para percibir la densidad que comprende la oscuridad sin juzgarla, sin sentir aversión hacia ella, sin oponernos. Así es como expandimos nuestra conciencia.

Sin embargo, como Dios concedió a los seres humanos libre albedrío para crear lo que queramos, nosotros hemos elegido utilizar esta densidad para generar estructuras y sistemas de creencias que limitan nuestra capacidad para expandir nuestra conciencia. Reaccionamos ante la densidad y la juzgamos como una obstrucción, en lugar de percibirla como una energía neutra que podemos transmutar y transformar. Este juicio es lo que mantiene a los seres humanos atascados en la dualidad, en la que percibimos erróneamente estas opciones como fuerzas diametralmente opuestas, y eso nos mantiene atrapados en un embrollo cuántico perpetuo de correcto frente a incorrecto, bien frente a mal, en lugar de percibir estas diferentes formas de energía como opciones que nos permiten elegir con cuáles alineamos nuestras energías y con cuáles no.

Para embarullar todavía más el problema de esta orientación debemos tener en cuenta la tendencia humana a aplicar todo tipo de normas, etiquetas e identidades a cada campo dual con el que decidimos alinearnos y a clasificar a los demás según el campo que eligen. Tales conceptos identitarios mantienen a las personas atrapadas dentro de las limitaciones que han impuesto a estos campos duales. Así, en lugar de aprender de estas energías más densas, de comprenderlas y utilizarlas como herramientas educativas para desarrollar nuestras capacidades creativas en un universo en expansión infinita, las juzgamos como equivocadas, como malas, como peores, y luego nos alineamos oponiéndonos a ellas por medio de normas, etiquetas e identidades. De ese modo nos sentimos virtuosos, lo que acaba impidiéndonos experimentar la unicidad que existe.

LA OSCURIDAD NO TIENE COLMILLOS

En el nivel físico, la oscuridad es el ámbito que alberga todo aquello que no está alineado con el amor. A mucha gente le evoca todo tipo de visiones dramáticas de demonios con tridentes y monstruos con garras y aliento apestoso. Pero la oscuridad no es eso. Ni de lejos.

La religión nos ha programado para que asociemos la oscuridad con formas e imágenes terroríficas. De este modo, todos la temeremos y la juzgaremos, en lugar de utilizarla. Recuerda que la religión es una herramienta de la matriz para impedir que los seres humanos desarrollen su propia relación auténtica con el Espíritu y para mantenernos atados a las frecuencias energéticas de carencia, limitación, miedo y discordia que avivan la oscuridad. Estas imágenes e historias sirven para perpetuar las energías que alimentan el plano oscuro y, al mismo tiempo, para manipular a la gente y hacer creer que la oscuridad es algo que debe evitarse a toda costa.

En realidad, la oscuridad no tiene forma en sí misma ni por sí misma. Se limita a ponerse los vestidos que los seres humanos proyectan sobre ella y aparece en sueños, visiones, atisbos por encima del hombro y estancias en el mundo espiritual basándose en aquellos miedos e imágenes que albergamos en nuestra imaginación (que son los miedos e imágenes con los que la matriz programó a los seres humanos). Esta es otra de las razones que me llevan a no ver películas de miedo. No necesito que la oscuridad aparezca en mi cuarto en forma de zombi chupador de sangre o demonio que respira fuego, gracias.

LA OSCURIDAD ES...

Por tanto, si la oscuridad no son los monstruos, los vampiros ni los duendes, como nos habían hecho creer, ¿cómo se muestra en esta realidad? Una buena pregunta. La forma en la que se muestra en esta realidad es como una voz sin cuerpo que susurra en tu cabeza: *No puedes*, o *No eres suficientemente bueno*, o *Todo el mundo se va a reír de ti*. Aunque no sea necesariamente demoníaca, esa vocecilla resulta insidiosa e increíblemente destructiva, porque su fin es quitarnos el poder, aislarnos e impedir que seamos conscientes de nuestro potencial y de nuestro propósito... y le dejamos hacerlo.

Como ser humano encarnado en el planeta Tierra, probablemente hayas experimentado este tipo de interacción con la oscuridad al menos una docena de veces en el día de hoy, si no en esta *hora*. La oscuridad se cuela en nuestra mente como un pensamiento negativo. Cuanto más nos centramos en él, más acceso a nuestro ser ofrecemos a la oscuridad. Centrar nuestra atención en los pensamientos negativos que genera la oscuridad es prácticamente lo mismo que abrirle la puerta, invitarla a café con pastas y decirle: *Hola, Oscuridad. Ven a llenar de mierda todo mi paisaje interior y a joder mi campo vibratorio. ¿Quieres un poco de leche de almendras para el café o la preferirías de cáñamo?*

El asunto es: ¿con quién estaríamos hablando? ¿De quién es esa voz que quiere que pensemos cosas tan malas de nosotros mismos? Bueno, esto puede resultar difícil de tragar, pero, créeme, la verdad pura y dura es que las voces que oímos en nuestra cabeza son de espíritus del inframundo. Son las voces de nuestros hermanos y hermanas que están atascados en la oscuridad y necesitan nuestra ayuda para volver a la luz.

LA SITUACIÓN DEL INFRAMUNDO

El inframundo es un plano concreto de la oscuridad, algo así como una ciudad o una región, que se mantiene gracias a la discordia humana. A pesar de lo que digan los cuentos de hadas, no está habitado por demonios macrófagos, diablos ni monstruos. Los seres que lo pueblan son personas que vivieron antes que nosotros y que se han quedado aferradas a determinadas energías por las que no pudieron perdonarse cuando estaban encarnadas. Cuando morimos, se nos muestra todo lo que hemos hecho durante nuestra vida y cómo nuestras elecciones, actos y conductas afectaron a todos los que nos rodeaban y al mundo en su conjunto. Solo si somos capaces de dejarlo ir todo con amor incondicional y aceptación quedamos libres para pasar a otras experiencias dimensionales, a una nueva encarnación sobre la Tierra o a lo que elijamos. Sin embargo, si nos permitimos quedarnos atascados en el juicio y la oposición a la oscuridad que nosotros mismos representamos mientras estábamos aquí, en la Tierra, y si no podemos dejar atrás todo esto, nos envían al inframundo, que es un plano concreto de la oscuridad que nosotros, como seres humanos encarnados, estamos encargados de limpiar.

El inframundo depende de la discordia humana para alimentar a sus habitantes y por eso se esfuerza tanto en generar miedo, carencia y limitación entre las personas de la Tierra. Funciona de la siguiente manera: los espíritus, que tienen un aspecto tan humano como tú y como yo y que actúan igual que nosotros, utilizan determinados algoritmos neurológicos para acceder a la conciencia de los seres humanos cuyo trauma no integrado tiene la misma frecuencia que los problemas a los que ellos mismos se siguen aferrando. Pongamos que tienes problemas de confianza hacia las figuras de autoridad masculinas por un incidente que sufriste con un sacerdote cuando eras niño. Si no has sanado ese trauma ni has integrado las lecciones que te aportó, lo más probable será que atraigas a un espíritu del inframundo que haya sufrido un trauma similar y que haya tenido que afrontar unos problemas con respecto a la confianza parecidos que le inspiraron a poner en práctica determinadas conductas o actos en su vida de los que no pudo perdonarse al morir.

Los espíritus necesitan el miedo para sobrevivir. No pueden alimentarse de la luz, porque esta es amor puro. Por eso se infiltran en las mentes de las personas de la Tierra y las corrompen con miedo, carencia, duda, separación y cualquier otro asunto no resuelto que los espíritus que están unidos a nosotros necesiten trabajar. Por eso las personas sufren carencia, por eso tienen miedo, por eso se limitan a sí mismas, porque escuchan los pensamientos negativos que los espíritus generan en su cabeza, los asimilan y les entregan su poder.

Sin embargo, a los seres humanos les gustan sus espíritus del inframundo

Lo cierto es que la mayoría de los seres humanos no quieren asumir su poder. En este sentido, la oscuridad es como ese amigo de vibraciones bajas que ejerció una mala influencia en ti porque te permitió limitarte y sabotearte para que siguieras generando las energías que lo alimentaban. La oscuridad es ese chupador de energía codependiente que jalea tu desempoderamiento.

La mayoría de las personas tienen miedo de alinearse con la luz, porque eso significa aceptar nuestra responsabilidad como creadores. El ser humano ya está sometido a demasiada presión de supervivencia por la tensión que le provocan las facturas, la burocracia, las primas de los seguros, los niños, la deuda de la tarjeta de crédito, la hipoteca, el nivel de colesterol y demás. El programa de supervivencia que nos impone la matriz chupa un montón de energía que podríamos dedicar a centrarnos en lo que somos y en lo que queremos crear. Sin embargo, como la mayoría de las personas tienen que hacer malabarismos con todas sus tareas pendientes, no cuentan con el ancho de banda necesario para crear nuevas realidades. Por eso, la idea de contar con algún tipo de poder creativo se convierte en algo abrumador, porque no podemos acceder a él a menos que conozcamos nuestro auténtico yo. Conocerlo significaría disponer del tiempo, la energía y el apoyo necesarios para aprender sobre él y desarrollarlo dentro de un sistema que hace todo lo que está en su mano para disuadirnos de ello.

De esta forma, la organización crea una relación codependiente y simbiótica entre los seres humanos y sus espíritus del inframundo en la cual los primeros se ocupan de mantenerse estancados inventando excusas, esquivando la responsabilidad y achicándose mientras la oscuridad se alimenta de su discordia y su miseria. Así tenemos a todos esos borregos funcionando con el piloto automático y entregando su poder a los espíritus que habitan en su cabeza, cuando lo que en realidad deberían estar haciendo es llevarlos a la luz.

La oscuridad no te odia

La oscuridad está dedicada a mantener su plano dimensional, porque, mientras consiga sostenerlo, los seres que habitan en ella estarán a salvo. Recuerda que no es malvada. El concepto de malvado es un juicio basado en los complejos de dualidad de los humanos. La oscuridad no tiene un programa perverso, y los espíritus del inframundo no se dedican a fastidiar a las personas solo por ser mezquinos. Los seres humanos son muy narcisistas. Sería como decir que somos malvados por matar vacas y cabras para alimentarnos o como acusar a la gente de ser mezquina con las margaritas y el cilantro cuando cortamos sus tallos. Es absurdo. La oscuridad no esclaviza a las personas y se alimenta de su miedo porque nos odie. Solo está haciendo lo que necesita para sobrevivir. Créeme, no todo gira alrededor de las personas todo el tiempo, en cualquier plano dimensional de la existencia.

La oscuridad ha creado esta estructura intrincada y toma todas estas medidas tan elaboradas para crear discordia en la Tierra y así poder servir a los seres que habitan en su dimensión. Resulta casi tierno, porque se toma muchísimas molestias para cuidar de los suyos. Lo que pasa es que los seres, por cuya alimentación se esfuerza tanto, no pertenecen a ese ámbito. Los espíritus del inframundo pertenecen a la luz.

La oscuridad necesita la luz

El inframundo es una especie de purgatorio. Es una estación de paso para las almas atascadas. Pero no es el tipo de plano que un ser consideraría su «hogar». Es como cuando nos retrasan un vuelo y tenemos que dormir en el suelo del aeropuerto, lavarnos las axilas en el baño y tomar un zumo en la cafetería. Está claro que, mientras estás allí, estás viviendo en el aeropuerto, pero no es tu hogar. No es tu plano. Por eso, aunque resulta admirable que la oscuridad muestre tanta fuerza para proporcionar un espacio seguro para sus espíritus, sus esfuerzos son inapropiados, porque no es el lugar en el que deben estar. Tienen que desarrollar sus propias historias, y eso significa que lo que realmente deben hacer es salir de la oscuridad y llegar a la luz para así poder continuar realizando su propio viaje.

Y es aquí donde entramos en escena. Los espíritus no pueden salir por sí mismos del inframundo. Necesitan un recipiente encarnado que los escolte hasta la luz. Y ese eres tú. Eres el que aclara su redención. Los humanos son los seres a los que el Espíritu ha confiado la tarea de llevar los espíritus de la oscuridad a la luz. Esta es otra de las razones por las cuales nos reprenden con pensamientos negativos después de aferrarse a las frecuencias de nuestros traumas, con las que se identifican. Están intentando llamarnos la atención para que nos demos cuenta de que están con nosotros y lo solucionemos. Somos como custodios cósmicos que hemos venido para limpiar la oscuridad y llevarla a la luz.

Trauma

Los traumas no resueltos son como imanes para los espíritus. Los traumas en sí resuenan en una frecuencia que atrae a aquellos espíritus cuyos propios asuntos no resueltos se identifican vibratoriamente con ellos y que guiarán los acontecimientos de nuestra vida para afirmar el trauma y las creencias que genera. Por eso, si existe un trauma subyacente que está generando la creencia inconsciente de que *Quiero estar enfadado con el mundo*, necesito razones para estar enfadado con el mundo y así darme permiso para estarlo. De ese modo, el trauma atraerá a un espíritu del inframundo que me conecte con personas que me traicionen y sucesos que me cabreen, mientras susurra a mi oído lo exasperante que resulta todo y me da así muchas razones para estar enfadado con el mundo.

Los traumas son una energía atrapada que no ha sido correctamente liberada del cuerpo físico o emocional. La mente se aferra a ella porque está esperando algo para abordar el trauma con amor y decirle que todo va a salir bien. Los traumas son un portal hacia emociones de nuestro pasado que están intentando captar nuestra atención para que podamos reconocerlas, asumirlas y seguir avanzando. Sin embargo, cuando no se pasa este portal y no se reconocen ni se asumen estas energías atrapadas, sino que se espera a que llegue algún salvador imaginario que lo haga por nosotros, las energías se calcifican en el cuerpo y generan una creencia que afirma que algo salió mal y que podría volver a pasar. Esto distorsiona las decisiones futuras, vuelve loco al sistema nervioso y programa la realidad en consecuencia. Además, atrae a los espíritus del inframundo.

RECONOCE A TUS DIBUJANTES

Todo pensamiento que no sea amor puro no procede de ti; viene de la oscuridad. Eso significa que, siempre que escuches un pensamiento negativo en tu cabeza, puedes estar seguro de que se trata de un espíritu y de que proviene de la oscuridad. Por eso las voces de tu cabeza —lo que yo llamo *dibujantes*— tienen que reconocerse inmediatamente. La mayor parte de la gente escucha una y sigue adelante con ella. No se esfuerzan lo más mínimo por averiguar a quién pertenece ni de dónde procede. De este modo se dejan manipular por ellas y estas se descontrolan y distorsionan la psique. Sería mucho mejor que tuvieran los recursos necesarios para darse cuenta y decir: *Vaya, esto no soy yo, es un espíritu*, y luego tratarlo de la manera más adecuada.

Es importante reconocer lo antes posible los pensamientos que surgen en nuestra cabeza. Esto significa que, cuando oigamos un pensamiento negativo, debemos invocar el factor femenino, examinar nuestro cuerpo emocional y tomar nota de cómo nos hacen sentir. ¿Me siento estimulado? ¿Me siento alimentado? ¿Me siento honrado? ¿Me siento respetado? ¿Me siento empoderado? ¿Me siento bien? Si obtenemos un puñado de noes, sabremos que estamos tratando con un espíritu del inframundo. En ese momento debemos preguntarle a bocajarro: «¿Eres del inframundo, espíritu?». Si obtenemos un sí, sabremos que ha llegado el momento de transportarlo a la luz.

AVK (AUDITIVO, VISUAL, KINESTÉSICO)

La comunicación espiritual se recibe de tres formas: a través de sonidos, a través de imágenes y a través de sensaciones. Algunas personas son auditivas, otras visuales y otras kinestésicas. La opción sensorial que te resulte más fácil o más fuerte es aquella que utilizará el espíritu.

Para que podamos permitirnos escuchar a los espíritus, la voz que oímos suena como la nuestra. Así como la oscuridad adopta formas que ya tenemos en nuestra imaginación, los espíritus utilizan nuestra propia voz para que los escuchemos.

Las personas kinestésicas perciben determinadas sensaciones en ciertas partes del cuerpo y aprenden por experiencia lo que significan. Las visuales reciben imágenes en el ojo de la mente, sobre objetos o en superficies reflectantes como el vidrio o los espejos.

Tengo una cliente a la que no se le da muy bien oír ni sentir. Es visual. Acudió a mí en busca de orientación cuando sacó de su vida a su suegra. Yo la conduje por una meditación en la que vio una imagen de dos personas abrazándose y ella lo interpretó como que debería arreglar la relación.

Por nuestra forma de hablar podemos saber con qué sentido nos sentimos más cómodos. Los kinestésicos suelen decir cosas como «Te siento» o «Siento que _____ ». Los auditivos dicen: «Te escucho» o »Suena como si _____ ». Los visuales, por su parte, dicen: «Veo lo que me quieres decir». Yo siempre sé con qué sentido van a estar más cómodos mis clientes por las palabras que usan.

Aquella vez en que mi amigo no reconoció la voz de su cabeza

Mucha gente cree que la idea de hablar con los espíritus que se enmascaran en las voces de nuestra cabeza es de locos. Debo asegurarte, sin embargo, que los auténticos locos son los que no se cuestionan sus pensamientos ni abordan a sus espíritus. Es a estos a los que debes vigilar, porque son los que pierden la cabeza.

Mi amigo Stephen decidió que iba a irse a vivir en mitad de un bosque de la costa noroccidental del Pacífico sin ningún tipo de suministros y rodeado de naturaleza. Este pensamiento le surgió de repente (*Ah, aquí estás, espíritu del inframundo*) y ni siquiera se le ocurrió cuestionárselo. Cuando me llamó para contarme su plan, supe que no era una buena idea.

—¿Por qué no tomas al menos unas clases de botánica —le sugerí— o de horticultura?

La gente cree que discernir la presencia de sus espíritus es simple palabrería chamánica, cuando en realidad resulta muy útil. ¿Cómo creía Stephen que iba a sobrevivir en mitad de la naturaleza sin contar con ninguna habilidad? Al final no dio las clases que le sugerí ni se paró a interrogar a la voz que le decía que se mudara a una cabaña sin electricidad en medio del bosque y murió por comer cicuta.

Truco espiritual: Espíritu, ve hacia la luz

Dada la intensidad y la aceleración del Apagón, tenemos que empezar a actuar y a hacer lo que nos corresponde para devolver el equilibrio al planeta. Esto significa limpiar la situación de los espíritus del inframundo y escoltar a nuestros hermanos y hermanas a la luz, que es donde deben estar.

Este truco espiritual debe hacerse de pie, porque a los espíritus del inframundo les gusta dormirte. Asegúrate de estar en una postura fuerte y poderosa, con los brazos cruzados sobre el pecho, para que la oscuridad no pueda joderte.

PASO 1: INTERROGA A LOS DIBUJANTES

• Pregunta a la voz: «¿De dónde vienes, espíritu?».

Lo primero que debes hacer es cuestionar cualquier voz de tu cabeza que no provenga del amor y que no eleve tu espíritu. Esto significa preguntarle a bocajarro si procede de la oscuridad.

• Utiliza tu herramienta sensorial AVK para recibir la respuesta del espíritu y cuestiónala para conocerte a ti mismo.

Cuando recibas la confirmación de que estás tratando con un espíritu del inframundo, debes aprovechar la ventaja de tu proximidad y recabar más información para aclarar por qué está en tu campo.

Estas son algunas preguntas que puedes hacerle:

«¿Cómo me estás sirviendo, espíritu?».
«¿Qué beneficios me ofreces?».
«¿Por qué me he aferrado a ti durante tanto tiempo?».

Imaginemos que oyes una voz que te dice: *Lo estás haciendo mal.*
Debes enfrentarte a ella y preguntarle: «¿Quién eres tú para decirme que todo lo hago mal?», «¿De dónde procedes?».

El espíritu responderá algo como: *Soy la voz que te mantiene achicado. Procedo de la oscuridad.*

Ahora ya tienes la confirmación de que se trata de un espíritu del inframundo. Estupendo. A continuación, puedes preguntarle algo como: «¿Qué saco con achicarme?», y luego seguir ese camino de preguntas para aclarar dónde y por qué te estás escondiendo.

Lo que no debes hacer es ponerte borde con el espíritu. Quizá te surjan algunas emociones relacionadas con los problemas que el espíritu está representando contigo, pero no debes echárselas en cara ni dejar que estas te descentren (tu centro es el amor incondicional y la aceptación). Si abordas a un espíritu a través de la lente del juicio, no vas a aclarar en absoluto por qué está en tu vida y, definitivamente, no vas a poder enviarlo a la luz.

En caso de SET (sordera espiritual temporal)

Si no oyes las respuestas de los espíritus a tus preguntas es porque tienes miedo de oírlas. Los espíritus jamás se guardan información.

Mi tío me enseñó este truco espiritual cuando era niño, cuando mi miedo a la oscuridad me impedía oír a los espíritus. Es un proceso en dos pasos y siempre funciona.

1. Da cinco palmadas diciendo en voz alta con cada una: «No tengo miedo de enfrentarme a la oscuridad».

Dar palmadas es una técnica chamánica tradicional para romper bloqueos, miedos y estancamiento. Asegúrate de darlas con fuerza y convicción. El sonido que hagan debe ser agudo y fuerte.

2. A continuación, di en voz alta: «Sé que tienes miedo, pero estoy aquí contigo. No voy a abandonarte. Estás completamente seguro conmigo. Te quiero. Puedes dejar hablar a la oscuridad. Estás totalmente protegido. Eres poderosísimo. Puedes oír a la oscuridad, a los espíritus, y te resulta fácil».

Utilicé este truco espiritual con un mexicano, muy macho él, que acudió a una de mis clases con su mujer. Ya de primeras me espetó a la cara que no creía en ninguna de mis mamarrachadas chamánicas. Yo le senté en una silla delante de la clase y le conduje por estos pasos y, al cabo de dos minutos, empezaron a rodarle por la cara unos lagrimones como puños mientras charlaba con sus guías como si fuesen unos amigos a los que había perdido hacía mucho tiempo. Toda la clase lloraba. Hoy en día, este tipo me sigue en Instagram y no deja de hacer comentarios. Es un creyente absolutamente convencido.

PASO 2: ¡ENVÍA A ESOS CABRONES A LA LUZ!

Cuando hayas terminado de interrogar al espíritu, estarás listo para llevarlo a la luz y para cerrar de forma radical esta invasión tan desempoderadora del pensamiento que lleva fastidiándote desde Dios sabe cuándo.

- Di: «Espíritu, te llevo a la luz, a un lugar de amor incondicional, comodidad, aceptación y libertad».
- A continuación, pregunta: «¿Cómo te sientes ahora que estás en la luz, espíritu?».

Es importante recibir confirmación del espíritu después de haberlo transportado a la luz para saber así que tus esfuerzos han sido fructíferos y que el espíritu ha salido para siempre de tu campo. Además, la confirmación siempre resulta útil y estimulante cuando estamos practicando nuestras habilidades chamánicas.

- Cuando el espíritu te haya confirmado que está en la luz, pregúntale: «Espíritu, ¿tienes algún conocimiento que quieras compartir conmigo ahora que ya estás en la luz?».

Porque, ¿sabes?, resulta que, ahora que el espíritu está en la luz, habla desde la conciencia de la inteligencia de luz. Cuando transportamos allí a un espíritu, este pasa de ser un incordio a convertirse en una gran ayuda. Recuerda que estuvisteis durante un tiempo energéticamente entremezclados y que eres el que lo ha liberado de la oscuridad y facilitado su regreso a la luz. Ahora te está devolviendo el favor. En el momento en que se reúne con la luz, se convierte en parte de tu fuerza espiritual para apoyarte desde el plano de la luz como un aliado fiable al que puedes recurrir siempre que lo necesites.

- Ofrécele tu gratitud y despídete de él con cariño.

Después de haber recibido la sabiduría y las enseñanzas del espíritu, dale las gracias y despídete de él, porque así lo hace la gente bien educada, y a ti no te criaron en un establo.

Tu fuerza espiritual es algo importante y muy bueno

Yo estoy llevando espíritus a la luz constantemente. Una vez tuve que tratar con uno que me estaba generando un montón de odio hacia mí mismo. Después de interrogarle y de llevarlo a la luz, le pregunté si tenía algún conocimiento que ofrecerme. Me enseñó que, cuanto más amo, más amor tengo para dar; que cuanto más abrazo a la gente con amor, más poderoso me vuelvo. Y al decir *poderoso* no me estoy refiriendo a un poder basado en mediar sobre los demás, sino al que obtengo de mi devoción por ser un sirviente de amor y sanación para la humanidad, por ayudar a la humanidad a pasar a una conciencia nueva llevando mi amor a una altura mayor y expandiendo mi capacidad para sostener, dar, compartir y emanar amor. Ese espíritu me aportó una perspectiva completamente nueva sobre el amor que me permitió superar mi programación parental, según la cual *el amor es dolor o amor es que alguien te compre algo*, y ser capaz de amar por el hecho de amar, por el simple hecho de amar, y saber, con cada fibra de mi ser, que a través de mi amor surge la transformación.

Amor y luz, y una mierda

Conozco a muchos tipos de la Nueva Era que afirman estar completamente centrados en el amor y la luz, porque suena bien, porque está de moda. Lo que pasa es que no dicen más que tonterías. Son ese tipo de gente que no se dignarían a plantearse la posibilidad de llevar a un espíritu del inframundo a la luz, porque es demasiado oscuro, tiene una vibración demasiado baja, no encaja en la marca de amor y luz, ya que, según las redes sociales, debería tener un aspecto y una etiqueta de amor y luz. Esta gente no tiene ni idea de lo que habla.

No puedes afirmar que estás plenamente dedicado al amor y a la luz si no eres capaz de enfrentarte a la oscuridad. A la conciencia de la luz no le influyen los espíritus del inframundo, ni las emociones negativas, ni cualquier falta de amor que podamos sentir. Es la conciencia que ama infinitamente, de forma constante, incondicionalmente y sin fecha de caducidad. La luz no huye de la oscuridad, no se rinde ante la dualidad, no cede ante la mentira de la separación. Mantiene su posición y sigue haciéndolo hasta que la oscuridad se da por vencida, se rinde y armoniza su vibración con la única verdad que existe: la luz.

Muchos de los que se asoman a la escena espiritual de la Nueva Era están cegados por su falta de comprensión de lo que son el amor y la luz, y por eso no reconocen nada que contradiga su punto de vista, que es: *La oscuridad no existe si yo pretendo que no existe.* Esta negación fue la que nos metió en el Apagón y la que va a terminar con la especie a menos que abordemos la oscuridad, y pronto.

Aquella vez en que aprendí a abordar la oscuridad con amor

Cuando tenía catorce años, la oscuridad se apareció en mi cuarto en forma de un puñado de demonios. Como en mi conciencia había dado validez a esas imágenes, la oscuridad me las proyectó de nuevo y..., *voilá*, demonios. Yo invoqué una espada en el plano astral y empecé combatirlos con ella. A un observador externo le habría parecido que estaba acostado en mi cama soñando algo con gran intensidad. Sin embargo, en el plano astral, yo estaba en guerra.

Entonces se me apareció un ángel. Parecía una persona normal, pero yo no me lo creí.

—¿Es este el aspecto que tienes de verdad? —le pregunté, aferrado aún a mi espada.

El ángel se transformó inmediatamente en su verdadera forma. Era muy alto, muy delgado, como un extraterrestre de fuego blanco con rayos de luz saliendo de su interior. Las alas parecían hechas de un líquido gelatinoso opalescente. No tenía el cuerpo lleno de ojos visibles, pero daba la sensación de tenerlos, porque todo él era un aparato sensorial y estaba claro que lo veía todo.

Me dijo que yo había olvidado la verdad de por qué había venido a la Tierra, y que quería mostrarme algo. De repente me encontré montado en un caballo blanco, en una escena salida directamente de *Braveheart*. Dirigía un ejército de personas de todas las razas, culturas y edades, que sabía que procedían de la luz. Enfrente de nosotros, en aquel inmenso campo verde, había otro ejército formado por asesinos, violadores, brujas, hechiceros malvados y todo tipo de seres de aspecto despreciable procedentes de la oscuridad.

Conduje al ejército de luz en una carga sobre el prado con las armas en la mano. Un brujo poderoso y viejo apareció delante de mí riéndose en mi cara.

—¡El niño de la luz! —gritó—. ¡JA! Mira que eres tonto.

Y golpeó el suelo con su bastón. Una serpiente de fuego salió de la tierra deslizándose, saltó al aire, cruzó el campo a toda velocidad y penetró directamente en el centro de mi cuerpo abriendo un agujero grande y quemado en mitad de mi pecho. Dolía como la madre que lo parió. Tumbado sobre el campo, tosiendo sangre, alcé la vista y vi que el ejército de luz era vencido a mi alrededor y sus miembros morían a manos de la oscuridad.

Oí una voz que decía:

—¡Otra vez!

De repente volví a estar sobre el caballo preparando a mi ejército de luz para cargar una vez más. Les indiqué que bajaran las armas, que íbamos a combatir con los puños y con nuestra magia.

Cuando nos lanzamos al ataque, una mujer de piel pálida y ojos rojos de fuego apareció delante de mí. Se burló y se rio. Agitó las manos en el aire y conjuró un montón de símbolos místicos que provocaron una erupción de enormes forúnculos en todo mi cuerpo que reventaban expulsando sangre y todo tipo de inmundicias.

—¿Este es el niño de la luz que ha venido para despertar a las personas? —se carcajeó mientras yo permanecía tumbado sangrando y mi ejército de luz se hundía a mi alrededor—. ¿Este es el niño de la luz que ha venido para ayudarlas a recordar la verdad?

Y entonces oí la misma voz que decía:

—¡Otra vez!

Y volví a estar a lomos de mi caballo.

—¿Qué haces, niño de la luz? —preguntó el general uniformado que apareció de repente por encima de mi hombro.

Una vez más me dirigí al ejército de luz mientras nos preparábamos para lanzarnos a la carga hacia el otro lado del campo, donde los seres de la oscuridad se burlaban de nosotros.

—No podemos luchar con los puños —chillé por encima de las voces, las risas y los gritos que venían del ejército oscuro—. ¡No podemos luchar con magia! ¡No podemos luchar con armas! ¡Solo hay una cosa que podamos hacer!

Indiqué a mi ejército de luz que pensaran en alguien a quien amaran. Luego les dije que se cogieran de las manos y que cruzaran conmigo el campo para saludar a nuestros hermanos y hermanas. Les ordené que mantuvieran ese pensamiento de amor en su conciencia y que lo hicieran irradiar hacia el ejército oscuro con una devoción inquebrantable, con independencia de las armas o la magia que ellos intentaran utilizar contra nosotros.

Cogidos de la mano cruzamos el campo irradiando amor directamente desde nuestros corazones, mientras los seres de la oscuridad corrían hacia nosotros con cuchillos, dagas y armas mágicas. A medida que la luz los iba golpeando uno por uno, surgían del otro lado con forma humana y vestidos de blanco. Su rostro se iluminaba al recordarse a sí mismos y a los demás y sus mejillas se humedecían con lágrimas de felicidad al reunirse con la gente que en un tiempo habían conocido.

En mitad de esta feliz reunión, un grupo de piedras enormes con círculos grabados emergió del suelo en formación geométrica, como si fuese Stonehenge. En el centro estaba una anciana druida llamada Helga. Me llamó, me colgó del cuello un medallón de oro y me dijo que alzara la vista. Al levantar la barbilla hacia el cielo pude ver docenas de ángeles flotando en círculo sobre nosotros.

—¿Entiendes lo que hay que hacer, niño de la luz? —me preguntó.

—Sí —respondí.

—No puedes combatir la oscuridad con ira —me dijo confirmando la lección que acababa de aprender—. Debes abordarla siempre con amor.

Esa fue la última vez que los seres del inframundo se me aparecieron en forma de demonios. Ahora lo hacen como personas, como mis hermanos y hermanas, y yo siempre siempre los trato —a ellos y a toda la oscuridad— con amor.

ABORDA LA OSCURIDAD

El chamanismo se centra en abordar las cosas. Cuando encontramos algo que no entendemos, no juzgamos, no nos contraemos, no atacamos, no enterramos la cabeza en la arena y, definitivamente, no huimos: lo abordamos. Decimos: *Eh, voz de fatalidad, ¿quién eres? Ah, eres un dibujante. Vale, lo capto. ¿Por qué estás aquí? ¿Cómo me estás sirviendo? ¿Cuál es tu medicina? Chachi. A la luz que te vas, chato.* Y entonces cogemos la sabiduría y dejamos que nos impulse en nuestro camino petazeta...

Nuestra negativa a abordar nuestra sombra colectiva nos ha convertido en una cultura arrogante, ciegamente dedicada al consumo y al beneficio económico y ajena a la magnitud del sufrimiento y la discordia que hemos generado para lograrlo. Esta perspectiva distorsionada está limitando enormemente el espectro de la evolución, que está disponible para nosotros, en unos momentos en los que la humanidad necesita expandir su capacidad para evolucionar. No estamos siendo honestos respecto a lo que gastamos, a nuestra corrupción o a nuestra adicción al petróleo, al azúcar, a las pantallas y a la duda. Tampoco lo estamos siendo en cuanto a la falta de respeto que mostramos hacia nuestro planeta, nuestro cuerpo y nuestros congéneres.

El Apagón marca un punto de inflexión en el que los seres humanos no tienen más posibilidad de elección que asumir la responsabilidad de la oscuridad que estamos perpetuando aquí, en la Tierra, la oscuridad de la que nos escondemos, de la que estamos echando la culpa a todo el mundo y considerándonos víctimas nosotros mismos.

MVP

En la actualidad, los seres humanos están sometidos a un ataque en toda regla del programa de victimismo. La matriz inunda a las masas con ideas falsas acerca de las virtudes del victimismo, de su valor, y lo hace con una intensidad asombrosa. De este modo lo está convirtiendo en un deporte de competición en el que la gente lucha a brazo partido por obtener el título de Mayor Víctima del Planeta. Este programa es como un virus que se extiende con rapidez y ferocidad gracias al cotilleo y la filtración; el cotilleo es la lente a través de la cual se distorsionan, mediante conversaciones con otras personas, los datos que reciben los individuos. La filtración, por su parte, es la lente a través de la cual los medios de comunicación distorsionan para las masas los acontecimientos que están teniendo lugar.

Para programar a las personas y controlar sus mentes, el sistema se vale de los medios de comunicación. Esas empresas de noticias en las que tanto confiamos manipulan la información que están difundiendo para desempoderar deliberadamente a la población. Ya no cuentan las historias objetivamente y de una forma que permita al público poner en marcha su pensamiento crítico y extraer sus propias conclusiones. Nos dicen lo que debemos pensar, lo que debemos sentir, y sesgan sus historias para que cumplan el objetivo del sistema, que es obtener beneficios económicos, dividir y controlar. Filtran datos objetivos a través del miedo, la carencia, la dualidad y la negatividad, y mediante la vieja fórmula que enfrenta a un agresor malvado con una víctima inocente.

La inmensa mayoría de las películas de Hollywood adoctrinan a los espectadores para que crean que los que más sufren y los que soportan las mayores penalidades son los que acaban llegando a la cumbre. Esta programación no hace sino exacerbar la desconexión que los seres humanos ya están experimentando a la hora de elevarse espiritual, mental y emocionalmente —por decisión propia—, porque el sistema no nos enseña cómo hacerlo, no nos anima a probar y no nos ofrece modelos o mitos que puedan inspirarnos a imitarlos. Los medios de comunicación no trafican con historias sobre evolución consciente o transformación deliberada, porque aquellos que eligen este tipo de crecimiento no son personas influyentes que se puedan vender en una cultura que reza a los pies del victimismo. Por eso mezclamos nuestra elevación con dolor y sufrimiento, porque nos han inculcado la falsa creencia de que la adversidad es el camino para la plenitud. Qué espanto.

Sin embargo, no son solo los medios de comunicación y de entretenimiento los que propagan el programa de victimismo. La religión organizada no solo participa en la represión de las masas, sino que, además, favorece su desempoderamiento. Analiza toda la narrativa de Jesús: es la peor campaña de relaciones públicas de toda la historia. Millones y millones de personas adoran esta imagen de un hombre en paños menores, clavado en una cruz, sangrando por la cabeza, las manos y los pies, torturado hasta la muerte en el peor día de una vida por lo demás magnífica. ¿Y esa imagen es la que representa el legado de este hombre? ¿De verdad? ¿Estos devotos tienen el cuajo de colgarla en sus casas, de ponérsela al cuello, cuando es una evidencia inmensa y palpitante del victimismo? Si esa es la mejor imagen que podrían encontrar de ese mesías tan raro, no es de extrañar que vivamos en una cultura en la que la gente lucha por ganar el trofeo de MVP. Qué barbaridad.

Todo el mundo sufre

Por mucho que nos guste tener prosperidad y abundancia y manifestar cosas y experiencias maravillosas, lo cierto es que no vinimos a la Tierra para mimarnos constantemente con lujos. Vinimos para *hacer* algo, para elevar y cambiar, para crear, para transformar el sistema, que está acribillado de oscuridad. Y eso significa que, cuando nos encarnamos, accedemos a asumir obstáculos, dificultades, pérdidas, traumas, dolor, humillación, y todo ello con el objetivo de aprender acerca de nosotros mismos, crecer, enseñar y dirigir.

Todo el mundo sufre... hasta que aprendemos a no hacerlo. Pero, al encarnarnos en el planeta Tierra, nadie obtiene un pase libre que le permita saltarse los traumas, la tristeza, el terror y el dolor. Es parte del acuerdo. Por el simple hecho de que una persona tenga un color particular de piel, o una parte del cuerpo especial, o una estructura de creencias concretas, o un valor neto específico, no se hace inmune a la condición humana y a la rueda del sufrimiento en la que todos nos encarnamos.

En este momento hay personas en el planeta que afirman que su sufrimiento es mayor que el de los demás, que es más válido. Es una idea ridícula. En el sufrimiento no hay niveles. El sufrimiento es sufrimiento. La percepción que tiene de él cada persona se basa en su propia experiencia del dolor, en su relación con él. Algunas han sufrido mucho y, de ese modo, han desarrollado una tolerancia muy alta que les permite no sufrir por experiencias que provocan dolor a otras. Por eso, ofrecerles tu compasión por lo que percibes como sufrimiento es algo equivocado e inútil. ¿Qué valor tiene la compasión más que permitir a la persona que la ofrece sentirse superior a la otra? No resulta muy empoderador que digamos. La gente oye mi historia y dice: «Santo Dios, soy incapaz de imaginar lo mucho que has sufrido». Para mí, sin embargo, no supuso un sufrimiento. Fue una oportunidad para convertirme en Chamán Durek, para aprender a conocer la condición humana, la resiliencia, y poder llegar a ser un custodio de la naturaleza humana para ayudar a las personas a desarrollar una versión sobrehumana de sí mismas. No lo considero un sufrimiento en absoluto. Lo veo como una parte necesaria de mi auténtico camino.

ACEPTACIÓN

Las personas que operan en la conciencia de víctima buscan la compasión y la validación externa de aquellas partes de sí mismas que no están dispuestas a amar y aceptar. Como no quieren aportar amor y aceptación al fracaso de sus propias vidas, toman la decisión de colocarse como víctimas para racionalizar el dolor y el trauma que no están dispuestos a abordar. Es una pena que nuestra sociedad haya decidido recompensar esta orientación tan desempoderadora, sobre todo cuando la validación externa que reciben nuestras historias de victimismo no consigue calmar el dolor que intentamos enmascarar. La compasión no transmuta el dolor. Lo único que lo transforma es la aceptación.

La sanación se produce cuando aceptamos la realidad tal y como es, cuando reconocemos que todo sucede en pro del mayor bien de nuestro ser, que nuestro trauma nos conduce a algún lado. Quizá nos lleve a asentar más firmemente nuestro poder. Puede que nos permita asumir más responsabilidad en nuestra vida y nuestras relaciones. Es posible que nos ayude a comunicarnos con más claridad y compasión. Pueden ser muchas cosas. Sin embargo, jamás descubriremos adónde se supone que debe conducirnos nuestro sufrimiento si no aceptamos que ha sucedido, y que lo ha hecho en beneficio nuestro, y eso implica estar dispuesto a salir del concepto identitario de *ser una persona que ha sido herida*.

DEL VICTIMISMO A LA VICTORIA

Mira, bajo ninguna circunstancia estoy dispuesto a justificar una conducta que provoque daños a ningún ser. Sin embargo, vivimos en un mundo en cambio constante en el que cualquier cosa puede suceder en cualquier momento, poblado por un puñado de personas enfermas, traumatizadas, que buscan una víctima con la que compartir el dolor que sienten en su interior.

Cuando la vida se configura de una forma que nos hace experimentar traumas o en la que somos víctimas de abusos, dolor o mala suerte, no debemos refocilarnos en el sufrimiento, en la autoconmiseración, en el *pobrecito yo*. No debemos quedarnos en el victimismo. Debemos reconocer que, efectivamente, fuimos víctimas. Mira mi caso, por ejemplo. Efectivamente, fui acosado sexualmente por mi canguro cuando era niño. Fui maltratado por mi padre y por mi madrastra. Sí, todo eso sucedió y fui una víctima. Pero tomé la decisión de no seguir en esa actitud. Decidí utilizar mis experiencias como impulso para amplificarme y pasar del victimismo a la victoria. Todos debemos utilizar cada una de nuestras experiencias para impulsarnos hacia una repetición más grande de nosotros mismos, hacia el éxito y el empoderamiento... y no solo para nosotros como individuos, sino para la humanidad.

Ghandi fue una víctima. Nelson Mandela fue una víctima. Martin Luther King fue una víctima. Pero no se quedaron sentados lamentándose. Si lo hubiesen hecho, jamás habrían influido sobre la sociedad y el mundo como lo hicieron. No se aferraron a su calidad de víctimas. Siguieron avanzando y convirtieron sus experiencias en un material del que aprender, con el que crecer y con el que empoderarse.

Cuanto más profundizas en el camino chamánico, más comprendes que todo el dolor que has experimentado, todos los errores, fracasos, fallos de cálculo, todos los tropiezos, titubeos y bofetones han sido absoluta e inequívocamente necesarios para tu evolución. Cuando dejamos de enjuiciar nuestro pasado y lo aceptamos en su totalidad con amor, nuestros traumas y dolores se convierten en una fuente de mucho poder, sabiduría, coraje, fuerza y amor.

Aquella vez en que mi cliente fue apuñalada y, al final, acabó dándose cuenta de que había sido una bendición

Tuve una cliente llamada Jane a la que apuñalaron cuando salía del metro de Nueva York. Durante toda su vida, su mayor temor había sido ser apuñalada, así que no se sorprendió cuando le sucedió. Su recuperación fue larga y complicada. Estuvo meses ingresada en el hospital y, cuando le dieron el alta, le faltaba un riñón y tenía un grave astillamiento en el hombro. Cuando le pregunté si era capaz de aceptar lo que le había sucedido, si podía sentirse agradecida por lo que le había hecho su agresor, me dijo que no, que jamás aceptaría lo que le había sucedido ni perdonaría al hombre que la había apuñalado, ni mucho menos sentiría gratitud hacia él.

Le expliqué que, mientras no encontrara el camino hacia el agradecimiento, no aprendería la lección que le había enviado el Espíritu para ayudarla a evolucionar. Su respuesta inmediata fue preguntarme si creía que estaba bien que se violara y asesinara a los niños. Es curioso cómo mucha gente recurre a esta hipótesis cuando les invito a dar las gracias a los que consideran sus agresores. Es un retroceso a la conciencia de víctima habitual.

Yo le respondí que no, que no me parecía bien que hicieran daño a los niños, pero que eso no impedía que debamos utilizar todas nuestras experiencias vitales para elevarnos hacia un nivel más alto de conciencia. Le dije que era terrible que hubiera perdido un riñón, que era espantoso que hubiera tenido que pasar tanto tiempo en el hospital, tanto dolor, tanto tiempo de recuperación. Sin embargo, ninguna de esas cosas horribles cambiaba el hecho de que, para que su espíritu revelara el motivo oculto por el que la habían apuñalado, tuviera que encontrar una forma de sentirse agradecida y de extender esa gratitud a su atacante.

Tardó un tiempo, pero seis meses después volvió con un punto de vista muy diferente. Había encontrado el camino no solo a la gratitud, sino también al jiu-jitsu. Su experiencia en las clases de autodefensa removió algo oculto en lo más profundo de su ser que no había sentido jamás. Como maestra de preescolar, siempre había creído que su camino era educar a los niños. Sin embargo, resultó que su pasión y su propósito eran empoderar a las mujeres para que aprendieran a protegerse, a asumir su poder. Gracias a su disposición a aceptar el apuñalamiento, a sentirse agradecida al hombre que la había atacado, se había dado cuenta de que jamás se le habría ocurrido seguir su verdadero camino si aquello no le hubiera sucedido.

Truco espiritual: Ordeñar la medicina de nuestro sufrimiento

Cuando nos aferramos al trauma y a las historias de victimismo que este lleva aparejadas, acabamos perpetuando nuestro dolor. El dolor es lo que experimentamos, mientras que la herida es lo que sigue necesitando sanarse. Para curar una herida debemos abrirla y dejarla expuesta para que pueda airearse, y permitir que la luz del día, la sabiduría y la conciencia obren su magia sanadora. Este truco espiritual es un proceso chamánico en tres pasos que nos permite airear nuestras heridas y utilizar nuestro sufrimiento para elevarnos y cambiar, para iluminarnos.

Asegúrate de estar en un lugar seguro, lejos de cualquier ruido, libre de interrupciones o de otras personas. Este ejercicio te invita a explorar un territorio sensible, así que debes sentirte cómodo. Siéntate en un lugar calentito y confortable con ropa suelta y abrigada y rodéate de cosas que te aporten consuelo, como tu almohada favorita, tu manta, tu cristal o una buena taza de té.

- Pregúntate: ¿Para qué me ha servido esta experiencia?

Lo primero de todo es analizar por qué tu espíritu decidió crear estas experiencias para ti y examinar cómo ha favorecido este sufrimiento tu evolución.

Mira mi caso, por ejemplo. Cuando recuerdo la experiencia de ser acosado sexualmente de niño, a pesar de lo mucho que trastornó mi carácter a través del alcoholismo, la drogadicción y la homofobia, también elevó mi sensibilidad energética de una forma sumamente práctica y aplicable, ya que soy un chamán y todo eso. El hecho de haber sido acosado de una forma tan constante a una edad tan temprana activó mi sensorio y me permitió empezar a sintonizar mis sensibilidades energéticas desde una perspectiva y un punto de inicio únicos. En este momento de mi proyecto chamánico puedo percibir frecuencias de un nivel extraordinariamente sutil de intercambio de energía, así como también los cambios energéticos más leves cuando unas frecuencias se comunican con otras. Aquella estimulación sexual temprana fue lo que me permitió hace ya tantos años empezar a trabajar con esta energética sensorial sutil, y sin duda ha favorecido mi maestría chamánica. Por eso, aunque no justifico lo que me sucedió, cuando analizo la experiencia desde una perspectiva chamánica, puedo decir que el acoso fue una bendición.

- Da las gracias a la persona que te infligió el sufrimiento.

Dar las gracias a la persona que provocó nuestro dolor requiere una gran humildad y muchísima compasión, tanto hacia el otro como hacia nosotros mismos. Es una forma de reconocer que todas las partes implicadas compartieron una energía que tenía que desplegarse en el plano físico para que cada una de ellas obtuviera unos determinados niveles de información y conocimiento que no habría conseguido sin esa experiencia. Dar las gracias a la otra persona es una forma de reconocer que tu sufrimiento sirvió para tu crecimiento espiritual y que tu agresor es tu maestro además de tu medicina.

Nota: Ofrecer nuestra gratitud es un simple acto interno que realizamos en los confines de nuestra mente. No hace falta llegar directamente a la otra persona.

- Pregúntate: ¿Qué es lo que quiero hacer con este regalo?

Ahora que ya conoces la medicina que este sufrimiento te ofrece, ¿cómo vas a utilizarla para empoderarte? ¿Cómo te sientes inspirado a emplear estas gemas que acabas de excavar en favor del mayor de los servicios para ti y para la humanidad?

La gente se queda atascada en una mentalidad de víctima preguntándose: ¿por qué me ha pasado esto a mí? El problema es que *por qué* no es la pregunta correcta. Te mantiene atascado en la conciencia de víctima que ralentiza el proceso de la evolución creando más agresores, más atacantes y más dolor para permitir que tengas razón y que sigas estando dolido y cohibido. Sin embargo, este libro no trata de cómo achicarse, sino de cómo iluminarse, vivir a lo grande y manifestar cosas asombrosas y petazetas mientras damos entrada a una Era Gigante en la Tierra. Por eso, las preguntas que deberías plantearte son las siguientes:

¿Qué puedo hacer ahora con esto que me ha sucedido?

¿Cómo puedo utilizar esta experiencia para empoderarme?

¿Qué puedo aprender de esta experiencia?

¿Qué puedo hacer con esta experiencia?

¿Cómo puedo usar esta experiencia para mejorar el mundo?

¿Cómo puedo utilizar esta experiencia para producir un cambio en mi vida?

¿Cómo puedo utilizar esto para ayudar a otras personas a evitar el dolor que yo he soportado?

«Dolor de la infancia», ¡puf!

Cuando nos aferramos al dolor, sufrimos. Sin embargo, el dolor y el sufrimiento son dos cosas muy diferentes. El dolor es una experiencia sensorial que percibimos en nuestra forma física, ya sea emocional o físicamente. El sufrimiento es una experiencia psíquica que se produce cuando nos aferramos a ese dolor. El dolor es un acontecimiento natural. El sufrimiento es una elección.

Las personas que se aferran al dolor mental y emocional que les infligieron en el pasado se han identificado con la perspectiva de que les hicieron algo injusto o desleal. Se agarran al dolor porque están esperando algún gran acto de perdón o racionalizando la perspectiva distorsionada que han construido sobre él. Sin embargo, el simple hecho de denominarlo «dolor de la infancia» genera un enredo cuántico cada vez que lo afirmamos y proclamamos. Cuando damos nombre a las cosas, las legitimamos como conceptos existentes y estructuras organizativas de nuestra vida. *Dolor de la infancia* es una etiqueta genérica que pegamos en los traumas viejos que aún no hemos abordado. El problema real que no identificamos cuando racionalizamos algo de lo que sucede en nuestra realidad actual, considerándolo «dolor de la infancia», es que estamos atascados. «Dolor de la infancia» no es más que una treta que utilizamos para justificar las limitaciones que nos estamos imponiendo a nosotros mismos.

Coleccionistas de daños

A las personas que se identifican con su dolor yo las denomino *coleccionistas de daños*. Se apegan a su sufrimiento y lo blanden como si fuese una medalla. Utilizan su dolor como una forma de evitar responsabilizarse de aspectos de sus vidas a los que tienen que llevar amor. Es también una forma de justificar sus fracasos: *El motivo de que no esté estable, o alineado, o avanzando en mi vida es todo el dolor que tuve que soportar en mi infancia.*

Cuando oigo a la gente dar este tipo de excusas para sus vidas deslucidas siempre me acuerdo de Helen Keller. Esta mujer estaba ciega, sorda y muda, y trascendió las probabilidades tan negativas que tenía ante ella descubriendo una forma de conseguir que su vida funcionara. ¿Tú, sin embargo, no puedes salir adelante porque eres intolerante a la lactosa y tu padre tuvo una aventura cuando tenías ocho años?

Los coleccionistas de daños actúan desde la perspectiva de que les hicieron algo *a* ellos. La elección de colocarse como víctima de una experiencia que se perpetró *sobre ellos* en lugar de como uno de los participantes de un acontecimiento que se desarrolla de forma neutra y que simplemente *sucedió* es lo que diferencia a la persona que actúa desde una conciencia de víctima de la que asume la responsabilidad de su vida. La narrativa de víctima ciega al coleccionista de daños, le impide ver la perspectiva general y darse cuenta de que todo el dolor que experimenta es un regalo del Espíritu, cuyo fin es abrirlo a una profundidad de verdad y sabiduría mayor que alberga en su interior.

En esta fase del Apagón, mucha gente desea ser reconocida por lo que han tenido que pasar, y por eso hay tantas personas compartiendo sus historias lacrimógenas, etiquetando sus traumas y telegrafiando al mundo su dolor con la idea de que, si a la gente *le gustan* sus sufrimientos, si los comentan y responden a ellos, entonces es que tienen valor. Vemos cómo algunos se traicionan a sí mismos en otro intento de reunir la validación externa que necesitan darse a sí mismos. Esto se debe a que actúan desde una perspectiva muy limitada del sufrimiento y no comprenden su auténtico valor desde un punto de vista espiritual. Solo cuando dejamos de buscar validación externa a nuestras historias tristísimas podemos entender de verdad que nuestro sufrimiento constituye una parte fundamental de nuestro camino evolutivo, y que podemos empoderarnos si contextualizamos nuestras experiencias como *crecimiento espiritual* y dejamos de responder a ellas y de victimizarnos etiquetándolas como dolor de la infancia, injusticia o sufrimiento.

Verás, la redención no se obtiene contando nuestras historias de victimización ni coleccionando conmiseración gracias a ellas. Se obtiene asumiendo la responsabilidad de ellas. En el momento en que nos responsabilizamos de nuestro sufrimiento, nos damos cuenta de que tenía que producirse. Es entonces cuando los espíritus atienden y se apresuran a apoyarnos, porque es como si dijeran: ¡Por fin! Has asumido la responsabilidad de eso a lo que estabas entregando tu poder. Hurra. Ahora vamos a abrir la puerta para que puedas pasar por ella y ver por qué era necesaria esa experiencia y para qué te ha servido. Y en ese momento compruebas que toda la locura que has vivido seguía un método.

Respons-abilidad

Como la gente asocia la palabra *responsabilidad* con la idea de alguna autoridad exterior que se impone sobre ellos, evitan totalmente el acto de asumirla. La auténtica responsabilidad no tiene nada que ver con agentes externos ni con la jerarquía. Es la capacidad de responder con amor. El acto de asumirla significa responder a cualquier situación con amor. Es muy sencillo.

Cuando la vida ilumina alguna de nuestras cualidades menos favorables, cuando nos ponen delante un patrón o un aspecto de nosotros mismos que no nos sirve, no respondemos culpando, juzgando, agrediendo, poniéndonos a la defensiva y demás, porque lo único que consiguen estas reacciones es apartarnos de la sabiduría más amplia que nos puede aportar la experiencia. No podemos acceder al método de la locura si dejamos que la oscuridad dirija nuestro cuerpo emocional y, con ello, nos juzgamos o nos maltratamos. Cuando asumimos la responsabilidad de lo que *es* enraizándonos en el amor incondicional y la aceptación, nos alineamos para recibir la sabiduría que la sombra tiene reservada para nosotros.

Truco espiritual: Responder con amor

Responder con amor significa escuchar y aceptar. No significa juzgar ni averiguar si la emoción o la energía merecen que las aceptemos, si son merecedoras de nuestra aceptación. Significa solo estar plenamente presentes en un campo de amor incondicional y aceptación.

Asegúrate de hacer este truco espiritual en un lugar seguro y privado. Puedes hacerlo cuando sientas un malestar emocional agudo (por ejemplo, si acabas de discutir con alguien o la has liado en el trabajo). También sirve para malestares emocionales que tuvieron lugar en el pasado pero que todavía te hacen saltar. Debes tener a mano un cuenco de agua, un diario y un bolígrafo.

- Evoca una creencia o una situación que te altere emocionalmente. Deja que esa alteración emocional surja en tu interior y siéntela.
- Di: «Estoy aquí, contigo, para apoyarte».
- Respira hondo y di: «Veo que estás molesto y entiendo por qué lo estás».
- Respira hondo y di: «Invito a la sabiduría a entrar en la situación para que pueda verla con más claridad».

La sabiduría es energía. Cuando la invocamos, acude inmediatamente a nosotros. Ponte a disposición de la sabiduría que estás invocando.

- Respira hondo y di: «Acepto que la sabiduría entre en esta situación».
- Ponte la mano izquierda encima del ombligo y la derecha sobre el corazón. Respira hondo y di: «Ahora estoy dispuesto a ver esta situación a través de la lente del amor».

Recuerda que el ombligo es tu punto de conocimiento y valor. Esta postura te permite conectarte magnéticamente con el amor y percibir a través de su lente.

- Respira hondo tres veces manteniendo la mano derecha sobre el corazón y la izquierda sobre el ombligo.
- Di: «Ahora que veo a través de la lente del amor, esto es lo que observo: _____ »; a continuación pronuncia en voz alta la sabiduría y la claridad que ves.
- Después de haber dicho en voz alta todo lo que ves, di: «Ha llegado el momento de que lo deje marchar».
- Coge el cuenco de agua y acércatelo a la cara. Di: «Soplo a esta agua toda la energía que rodea esta situación».
- Sopla hacia el agua.
- Llévate el cuenco y tira el agua, a ser posible en un jardín o a una planta, al aire libre. De todas formas, si estás en un piso, puedes echarla por el desagüe.
- Coge el diario y escribe lo que has experimentado con este truco espiritual.

LA SOMBRA

La sombra ha sido tan calumniada y tan mal entendida que la gente la evita como si fuese una plaga. Y es una pena, porque constituye una de nuestras mejores herramientas evolutivas. Se la suele confundir con las cosas que tiene para nosotros —lo que yo denomino el *cacharrerío*— y luego se la juzga como algo malo, equivocado, terrorífico, aunque todo esto está muy lejos de ser verdad.

La sombra se llama «la sombra» porque es la proyección de la luz sobre nuestro mundo. El diccionario define *sombra* como *una imagen proyectada sobre una superficie por un cuerpo que intercepta la luz*. Esto significa que los trozos sombríos que percibimos no indican la presencia de una entidad maligna exterior, sino que son más bien la proyección de la luz producida por el *cuerpo que la intercepta*, que eres tú, que soy yo y que son todos los seres humanos del planeta. Si tienes cuerpo, tienes sombra. Y más te vale saber bailar con ella.

La sombra es la parte de nuestro ser que es luz pura y que se aferra a las cosas de las que no nos estamos responsabilizando. Se aferra a nuestro dolor, a nuestra fragmentación, a nuestros sistemas de creencias distorsionados. Se aferra a nuestros juicios, a nuestros vicios, a todas las mentiras que nos decimos a nosotros mismos. Es la parte de ti que sabe que juzgas, que sabe que robas en los objetos perdidos del gimnasio, que sabe que pretendes no ver a las personas sin hogar que mendigan en el metro, porque consideras que son sucias, que están por debajo de ti. Se aferra a todas esas partes de nosotros que no queremos que se iluminen y que definitivamente no queremos mirar, y mucho menos abordar, y espera pacientemente para que nos elevemos, cambiemos y las abordemos.

LA SOMBRA ES UNA AUDIOFRECUENCIA OMNISCIENTE

La sombra no es una especie de desaliño cósmico pasivo que está esperando a que reunamos el valor suficiente para contemplar nuestro cacharrerío. Es un tesoro de autoconocimiento que se siente entusiasmado por bailar con nosotros en cuanto se lo pidamos. Lo sabe todo de ti y puede mostrarte aquello que necesitas ver. Por eso es tan importante desarrollar una relación consciente con ella. Te conoce mejor de lo que nadie podrá conocerte jamás. Cuando trabajo con un cliente y quiero llegar al meollo de la cuestión, siempre dirijo mis preguntas a su sombra, porque no hay nada que ella desconozca y siempre dice la verdad.

En cierta ocasión le pregunté a un cliente por qué tenía cáncer. Él se encogió de hombros y me respondió que era genético; sin em-

bargo, su sombra me dijo que era porque mi cliente odiaba su trabajo, se sentía ahogado en su matrimonio y sus procesos mentales estaban completamente embarullados por culpa de una constante
autoflagelación que estaba activando niveles muy altos de inflamación, degradando sus paredes celulares y expresándose como cáncer.

En otro caso le pregunté a la sombra de una cliente por qué
fumaba sin parar y me respondió que se debía a que estaba intentando gestionar su elevado impulso sexual y que, en el momento en
que encontrara una vía de escape segura y saludable para esa energía, ya no necesitaría seguir fumando. Te contaré que mi cliente
empezó a recibir masajes tántricos y dejó completamente de fumar.

Yo hablo constantemente con mi sombra (no te preocupes,
cielo, en el próximo capítulo aprenderás a hacerlo tú también).
Ella me dice a bocajarro: *Salte de las aplicaciones de citas.* Cuando le pregunto por qué me está diciendo que las borre, me contes-
ta que estoy en ellas por miedo a no conocer a nadie por lo intro-
vertido que soy. Mi sombra me dice que estoy reflejando una
creencia que me hace utilizar el sexo como forma de iniciar una conexión, en lugar de abstenerme de él y atraer a personas que vibran en frecuencias más expansivas para establecer conexiones
desde una postura más auténtica. Mi sombra está siempre sope-
sando mis elecciones vitales. Ahora bien, el que yo decida escu-
charla o no es un asunto completamente distinto.

Bailar con la sombra

Muchas tradiciones, prácticas y modalidades espirituales y
terapéuticas otorgan un juicio de valor a la sombra y se orientan
hacia ella como algo que tenemos que transformar o trascender.
Es un enfoque equivocado. Desde esa perspectiva, se ve mezclada
con el cacharrerío al que se aferra en nuestro favor y por eso se la
demoniza como si fuese algo malo. El gran problema de este plan-

teamiento es que la sombra no te está pidiendo que transformes tu dolor, tu discordia ni tu hábito de robar en las tiendas. Lo único que te pide es que asumas la responsabilidad, que reconozcas esos aspectos de tu ser (y todos los demás también) con amor incondicional y aceptación. Lo único que tu sombra quiere que hagas con tu cacharrerío es que te responsabilices de él.

La sombra no comparte la necesidad de ser amados, de gustar y de sentirnos seguros que tenemos los seres humanos, porque es la proyección de inteligencia de luz pura que ya es segura de por sí. Esto significa que no nos dora la píldora. Nos dice las cosas como son, no se contiene, porque te ama incondicionalmente y no tiene miedo de herir tus sentimientos ni de que te enfades si te dice algo que no quieres oír.

Los que bailamos con la sombra no tenemos miedo a la verdad. Bailamos con ella. Cuando la sombra nos arroja contratiempos, tenemos que poder danzar, cimbrearnos y contonearnos con los reflejos, por muy horribles que los juzguemos. Tenemos que bailar con la verdad para poder asumirla y permitir que enriquezca nuestra vida.

En esta etapa del Apagón es fundamental que empecemos a integrar la sombra en nuestra vida. Tenemos que desarrollar una relación auténtica, implicada y profundamente curiosa con ella y, sin duda alguna, comunicarnos regularmente.

Truco espiritual: El baile matutino con la sombra

Los principiantes deben ponerse en contacto con su sombra en cuanto se despiertan, para disponerse a estar lo más petazetas posible durante el día que comienza. Coge lápiz y papel.

- Dibuja una línea vertical en el centro de la página y escribe las preguntas que quieres plantearle a tu sombra en el lado izquierdo. Deberás preguntarle cosas como:

Sombra, ¿cómo puedo elevar mi frecuencia?
¿Cómo debería priorizar la jornada, Sombra?
¿Cómo puedo optimizar hoy mi productividad, Sombra?
Sombra, ¿cómo puedo aumentar hoy mi energía?
Sombra, ¿cómo puedo optimizar hoy mi salud?
Sombra, ¿cómo puedo expandir hoy mi alegría?
¿Cómo puedo optimizar hoy mi conexión con otras personas,
*   Sombra?*
¿Dónde debo centrar hoy mi energía y mi atención, Sombra?

Siempre debes dirigirte a la sombra (y a todas las energías) por su nombre. Es una forma de reconocer que lo que estamos abordando en el plano espiritual es real. Además, es un modo de mostrar respeto.

- Plantea tus preguntas a la sombra en voz alta.
- Utilizando tu percepción sensorial AVK, escribe las respuestas que te dé tu sombra en la columna derecha de la página.

Tener una representación física del conocimiento profundo de tu sombra le aporta una mayor validez y te ayuda a reforzar tu habilidad para comunicarte con ella.

- Termina este truco espiritual diciendo: «Gracias, Sombra. Te amo, Sombra».
- Utiliza los conocimientos profundos que te aporte para diseñar y organizar tu jornada.

Truco espiritual: Bailar con la sombra en todo momento

Además de ponerte en contacto con tu sombra nada más despertarte, debes recurrir a ella a medida que se vayan presentando las distintas elecciones y decisiones durante el día y la vida.

Si, por ejemplo, te invitan a un acto al que no estás seguro de querer ir, pregúntale a tu sombra:

- «¿Acudir a este acto esta noche obrará en mi beneficio para disfrutar de una mayor alegría, salud y felicidad, Sombra?».

O, si estás intentando averiguar si deberías levantarte temprano para ir a yoga o tomarte un día de recuperación, puedes preguntarle:

- «Sombra, ¿es mejor para mí que me tome hoy el día libre para recuperarme?».

Entonces es posible que tu sombra te diga que llamarlo «día de recuperación» no cambia el hecho de que estás siendo vago y quieres dormir porque estás de resacón de vino e hidratos de carbono, pero que lo que tu cuerpo necesita realmente es moverse y sudar.

Ahora que ya tienes claro qué es lo realmente beneficioso para ti, puedes utilizar tu libre albedrío para honrarlo o para no hacerlo. Depende solo de ti. Es asunto tuyo.

- Recuerda que debes terminar este truco espiritual diciendo: «Gracias, Sombra. Te amo, Sombra».

Truco espiritual: Bailar con la sombra la danza de «¿por qué mierda sigo haciéndome esto?»

Desarrollar una relación con la sombra te permite acceder al conocimiento profundo y a la sabiduría que alberga, que tú, como dirigente iluminado, puedes luego utilizar para mejorar tu vida. Esto significa aceptar lo que no funciona en tu vida y permitir que tu sombra te muestre cómo cambiarlo.

- Dibuja una línea vertical en el centro de una hoja de papel y escribe tus preguntas en el lado izquierdo. Puedes demandarle a la sombra cosas como:

> *Muéstrame cómo aumentar la alegría en mi vida, Sombra.*
> *¿Cómo puedo ser más eficaz en mi trabajo, Sombra?*
> *Sombra, ¿por qué me han engañado mis cuatro últimos novios?*
> *Sombra, ¿qué tengo que hacer para dejar de tener deudas?*
>
> Lo que estás haciendo básicamente es pedir a tu sombra que te aclare los aspectos de tu vida que estén demostrando ser difíciles para ti y que te aconseje sobre ellos. Sé valiente y honesto. La sombra solo puede llevarte hasta donde lo permita tu honestidad. Cuanto más dispuesto estés a profundizar en tu autenticidad, más te podrá ayudar.
>
> - Hazle preguntas a tu sombra.
> - Escribe las respuestas de la sombra en el lado derecho de la hoja.
> - Termina este truco espiritual diciendo: «Gracias, Sombra. Te amo, Sombra. En algún momento asumiré la responsabilidad de todo mi cacharrerío y podré fundirme con la luz».

TODO ES CUESTIÓN DE ELECCIÓN

«Tener que» es una forma de victimizarnos con respecto a lo que consideramos nuestras obligaciones terrenales. Es importante recordar que todos actuamos siguiendo nuestro libre albedrío, y eso significa que todo es una elección. El hecho de que tu sombra te diga que te levantes y hagas yoga o que la mía me diga que me salga de las aplicaciones de citas no significa que tengamos que hacerlo. Podemos no querer. Podemos no estar preparados para hacer esas elecciones. Si yo decido salirme de las aplicaciones de citas solo porque mi sombra me dice que lo haga, eso no me va a elevar y cambiar de verdad, sino que va a ser solo un intento por mi parte de controlar la situación y de querer agradar a mi sombra. El libre albedrío implica que puedo elegir utilizar los conocimientos profundos de la sombra si quiero hacerlo, o utilizar sus consejos para realizar un examen más profundo de los miedos, creencias y experiencias que me están haciendo utilizar las aplicaciones de citas y desembrollarlos al ritmo apropiado. Puedo empoderarme a través del proceso de aceptar que ahí es donde estoy ahora y asumir la responsabilidad de este hecho, sabiendo que no estaré ahí siempre, porque, como dice Chaka Khan, todo cambia.

Mucha gente se siente abrumada por todas las obligaciones que nos impone la matriz, pero lo cierto es que siempre podemos elegir. Puedes decidir pagar tus facturas o no pagarlas. Si quieres tener electricidad, entonces probablemente elijas pagar esa factura, porque ese es el acuerdo. Lo mismo sucede con el servicio de móvil o la recogida de basuras. Sin embargo, la mayoría de la gente no lo ve desde ese punto de vista. Consideran las facturas como una terrible afrenta que se les hace, en lugar de reconocer que son ellos los agentes y quienes deciden participar en el intercambio que estas representan.

Contemplar nuestros acuerdos y obligaciones a través de la lente de lo que tenemos que hacer nos hace víctimas de nuestra realidad. El «tener que» es un sumidero desempoderador de energía que debilita el espíritu. El antídoto es el libre albedrío que nos devuelve nuestro poder. Yo no soy una víctima de la higiene oral y no tengo que cepillarme los dientes dos veces al día. Decido hacerlo porque valoro la función de la higiene oral y también mis dientes, porque me ayudan a masticar y a tener una sonrisa increíble. Por eso tomo la decisión de honrarlos y elijo cuidarlos, y el poder que incluye esta decisión es lo que me impulsa a dar a mis perlas un buen cepillado, aunque sea tarde, aunque esté agotado y lo que me apetezca sea meterme en la cama.

El acto de reconocer nuestras acciones como elecciones nos da energía y nos empodera, porque las frecuencias energéticas de una elección nos alinean con la verdad de nuestra naturaleza de creadores cuánticos.

7

ADÉNTRATE EN LO DESCONOCIDO

NUESTRA REALIDAD AQUÍ, en la Tierra, se materializa a través de la percepción del colectivo. Cada persona tiene una diferente y, por eso, aquella en la que cree más gente es la forma en la que se manifiesta nuestra realidad colectiva. Hoy en día, la matriz nos programa con una percepción de masas —que es en realidad un engaño de masas— que nos lleva a estar convencidos de que el mayor de los problemas que amenazan al planeta es cada ser humano que piensa de forma distinta a nosotros. Por tanto, todos ellos son malos, están equivocados, son malvados y deben ser castigados. Estamos viendo un montón de cazas ingentes de brujas realizadas por personas inconscientes que buscan monstruos a los que perseguir. Es algo parecido a las Cruzadas, pero, en lugar de desfilar por el pueblo con espadas y escudos atando a los supuestos malhechores en cruces y torturándolos en nombre de Dios, se dedican a trolear las redes sociales y a crucificarse entre sí mediante calumnias, insultos y acusaciones, atacando el carácter de la gente y destruyendo su reputación en el tribunal de la opinión pública.

Estas cazas de brujas están generando muchísima fricción entre los seres humanos y un enorme daño a la sociedad. ¿Y por qué? Pues porque la gente no actúa con inteligencia emocional; atacan aquello que no entienden y lo etiquetan como *equivocado* y *malo*, en lugar de abordar lo que no comprenden para averiguar cómo llegó a ser así. Eso les permitiría remediar la situación. Los seres humanos no están invocando el factor femenino y, por tanto, no actúan con inteligencia emocional. Por eso intentan borrar de la sociedad todo lo que no entienden. No es más que una cortina de humo gigante para evitar asumir la responsabilidad del hecho de que todos y cada uno de nosotros somos culpables de la calamidad y la destrucción que están teniendo lugar en la Tierra por culpa de las decisiones que seguimos tomando y de la oscuridad que seguimos negando.

EL MONSTRUO NO EXISTE

El sistema nos enfrenta entre nosotros manipulando datos para crear contenidos sumamente comentados en los medios de comunicación, con el objetivo de convencernos de que el monstruo es real, que se encuentra entre nuestros hermanos y hermanas. Esta estratagema falsa hace que nos dediquemos a proclamar la oscuridad de los demás por deporte, en lugar de dar entrada a la luz de los otros para ayudarnos a evolucionar y a convertirnos en seres humanos mejores. No es más que otro método de la matriz para que la gente haga lo que le ordena, porque creemos las mentiras de los medios de comunicación. Esto hace saltar las heridas no curadas, y las proyectamos sobre el «monstruo de la semana» acusando, insultando, vomitando odio y removiendo un montón de discordia para alimentar al sistema mismo, que está manipulando toda esta farsa y oprimiéndonos a todos y cada uno de nosotros. Lo único que se consigue con esto es ahondar el espejismo de una división y mantener a la gente en un estado de oposición y agitación que alimenta al inframundo. No importa con quién nos identifiquemos; el mero acto de elegir una parte empodera a la oscuridad y aumenta el espejismo de separación, lo que nos hace tan responsables de la discordia de este planeta como a aquellos a los que nos han programado para culpar y condenar.

Todo este drama, todo este conflicto, toda esta discordia son solo una distracción gigante que nos aparta de la verdad, que es que el monstruo somos todos nosotros..., bueno, el cacharrerío que existe dentro de todos nosotros. El monstruo grande, malo y aterrador al que todos quieren perseguir en favor del mundo son todos esos fragmentos distorsionados e ignorados a los que se aferra nuestra sombra. Son nuestra rabia, nuestra depresión, nuestra codependencia. Es cada trocito de nuestra propia oscuridad, que todavía no hemos abordado y que no hemos traído a la luz.

Si queremos asumir el reto del Apagón y volver a alinear el planeta, debemos darnos cuenta de que el monstruo no existe, que cualquier monstruo que alguien perciba en su realidad exterior es simplemente algo que guarda en su interior y a lo que todavía no ha hecho frente. Y ese *algo* está pidiendo amor incondicional y aceptación para así regresar a la inteligencia de la luz y servir a la evolución. Lo que quiero decir es que el único motivo por el que nos encarnamos en este planeta es volver a llevar la oscuridad a la luz, y por eso resulta tan raro ver que hay muchísima gente que *no* lo está haciendo.

LA SOMBRA: TOMA 2

El motivo por el que la gente no afronta su oscuridad es que, como ya he explicado, está programada para *no* abordar su sombra. Verás, la matriz conoce bien el poder que tiene la sombra sobre los seres humanos y por eso el sistema se esfuerza tanto en impedirnos explorar este portal sagrado a lo desconocido... y en evitar que nos empoderemos, nos iluminemos y enardezcamos al planeta para traer una Era Gigante y petazeta.

Para muchos, la palabra *sombra* evoca visiones oscuras y connotaciones terroríficas, porque nos han programado a través del consenso del lenguaje para que la demonicemos, tanto a ella como a todo lo que lleva asociado. Piénsalo. Si algo es *sombrío*, la mente asume automáticamente que debe ser malvado, aterrador o malo. Piensa en todas las historias que oíste de niño: *El conde Drácula sale de repente de las sombras* o *El último lugar en el que se vio al niño fue cerca del arroyo sombrío...*; ese tipo de cosas. La palabra *sombra* lleva grabadas las frecuencias del miedo, por lo que las transmite cada vez que se pronuncia, se escribe, se piensa o se lee. Así es como se programa a las personas para que se mantengan alejadas de ella, cuando lo que deberían hacer es justo lo contrario.

Uno de los motivos principales de que tenga mala reputación es que gran parte del cacharrerío del que no nos estamos responsabilizando vibra en unas frecuencias muy densas y, por ello, resulta incómodo de observar y de abordar. Así, mientras la sombra se aferra a todas estas cosas en favor nuestro y espera que hagamos por nuestra cuenta lo que ella ha estado haciendo por nosotros, la vilipendiamos, la rehuimos, la evitamos y la negamos y, en este punto del Apagón, lo que de verdad deberíamos hacer es enfrentarnos a ella, y por eso sigo hablando de este tema.

No rechaces tu cacharrerío

La matriz ha programado a la mente para que transija si quiere ser amada, si quiere gustar. Para conseguirlo, la mente niega aspectos, tendencias, características y conductas desagradables que no se ciñen al consenso establecido de lo que se considera digno de gustar o socialmente aceptable. Esta programación restringe necesariamente el conjunto de cualidades que los seres humanos están dispuestos a reconocer y a aceptar en ellos mismos y en los demás. La decisión de negar la verdad —que es que todos los aspectos son de la luz, incluso aquellos que no nos gustan demasiado— ha provocado mucho sufrimiento al cuerpo emocional. La mente juzga las conductas y las creencias que, según el adoctrinamiento recibido, debe rechazar, y luego amonesta al cuerpo emocional por experimentarlas, con lo que lastima al alma. Es un ciclo muy dañino, porque el acto de rechazar o ridiculizar estos aspectos de nosotros no hace más que crear más distorsiones en nuestro ser, porque no estamos de acuerdo con lo que es. Esto genera discordia en el cuerpo y en la mente y favorece con ello unas conductas más despreciables y más discordia. La única forma de corregir este ciclo es con amor.

Tienes que recordar que la dualidad es una farsa y que estos aspectos sombríos de nosotros que preferiríamos no mirar no son malos, no están equivocados, no son vergonzosos ni trágicos. Sencillamente, son. Pero los seres humanos están programados para demonizar la sombra. Una absoluta gilipollez, puesto que la sombra es la que está aferrándose pacientemente a todo esto por nosotros, esperando a que dejemos de pretender que no existe, a que dejemos de distorsionar nuestra conciencia ante las estratagemas y empecemos a responsabilizarnos de nuestro cacharrerío, por muy repugnante que nos parezca.

Juicio

El juicio es otra expresión de la farsa de la dualidad, ese *yo tengo razón, tú estás equivocado / él es malo, ella es buena* en el que nos vemos atrapados los seres humanos. Es una herramienta de la oscuridad que envuelve la verdad en arrogancia humana. No tiene nada que ver con lo real, porque, por su propia naturaleza, es subjetivo. Es una opinión.

El juicio limita nuestra percepción con tendencias y motivaciones ocultas. Cuando juzgamos, actuamos desde la necesidad de demostrar que tenemos razón acerca de una creencia que ya tenemos. Cuando juzgamos, lo que nos importa no es la verdad, sino estar en lo cierto. Eso resulta estupendo para engordar el ego, pero supone un enorme perjuicio a la hora de abordar la oscuridad y de bailar con las sombras. Recuerda que el juicio es lo que impide a los espíritus del inframundo regresar a la luz, el juicio que se hacen a sí mismos. Bloquea nuestra evolución. Por eso los seres humanos tienen que abandonar esta adicción inútil a estar en lo cierto y empezar a mostrarse neutrales.

LOS CHAMANES NO JUZGAN

Es imposible ver con claridad o penetrar en los problemas que nos presenta la sombra si estamos atascados en el juicio, porque ya hemos formulado una opinión. Cuando juzgamos, a lo único que estamos realmente «abiertos» es a analizar qué datos podemos escoger para que confirmen las tendencias con las que queremos identificarnos: *Soy malo; estos sentimientos son erróneos* o *¿qué tipo de monstruo soy?* Cuando percibimos nuestras heridas, nuestros hábitos, nuestros vicios, nuestras tendencias, nuestras conductas y demás como «malos», nos bloqueamos y nos impedimos a nosotros mismos recibir las lecciones y los regalos que estas energías nos ofrecen.

Pongamos, por ejemplo, que contesto de malos modos a mi ayudante. Luego me castigo por ello, me autoflagelo y me digo que soy una persona mezquina, espantosa, horrible, y me dejo arrastrar por el bajón. Si no soy capaz de dejar de lado estos pensamientos impulsivos y absurdos durante el tiempo suficiente para recomponerme y preguntar a mi sombra por qué contesté tan mal a mi ayudante y qué es lo que está sucediendo realmente, no podré escuchar ni una pizca de la sabiduría que la sombra quiere compartir conmigo. ¿Por qué? Porque estaría atascado en el juicio y, por eso, no sería neutral, no estaría abierto. Por tanto, la única información que podría oír sería aquella que confirmara mi juicio, el pensamiento de que soy una persona mezquina, espantosa y horrible. Mi conciencia no está abierta para recibir ninguna perspectiva alternativa sobre el asunto y eso significa que estoy perdiendo la oportunidad de conocerme a mí mismo, de crecer, de cambiar, de elevar mi vibración, de aumentar mi inteligencia emocional y de convertirme en algo mejor que la persona mezquina, espantosa y horrible que no dejo de decirme que soy.

Cuando afrontamos nuestro cacharrerío (ya sea un vicio, una mentira, un pensamiento envidioso, un hábito perjudicial o el hecho de hacer daño a alguien a quien queremos), no lo juzgamos. Nuestro juicio solo sirve para fortalecer a la sombra, con lo cual ya estamos perdidos. Cuando tenemos delante un reflejo de nuestro dolor, de nuestra indiferencia, de nuestras heridas no resueltas, debemos abordarlo. Debemos entrar en él. Debemos reunir el valor y la disposición de descubrir desde una postura de autenticidad y humildad. Entonces recolectamos la información, conectamos los puntos y unimos las piezas de nuestro rompecabezas, y con ello conseguimos sanar e iluminarnos.

El baile con las sombras de un chamán

Voy a recorrer todo el proceso para que puedas verlo entero. Volvamos al ejemplo que mencioné anteriormente y pongamos que mi sombra —una vez más— me dice que debo dejar las aplicaciones de citas. Cuando le pregunto por qué, me dice que están activando mi tendencia a mezclar el sexo con el amor y el reconocimiento. Muy bien. Ya sé que no es lo más agradable de oír de mí, que confundo el sexo con el amor y el reconocimiento, pero me identifico con ello.

Adelante, Sombra, digo.

Como me muestro abierto, curioso y humilde, la sombra me dice que mezclo el amor con el sexo porque me crie sin amor ni afecto en mi hogar y en mi familia, y es cierto. Mi infancia fue muy estricta, muy intensa, muy africana, carente por completo de ternura, sensibilidad o atención. La única persona que me ofreció esas cosas de niño fue el canguro que me acosó sexualmente y, como tenía tanta necesidad de afecto, me dejé llevar y acepté toda la mierda que quiso hacerme para sentirme atendido.

Ay. Y sí. Resulta muy lógico. Estos datos me ayudan a comprender la situación. Pero lo que este conocimiento consigue es algo todavía más asombroso: me ayuda a comprender este patrón de dejarme llevar por situaciones íntimas que no se alinean conmigo y de hacer cosas con las que no me identifico para así conseguir el amor y los cuidados que, según mi programación, asocio con la estimulación sexual.

Ahora que estas informaciones, todas estas piezas de mi rompecabezas personal, se han iluminado, la medicina para sanar es asumir mi responsabilidad. Debo aceptar plenamente esta maldita cosa. Debo reconocer la parte de mi ser que lo está representando, amarla y aceptarla. Debo abrazar a aquel niñito que creció hambriento de amor, de afecto, y bañarlo con todo mi amor y aceptación. Y lo mismo al hombre adulto que ha decidido salirse de este personaje: también debo bañarlo con amor incondicional y aceptación. Debo recoger las lecciones y la percepción profunda y decir desde una postura de neutralidad y aceptación completas y totales: *De acuerdo, eso fue lo que sucedió y estas son las decisiones que he tomado. ¿Cómo quiero ahora definir el amor?*

La belleza del proceso es que me permite actuar con una mayor conciencia. Esto implica que disminuye mi impulso a responder de la misma forma que antes, es decir, que estoy evolucionando.

Aprender a evitar los juicios es una poderosa herramienta chamánica que nos abre para que podamos ir allá donde queramos y nos permite abordar todo aquello que la vida nos pone delante. Cuando actuamos sin juzgar, procesamos la información de un modo más eficiente y, con ello, podemos percibir el desequilibrio con más facilidad.

De ese modo, nos resulta más fácil hacer los ajustes que sean necesarios para recuperar el equilibrio, porque no estamos atrapados juzgando el desequilibrio, quejándonos de él o entregándole nuestro poder. Nos limitamos a seguir nuestro camino. Estamos montados en el tren iluminado.

Truco espiritual: No juzgues

Este truco espiritual entrena a la mente para que opere sin juzgar y te permite sentirte cómodo en la postura de observar y recibir simplemente. La práctica debilita las vías neuronales que estimulan el juicio y que se apresuran a etiquetar o adjudicar y te permite abrirte a las vías de percepción con capacidad para navegar por las sombras.

Necesitarás un antifaz y poder dedicar un tiempo a estar solo en tu habitación.

PASO 1

- Ponte el antifaz.
- Estira los brazos y camina por la habitación (ten cuidado de no golpearte contra nada ni de hacerte daño).
- Toca los objetos que te rodean limitándote a reconocer las sensaciones que te producen en las manos, sin intentar describir con palabras, etiquetas, conceptos o imágenes lo que estás tocando.

Con este paso estás sintiendo por el simple hecho de sentir y divertirte. Limítate a percibir con las manos sin meter el cerebro en la práctica. El objetivo de este truco espiritual es tener una experiencia perceptiva completamente táctil y desarrollar tus poderes chamánicos.

Practica este truco espiritual a diario durante al menos una semana resistiendo el impulso de describir con palabras, ideas o imágenes las cosas que estás tocando. Cuando seas capaz de tocar los objetos de tu habitación sin ceder al impulso de describirlos, estarás listo para el siguiente paso.

PASO 2

- Da un paseo por tu casa (esta vez sin el antifaz). Percibe visualmente los objetos sin adscribirles palabras ni descripciones. Permítete percibir las cosas de tu entorno sin catalogarlas con etiquetas ni nombres que te hagan creer que entiendes lo que realmente son, porque en algún momento alguien te enseñó esas etiquetas, esos nombres, y tú creíste que su asociación era real.

Una vez más, cuando seas capaz de catalogar visualmente los objetos de tu habitación sin adscribirles palabras, etiquetas ni conceptos, estarás listo para ir al paso 3.

PASO 3

Cuando ya seas capaz de sentir y ver objetos sin necesidad de nombrarlos ni catalogarlos, debes hacer lo mismo con tus emociones.

- Presta atención a tus emociones en el transcurso del día.
- Cuando se desencadene un sentimiento, resiste el impulso de nombrarlo o de etiquetarlo. Limítate a sentirlo y describe qué sensaciones te produce.

Si, por ejemplo, alguien se te cuela en la cola de la tienda, resiste el impulso de describir tus sentimientos con una frase interior como: «siento enfado». Sencillamente describe (en silencio) tu experiencia sensitiva, que podría ser algo así como:

- *Siento calor en la cara, o …*
- *Siento que el corazón se me acelera, o …*
- *Siento tensión en la mandíbula.*

La clave es permanecer en la experiencia kinestésica de lo que realmente está sucediendo en tu cuerpo y evitar el impulso de dejar que la mente fabrique una historia acerca de lo que cree que significa la sensación.

Sigue practicando este truco espiritual hasta que se convierta en tu forma habitual de enfrentarte al mundo. En ese momento dejará de ser un truco espiritual y se habrá transformado en una forma de vida.

Aquella vez en que mi cliente aprendió a no juzgar

Tuve un cliente que era el director general de una fábrica de carne de pollo procesada. La había heredado de su padre y, cuando vino a verme por primera vez, no le producía ningún desasosiego dirigir una empresa en la que se mataban animales para conseguir un beneficio económico. Le iba muy mal en su matrimonio y en su vida y juzgaba mucho. Juzgaba a sus amigos, a los amigos de su mujer, a su familia, a sus empleados, a sus colegas, a su entrenador..., a todo aquel que puedas imaginar.

Le expliqué que lo estaba haciendo como forma de distraerse de aquello de lo que realmente tenía que concienciarse y estaba evitando hacerlo. Le di este ejercicio. Tres meses más tarde vino para otra sesión y, al cabo de cinco minutos, rompió a llorar.

—No tenía ni idea de lo mucho que me estaba apoyando en el juicio para evitar asumir la responsabilidad de mis verdaderos sentimientos —dijo entre sollozos.

Me explicó que nunca había prestado atención al hecho de que su empresa estaba matando a miles y miles de animales cada año. Después de hacer este ejercicio, dejó de juzgar a la gente y empezó a observarla, y, a través de esa práctica, comenzó a observarse a sí mismo. Cuando lo hizo, estalló en gritos y llanto y no pudo parar durante una semana. Fue algo muy bueno. Se había dado cuenta de que la empresa que dirigía iba en contra de lo que albergaba en lo más profundo de su ser. La práctica le había permitido ver que juzgaba como medio de evitar su verdad y que ese camino que su padre le había tendido al dejarle la empresa no era para él. Al cabo de muy poco tiempo, dejó completamente el negocio.

La hora mágica

La noche es un momento muy especial. Es la hora de descansar, de regenerarse, de reunirnos con la tribu libres de las preocupaciones del trabajo y de la supervivencia. Es también el momento de comulgar con lo invisible y de aprender las enseñanzas de la Tierra, de los ancestros y de los espíritus. Todos los chamanes conocen el poder, la potencia y la magia de la noche, cuando el velo es fino y la divinidad nos llama. Es entonces cuando realizamos nuestro trabajo más profundo, porque constituye un portal a lo desconocido.

Durante el día, el sol brilla y emite luz ultravioleta. Este tipo de luz estimula los sentidos que están ocupados localizando colores, profundidad, definición y todas esas cosas que no percibimos por la noche. Toda esta actividad sensorial estimula la mente, que se vuelve hiperactiva y se esfuerza por ser más fuerte y rápida para catalogar a toda velocidad los detalles que perciben los sentidos.

Por la noche, sin embargo, estas cosas no nos distraen. Cuando fuera está oscuro, el cerebro puede descansar, porque sus tareas se han reducido enormemente. Esto le permite abrirse a distintas formas de pensar y de percibir y ponerse a disposición de ámbitos invisibles, que es donde reside nuestro poder. Por eso para los chamanes la noche es la hora mágica.

La demonización de la oscuridad

Al igual que sucede con nuestra amiga la sombra, la noche se ha representado erróneamente y a propósito como algo aterrador, espeluznante, escalofriante y peligroso. Esto se debe a que la matriz quiere que tengamos miedo de la oscuridad, de la hora mágica, para que nos atengamos al programa, sigamos las normas y jamás nos aventuremos fuera de nuestro camino, fuera de nuestra jaula, hacia los grandes reinos de la evolución, el potencial y las nuevas formas de percibir que nos aguardan en lo desconocido. Debidamente adoctrinados, los seres humanos permiten que el miedo y el juicio repriman su impulso natural de reclamar su verdadero poder, que solo se encuentra haciendo frente a la oscuridad de la noche y entrando en lo desconocido.

Nadie nace con miedo a la oscuridad. Allí es donde encontramos nuestros dones y nuestro poder. La tememos porque nos programan para ello.

Echa la vista atrás, hasta tu infancia. ¿Te asustaba la oscuridad? ¿Dejabas colgar los pies sobre el borde de la cama? ¿Dabas un salto enorme desde la puerta hasta la cama para que aquello que estuviera esperando debajo de ella no pudiera cogerte por los tobillos? ¿Alguna vez te ha extrañado que todos los seres humanos tengan su propia versión de esta experiencia infantil?

A la gente le asusta la oscuridad, porque, siendo niños, los espíritus de humo entraban por la noche en nuestro cuarto y nos programaban con miedo. Estos espíritus de humo representan un hito decisivo en la vida de todas las personas, un momento en el que cogieron miedo a la oscuridad y, por ende, a lo desconocido.

Los espíritus de humo son operativos invisibles enviados por la oscuridad para vigilar los miedos de los seres humanos y aprovecharse de ellos para así alimentar a los seres del inframundo y, al mismo tiempo, desalentar nuestro impulso de aventurarnos en lo desconocido, que es donde reside nuestro poder. Adoptan las formas que han sido programadas en nuestra conciencia y se presentan de este modo para inculcar a los niños el miedo a la noche, a la oscuridad, a lo desconocido. Luego regresan al plano oscuro para compartir la información que han recopilado en nuestra dimensión.

(Por cierto, el hecho de que te cueste asimilar la idea de la existencia de los espíritus de humo y que te parezca una locura no significa que no sea verdad).

Lo desconocido

Si queremos evolucionar y darnos cuenta del potencial que albergamos aquí, en la Tierra, tenemos que interactuar con aquello que nos provoca dificultades interiores. Siempre que experimentamos dificultades en la vida, debemos acercarnos a ellas. Al acercarnos a nuestros retos, entramos en lo desconocido con la esperanza de que allí donde pisemos vamos a recibir al espíritu y a estar bien.

Si quieres liberarte, entra en lo desconocido. Tiene la llave de nuestra sanación, de nuestra evolución. Tiene la llave de nuestro pleno potencial, de todas las formas en las que debemos prosperar para convertirnos en superhombres. Tiene la llave de las soluciones a todas las amenazas globales que afronta nuestra especie. Por decirlo llanamente, es la leche.

Siendo niño me vi expuesto a la misma programación que todos; yo también recibí en mi cuarto las visitas nocturnas de los espíritus de humo y fui adoctrinado para tener miedo a la oscuridad. Sin embargo, en un momento dado, sentí que algo tiraba de mí y me esperaba en toda aquella negrura, algo poderoso y profundo que no comprendía. Me cansé del miedo y decidí hacer frente al monstruo que se escondía debajo de mi cama y adentrarme en lo desconocido. Y allí fue donde descubrí mi luz, mi fuerza y mi poder. Allí fue donde me descubrí a mí mismo.

Conócete a ti mismo en lo desconocido

La única forma de conocerte a ti mismo —es decir, de saber realmente quién coño eres— es adentrarte en lo desconocido. Allí es donde obtenemos nuestro poder. Siguiendo normas, tendencias, patrones o fórmulas es imposible encontrarlo. Yo jamás lo obtuve con ninguna de esas estupideces. Mi poder proviene de haberme adentrado en lo desconocido y de experimentarme como un creador cuántico, de recoger información nueva, crear unas ofrendas increíbles y compartirlas con el mundo.

Este poder proviene de vivir las experiencias que nos regala lo desconocido, que son concretamente aquellas que necesita nuestra alma para evolucionar. Nos hace imparables, porque los viajes que emprendemos para conectarnos con él nos enseñan a confiar, a escuchar y a no tener miedo. En lo desconocido solo podemos contar con nosotros mismos y somos la única constante. Esto significa que tenemos que adentrarnos en nosotros para encontrar todos los recursos que necesitamos para navegar por ese territorio ignoto. Sin embargo, jamás podremos acceder a ellos, aprender esas lecciones ni vivir esas experiencias si no tenemos el valor suficiente para salir de nuestra situación acogedora, cómoda y familiar y poner el culo en lo desconocido.

Truco espiritual: Adéntrate en lo desconocido

Siempre digo a mis clientes que tienen que hacer frente al monstruo que está escondido debajo de su cama, es decir, que tienen que adentrarse en lo desconocido. Es la única forma de entender que el monstruo no existe y de reclamar nuestro poder y cambiar el mundo para mejor.

Adentrarse en lo desconocido significa decir *Estoy dispuesto a ir a lugares de mí mismo que me resultan incómodos y a aceptarlos con amor.*

Adentrarse en lo desconocido significa decir que *sí* a aquello que te asusta.

Adentrarse en lo desconocido significa avanzar hacia aquello de lo que quieres escapar.

Este es un truco espiritual que te prepara para hacerlo. Vas a necesitar un cuaderno, un bolígrafo y una mente abierta.

- Cuando sea de noche, siéntate en una silla con la luz encendida. Apoya los pies desnudos sobre el suelo, coloca las manos sobre el regazo con las palmas hacia arriba y mantén los ojos abiertos. Pregúntate en voz alta: «¿Hasta dónde estoy dispuesto a viajar a lo desconocido para encontrar mi auténtico poder?».
- Respira de forma consciente y deliberada hasta que te llegue la respuesta. En ese momento, escríbela en el cuaderno.
- Pregúntate en voz alta: «¿Qué estoy dispuesto a dejar atrás para adentrarme plenamente en lo desconocido?».
- Respira de forma consciente y deliberada hasta que te llegue la respuesta. En ese momento, escríbela en el cuaderno.
- Di en voz alta: «Estoy preparado para adentrarme en lo desconocido y me resulta fácil y divertido, toda una aventura, y va a subir mi vida hasta el siguiente nivel».
- Apaga la luz. Vuelve a tu silla y colócate de nuevo con los pies desnudos sobre el suelo y las manos sobre el regazo con las palmas hacia arriba. Di en voz alta: «Invito con amor a lo desconocido a entrar en mi vida». Repite esta afirmación diez veces en voz alta.
- A continuación, di: «Ha llegado el momento y estoy preparado para ello».
- Enciende la luz, coge el cuaderno y anota un plan para hacer algo que te resulte desconocido.

CONTROL

Este es un momento crítico para la humanidad en el que se nos está pidiendo que nos adentremos en nuestro temor a lo desconocido y que lo aceptemos. La gente tiene miedo a lo desconocido porque se le ha enseñado a temer aquello que no puede controlar. No se puede controlar el potencial puro ni tampoco lo desconocido. Esto intimida a muchas personas.

A medida que avanza el Apagón, las capas de espejismo se están haciendo más delgadas y todo aquello a lo que los seres humanos se han aferrado en busca de seguridad se está viniendo abajo. El impulso está lanzando a las personas a una iniciación evolutiva que nos exige aprender dónde está realmente la auténtica seguridad y darnos cuenta de que solo podemos encontrarla dentro de nosotros mismos.

Mucha gente intenta controlar la realidad como forma de sentirse segura. Estas personas se construyen unas vidas muy limitadas, con zonas de confort estrechas de las que no se aventuran a salir y con límites muy rígidos que protegen intentando controlar. El control nos ciega, porque limita el alcance de posibilidades que podemos percibir. Por eso, cuando veo a gente que tiene el espíritu de control en su psique, sé inmediatamente que han perdido un montón de oportunidades.

La seguridad no puede encontrarse corriendo de un lado para otro, intentando microgestionar nuestro concepto de la realidad. Se obtiene conociendo la verdad de lo que somos y la verdad de lo que representamos. Ese conocimiento es una seguridad fiable, genuina, de calidad, porque no es una cosa externa que alguien te haya dado. Tú mismo lo has cultivado, y eso significa que nadie podrá arrebatártelo jamás. Por eso decimos: *así como es por dentro, es por fuera.* Cuando sabemos que estamos seguros —auténtica e internamente seguros—, lo estamos allá donde vayamos. No importa qué tipo de pruebas, desafíos o iniciaciones nos presente el universo, porque nuestra seguridad ya está establecida. Es un hecho consumado.

De todas formas, quiero dejar algo bien claro: nadie está *controlado* de verdad por el espíritu de control. La gente lo invita voluntariamente a su ser. Los seres humanos invitan al espíritu de control a entrar en su persona porque no quieren asumir su responsabilidad como creadores cuánticos.

EL VACÍO

Lo que los chamanes llamamos *lo desconocido* es lo que los físicos denominan *el vacío*, ese espacio infinito de potencial puro en el que todas las cosas son imaginadas, creadas y manifestadas. Lo desconocido es el lugar donde se produce toda la magia.

Cualquiera que traiga algo nuevo a este planeta tiene que ir a lo desconocido para conseguirlo. Todos los grandes inventores, innovadores y visionarios de la humanidad se han tenido que liberar de los grilletes de la matriz para entrar en él. Han tenido que rebelarse. Fueron los descastados y las ovejas negras. Afrontaron el exilio emocional y mental para liberarse de su programación, de la situación establecida, y adentrarse en lo desconocido para así cumplir su propósito y enriquecer el mundo con sus ofrendas.

La gente tiene miedo de asumir su responsabilidad como creadores cuánticos, porque, a lo largo de la historia, todos los que han sacado los pies del tiesto y se han colocado en primera fila han sido demonizados como marginados, como parias, y han soportado un montón de conflictos antes de llegar a un fin trágico y sangriento. Mira lo que les sucedió a Gandhi, a Martin Luther King y a John Fitzgerald Kennedy por querer alzar la voz contra la matriz y luchar por la verdad y la libertad. Por eso a la gente le asusta decir la verdad, llamar la atención, causar problemas y acceder a su poder.

Pero esa realidad está cambiando. Ya no se trata de una sola persona que conduzca a las masas y quiera cambiar el mundo; somos todos los que accedemos juntos a ese puesto de liderazgo. Podrán eliminar a una persona, pero con toda seguridad no pueden eliminarnos a millones.

Por eso te repito que debes hacer frente al monstruo.

Truco espiritual: Aborda el miedo

No es que siempre me encuentre absolutamente cómodo, al cien por cien, con lo desconocido y que nunca jamás tenga miedo. No voy a presentarme como un hipócrita y pretender que he superado la condición humana. Me pongo nervioso. Tengo miedo. Pero jamás dejo que el miedo o los nervios me detengan. Vamos, hombre. Soy un chamán. Hago frente a esa mierda.

- Lleva al ojo de la mente un miedo que tengas.

Cuando el miedo aparece en tu vida, lo que debes hacer es sacarlo de esos rincones de la mente oscuros, polvorientos y llenos de telarañas donde se esconde, se encona y te jode; debes hacer brillar la luz de la conciencia sobre él. Esto significa examinarlo desde todos los ángulos.

- Pregunta: «¿Qué es lo peor que puede suceder si _____?».

Pongamos que tienes un mensaje que compartir y quieres ampliar tu plataforma, pero te asusta publicar vídeos en directo en tus redes sociales. En lugar de permitir que ese miedo te detenga, lo abordas y entras en tu sombra.

Entonces le preguntas en voz alta a tu sombra: «Sombra, ¿qué es lo peor que puede suceder si hago un vídeo en directo en Instagram?».

- Escucha atentamente la respuesta. Si no la oyes, haz el truco espiritual de la SET y vuelve a probar.

- Cuando oigas la respuesta, repítela en voz alta.

Pongamos, por ejemplo, que la respuesta que oyes es: *Voy a meter la pata y la gente se va a burlar de mí y va a hacer comentarios groseros*. Dilo en voz alta: «Voy a meter la pata y la gente se va a burlar de mí y va a hacer comentarios groseros».

- Vuelve a hacer la pregunta basándote en la respuesta que acabas de recibir.

Deberás preguntar: «Sombra, ¿qué es lo peor que podría pasar si la gente se burla de mí y hace comentarios groseros?».
Escucha una vez más la respuesta, repítela en voz alta y vuelve a hacer la pregunta. Debes seguir preguntando a tu sombra hasta que el interrogatorio llegue a su conclusión lógica, hasta que hayas llegado al final de los posibles casos peores y hayas comprendido que eres más grande y poderoso que cualquiera de ellos.
Es posible que este proceso no erradique totalmente el miedo, pero te dará un mapa del territorio que te permitirá ver lo que estás tratando. Cuando reconocemos la verdad de lo que es, somos libres.

Lo mismo, lo mismo, lo mismo

Cuando estamos sometidos a la influencia del espíritu del control, lo desconocido no puede meter el pie por la puerta. ¿Cómo iba a hacerlo? No hay ninguna rendija. No hay espacio. Cuando estamos controlando, lo único que hacemos es salvaguardar nuestra situación establecida y asegurar que siga sucediendo lo mismo. Es lo que se denomina estar estancado. Es lo que se denomina estar atascado. Es lo que se denomina estar en el infierno, y es un camino que conduce, con toda seguridad, a la muerte por aburrimiento, si es que eso existe, porque la situación establecida limita nuestras opciones y nos impide acceder al campo cuántico de experiencia. Lo que quiero decir es que para qué tomar la molestia de encarnarse en este planeta si vamos a impedirnos acceder a nuestro poder y a nuestra capacidad creativa. En eso, los seres humanos son muy raritos.

La mayor parte de la gente vive en un campo de resistencia que los obliga a estar en todo momento buscando la seguridad a través de un patrón repetitivo de experiencias limitadas y haciendo el mismo puñado de cosas una y otra vez, como si fuese el Día de la Marmota, todos los días excepto los fines de semana y en vacaciones, que a su vez tienen su propia versión de repeticiones. Estas personas se fabrican una vida que sigue un patrón muy predecible. Se casan porque sus padres se casaron. Envían a sus hijos a la universidad porque también ellos fueron. Se sientan siempre a cenar en la misma silla. Compran en las mismas tiendas. Comen en los mismos restaurantes. El campo de resistencia consiste en repetir siempre lo mismo, lo mismo, lo mismo. Y este lo mismo, lo mismo, lo mismo genera una tensión enorme en los cuerpos físico, emocional, psicológico y mental. De hecho, el estrés que provoca vivir en un campo de resistencia es una de las razones principales que llevan a la humanidad a depender tanto de las drogas y el alcohol para aguantar.

Sin embargo, a las personas les encanta la situación que tienen establecida y por eso siguen tomando decisiones y diseñando su vida de un modo que solidifique su campo de resistencia y lo haga más fuerte, más grueso, más alto, más seguro y más aislante. Es una medida de la devoción que tienen a permanecer dentro de su zona de confort y a evitar lo desconocido.

Así es también como se convierten en guardianes de su propia cárcel. La única posibilidad que tienen de salir de ella es rebelarse contra sí mismos, rebelarse contra el adoctrinamiento al que están siendo sometidos, contra su programación, y poner las cartas encima de la mesa, cuestionarse todo, salir de su zona de confort y de su lo mismo, lo mismo, lo mismo para adentrarse en lo desconocido.

Así como es arriba es abajo

El problema de las situaciones establecidas es que, aparte de resultar soporíferas, limitan nuestra percepción. Este planeta está contenido en una especie de burbuja muy similar a las burbujas de las redes sociales, que nos reflejan las mismas ideas y creencias que ya tenemos. Nuestra burbuja de la situación establecida es tal que el consenso colectivo que existe aquí en la Tierra no reconoce la existencia de ninguna otra realidad aparte de la nuestra.

Cuando un astronauta se lanza al espacio exterior para ir a Marte a recoger muestras de tierra, pasa junto a innumerables seres, mundos, galaxias y civilizaciones que es incapaz de ver, y eso se debe a que no sabe qué es lo que está buscando. Su percepción no está sintonizada para ver más allá de lo que ya conoce. Por eso resulta tan ridículo que la NASA y el resto de los programas espaciales gasten miles de millones de dólares en enviar tanta tecnología al espacio cuando millones de niños se acuestan con hambre todas las noches. Es decir, está muy bien en lo que respecta a crear máquinas cada vez mayores y mejores para ir más deprisa y más lejos en el espacio y así recoger cada vez más muestras de tierra. Sin embargo, si de lo que se trata es de descubrir vida extraterrestre o algo completamente nuevo, no tiene sentido. Esa tecnología jamás contactará con ninguna de las formas de vida que hay ahí fuera, porque nosotros somos los que hemos fabricado esa tecnología, lo que significa que es tan limitada como nosotros.

Pasa lo mismo con la gente que no puede ver a los espíritus. Algunas personas sí lo hacen, pero la mayoría no. La mayor parte de los seres humanos ni siquiera es capaz de ver el espíritu que está en la misma habitación que ellos, justo delante de su cara, hablándoles directamente a ellos, porque no han perfeccionado su percepción de manera que les permita percibir esa capa de realidad. Por eso no saben qué es lo que deben buscar.

Mentalidad de caja

La matriz ha diseñado nuestro mundo para limitar deliberadamente la percepción humana mediante lo que yo denomino *mentalidad de caja*, que estrecha nuestra percepción y nos limita a la hora de reconocer nuestras opciones. El sistema programa a las personas con esta mentalidad a través de las infraestructuras, la arquitectura y también todas las normas, patrones y fórmulas con los que adoctrina a los seres humanos.

La inmensa mayoría de la planificación urbanística ha sido calibrada con una frecuencia energética masculina para crear ciudades, estructuras y todo un mundo dominado por los cuadrados, los rectángulos, las líneas rectas y los ángulos. Conducimos en cajas cuadradas por calles con forma de rectángulos que se cruzan formando ángulos en inmensas plazas marcadas por las líneas rectas. Caminamos sobre aceras rectangulares fabricadas con baldosas cuadradas de hormigón. Entramos en edificios rectangulares a través de puertas rectangulares para sentarnos ante mesas rectangulares y mirar pantallas rectangulares mientras soñamos despiertos mirando por ventanas cuadradas. Nuestra realidad está moldeada con cuadrados y rectángulos.

Todos estos ángulos confinan el cerebro para que perciba la realidad a través de una caja. Restringen el funcionamiento neurológico de las personas para que piensen de una forma estrecha y definida que no permita la expansión más allá del alcance limitado que la caja reconoce y tolera.

La cantidad de puertas, opciones, realidades y posibilidades que se cierran con ello es auténticamente de infarto. Como chamán me resulta muy frustrante. Trabajo con muchísimas personas que acuden a mí porque se sienten insatisfechas, atascadas, atrapadas y sin esperanza. Sin embargo, mientras ellas me hablan, sus espíritus me están mostrando todas esas puertas y posibilidades que tienen a su disposición y que son incapaces de ver, porque están cegadas por la mentalidad de caja.

Truco espiritual: La vuelta al origen

Para las personas es muy importante empezar a apartarse del rebaño, a abrir la mente y a descubrir las cosas por sí mismas. Ahí es donde entra en escena la vuelta al origen. Es una herramienta espiritual que nos permite desmantelar nuestros sistemas de creencias, nuestros constructos mentales y psicológicos y todo aquello que creemos saber que es «real». Es un viaje, un proceso de descubrimiento que nos conduce a cosas que están fuera de nuestra zona de confort, fuera de la realidad que conocemos.

Los aborígenes australianos crearon estas vueltas al origen como rito de paso. Cuando los miembros de la tribu llegan a una edad determinada, abandonan al resto para adentrarse solos en la naturaleza y embarcarse en una búsqueda sagrada hacia lo desconocido que les permite aprender a conocerse, aprender a conocer al espíritu y traer de vuelta a la tribu esos conocimientos de manera que todos puedan aprender y evolucionar. Aunque las vueltas al origen aborígenes pueden durar hasta seis meses, la versión chamánica moderna no es tan exigente, aunque resulta exactamente igual de poderosa.

Cuando estás llevando a cabo una vuelta al origen, estás haciendo elecciones de manera consciente y adoptando conductas que van en sentido opuesto a tu forma normal de actuar. Esto se aplica también a cosas pequeñas, como tomar una ruta alternativa para ir a trabajar, cepillarte los dientes con la mano no dominante o vestirte con colores vivos cuando (crees que) te favorecen más los neutros. Supone ir a algún lugar al que jamás pensaste ir o cenar solo cuando siempre has salido con otras personas.

Incluye también cosas más grandes, como asistir a una ceremonia en un centro de adoración que no conoces, viajar a otro país cuyo idioma desconoces o quedar con alguien cuya tendencia sexual estás seguro de no compartir.

Tengo un amigo que se identifica como heterosexual y que siempre se ha identificado como tal. A lo largo de toda su vida se ha dedicado a aventurarse en lo desconocido y tiene por costumbre retar a sus creencias y a sus estructuras identitarias. En algún momento de su proceso evolutivo se dio cuenta de que necesitaba vivir la experiencia de mantener un encuentro íntimo con un hombre para estar seguro de que era realmente heterosexual y para entender mejor lo que significaba serlo. Y practicó el sexo con un hombre. Eso le abrió la mente de par en par y transformó totalmente y de un modo muy profundo su punto de vista sobre la sexualidad masculina, a pesar de lo cual sigue identificándose como heterosexual.

No estoy sugiriendo que debas practicar el sexo con cualquiera que no se ajuste a las preferencias de género con las que te identificas. El amigo del que he hablado es un buscador extremo. El hecho de que esa decisión estuviera para él alineada no significa que deba estarlo para todo el mundo. Lo que sí te sugiero es que dejes a un lado cualquier sistema rígido de creencias que tengas y que te mantenga convencido de que algo es correcto, o de que está equivocado, según lo que te han enseñado y para lo que te han programado, y que hagas una vuelta al origen para investigar esa mierda por ti mismo.

Cuando hagas vueltas al origen, lleva un diario. Anota cómo te has sentido, lo que te ha surgido al aventurarte a lo desconocido. Y si no sabes por dónde empezar, pregúntate qué es aquello que siempre has querido hacer y siempre has pensado que jamás tendrías el valor de llevar a cabo. Y ahora, hazlo.

Amplía la situación social

Nuestras conexiones con los demás se basan en la similitud y la familiaridad. La sociología nos dice que los seres humanos gravitan hacia aquellos que más se parecen a ellos. Nos sentimos atraídos hacia los que visten como nosotros, votan como nosotros, fueron educados como nosotros, comparten nuestros gustos y también lo que nos disgusta. Nuestra conexión con otras personas se basa en lo que consideramos cómodo a partir de lo que ya sabemos.

La mayor parte de la gente, cuando acude a una fiesta, en lugar de conectarse con personas que no conoce, se apresura a encontrar a los amigos que ya tiene y pasa todo el tiempo refugiada en esos grupúsculos y esas camarillas, reciclando conversaciones que ya ha tenido acerca de cosas que ya sabe. Es una oportunidad desperdiciada, porque no tiene ni idea del tipo de conexiones que se está perdiendo, la información que podría llegarle a través de una conversación con un extraño o cuántas puertas están esperando a abrirse si sale de su zona de confort y conecta con alguien desconocido.

Nuestra inseguridad social colectiva es una de las razones por las que en este momento existe tanto conflicto en nuestro planeta. La gente no se conecta en el ámbito de lo desconocido con un deseo auténtico de experimentar algo diferente ni con la disposición de aprender algo nuevo. Lo hace desde la mentalidad de caja y desde el campo de resistencia, por lo cual sus conexiones están impulsadas por el deseo de sentirse seguros y por su devoción a mantener el *statu quo*. Solo están abiertos a relacionarse con aquello que confirma lo que ya saben y con lo que se sienten cómodos. Están programados para creer que todo aquello que les resulta poco conocido, todo aquello que no refleja su propio constructo identitario, es una amenaza, y eso les impide abrirse a conexiones que les aporten datos nuevos, información nueva y posibilidades nuevas.

La ciencia nos dice que, cuanta más diversidad existe entre las personas con las que socializamos y nos conectamos, más inteligentes nos hacemos… incluso en puntos de coeficiente intelectual (CI). Además, cuando tratamos con distintos tipos de personas, vivimos más. Y eso por no hablar de lo coloridas y expansivas que se vuelven esas vidas más largas cuando están enriquecidas por una diversidad de pensamientos, creencias, perspectivas y expresiones. Esto significa que, cuando evitamos conectarnos con personas que consideramos que no son como nosotros (porque nos asusta pensar, vivir, explorar o considerar más allá de los conceptos de nuestra programación), estamos literalmente acortando nuestra inteligencia y la duración de nuestra vida, y limitándonos a conversaciones establecidas, fiestas establecidas y existencias establecidas. ¿Para qué nos preocupamos por venir a este planeta si es así como vamos a actuar? Desde luego...

Este miedo a los otros grupos sociales está manteniendo estancada y aislada a nuestra especie y limita enormemente nuestra evolución. La única forma de llegar a ser un individuo completo es abrirse a una gran variedad de posibilidades y de entradas de información. Si estamos dispuestos a abrirnos solo a aquello que ya conocemos, a lo que juzgamos seguro basándonos en nuestro adoctrinamiento y nuestra exposición limitada, nos estamos encerrando en una vida basada en el miedo, nos estamos cerrando al campo cuántico de experiencia y estamos perdiendo oportunidades que nos permitirían expandirnos a planos de mayor inteligencia, elevación y conciencia.

Racismo, fanatismo e intolerancia, ¡Santo Dios!

Una persona racista no odia realmente la cultura a la que se opone. Sencillamente, no la entiende. Es muy raro que la intolerancia a otras razas, culturas o sistemas de creencias esté basada en una oposición reflexiva y crítica a dichas razas, culturas o sistemas de creencias. Se basa en la ignorancia y en el miedo. La mayor parte de las personas que afirman odiar a otro grupo de personas no han vivido realmente la experiencia de salir de su zona de confort y tratar con aquellos que no les gustan desde una postura de apertura o curiosidad genuina. Los que se muestran intolerantes con otros grupos de personas no están abiertos a pensamientos nuevos, ideas nuevas, creencias nuevas ni culturas nuevas, porque todas esas cosas están situadas fuera de su zona de confort, fuera de lo que ya conocen, y por tanto amenazan la seguridad y el «lo mismo, lo mismo, lo mismo» de su *statu quo*. Por eso, en lugar de responsabilizarse de sus vidas encogidas y limitadas y de los rincones desnudos y yermos en los que se han metido, proyectan su miedo, su aburrimiento y el desengaño que sienten consigo mismos sobre aquellos que consideran diferentes, y luego inventan historias que justifiquen la intolerancia que han pergeñado y los estereotipos negativos que la matriz les ha inculcado.

Truco espiritual: Explota tu burbuja social

La próxima vez que te encuentres en una reunión social, imponte el reto de conectar con alguien que parezca distinto a ti y con quien pienses que no tienes nada en común. No te limites a presentarte y a alejarte luego a toda prisa para poder tacharlo de tu lista de tareas espirituales pendientes. Conéctate de verdad. Abórdale con una actitud de curiosidad genuina, con la intención de establecer una conexión auténtica, de abrirte a algo nuevo y de ver adónde te conduce tu valor.

La forma de hacerlo es ver a cada persona como si fuese su propio planeta. Cuando te conectes con alguien, abórdalo sabiendo que no estás ahí para cambiarlo ni para imponerle tus puntos de vista, que tu objetivo no es decirle si tiene razón o no. Estás solo para observar, para preguntar y para descubrir cómo es su mundo, cómo funciona, y cuál es su punto de vista. Cuando dejamos a un lado nuestros juicios, nos damos cuenta de que el conocimiento de la auténtica tribu, de la auténtica comunidad y de la auténtica conexión se encuentra en nuestra disposición a estar abiertos a las observaciones, las creencias y las ideas acerca de la vida que tienen otras personas.

Entre las preguntas que podrías hacer estarían las siguientes:

¿Qué te inspira?
¿Qué sientes acerca de _____?
¿Qué piensas acerca de _____?
¿Qué te motiva?

¿Qué te gustaría cambiar y por qué?
¿Qué maravillas hay en tu mundo?

Cuando quieras crear conexiones nuevas, no plantees jamás preguntas que se respondan con un *sí* o un *no*. Acércate como si fueses un periodista que investiga una historia acerca de esa persona asombrosa, emocionado por enterarte de todo lo que puedas sobre ella desde un punto de vista objetivo. Plantea preguntas abiertas que inviten a la respuesta.

LOS GRANDES ANUNCIANTES

Cuando asumes la responsabilidad de tu propio cacharrerío y reclamas tu poder en lo desconocido, te conviertes en lo que yo denomino *gran anunciante*. Los grandes anunciantes promovemos la conciencia de luz y el despertar espiritual allá donde vamos demostrando lo que se consigue cuando dejamos de huir del monstruo que está escondido debajo de la cama y le hacemos frente. No tenemos necesidad de buscar monstruos a nuestro alrededor ni de perseguir a otras personas por sus decisiones o sus creencias; no tenemos por qué proyectar nuestros males, ni los del mundo, sobre otras personas, porque asumimos la responsabilidad sus propios males y, de esta forma, realineamos el planeta.

Tribu, recuerda que no podemos generar el cambio luchando contra él, imponiéndolo ni diciendo a los demás que tienen que darle caña. Lo conseguimos cuando tomamos la decisión de ser ese cambio, cuando lo modelamos e inspiramos a los demás a seguir nuestros pasos, porque estamos muy iluminados y nos divertimos muchísimo.

8

CONÉCTATE

EL PROPÓSITO DE ACEPTAR LA OSCURIDAD y de adentrarnos en nuestras sombras no es solo transformarnos. Lo que pretendemos es transformar el mundo. Sanamos y evolucionamos para así apoyar a nuestros hermanos y hermanas con el fin de que hagan lo mismo. Nos empoderamos para poder empoderar a otros. Y ese empoderamiento es lo que nos aporta la fuerza y el valor necesarios para hablar y actuar en nombre de aquellos que no pueden hablar y actuar por sí mismos. No podemos hacer que el mundo sea gigante siendo increíbles de forma aislada, nosotros solos. Tenemos un planeta entero que levantar y cambiar. Y eso significa que necesitamos conectarnos, no solo con nosotros, sino también con los demás.

NO DEJES DE LADO TU LINAJE

Es increíble la cantidad de gente que se aparta de su familia sin darle importancia alguna. Como si el hecho de cortar todo lazo con su linaje no fuese a provocar ninguna distorsión o desequilibrio en su vida. Es una locura. Esta desconexión que fragmenta a tantas familias es un problema enorme, sobre todo en las comunidades espirituales, en las que la gente se dedica a hacer sus viajes de amor y luz y «no pueden hacer frente» a las emociones que desencadena la dinámica de su familia, porque eso les arruga el aura, les altera los chakras o cualquier otra cosa por el estilo.

Las personas tienen que permanecer conectadas con aquellos que forman su linaje. Punto. Tienen que afrontar los problemas que provoca su familia, tienen que verla como una oportunidad para crecer y para que evolucione su linaje genético. Nuestro cacharrerío familiar es igual que el nuestro personal: no podemos huir de él. No debemos empoderar a la oscuridad rompiendo nuestras líneas fractales y evitando los problemas que necesitan de nuestro amor y nuestra aceptación para transformarse. Tenemos que hacer frente a toda esa porquería. Tenemos que sacudirnos para despertarnos, y eso significa asumir la sombra familiar y usar hasta el último de sus reflejos, de sus retos y de sus modos de actuar incómodos para crecer e iluminarnos.

Muchos de los problemas que afrontamos ni siquiera están relacionados con nosotros. Somos demasiado narcisistas. A la gente le encanta personalizarlo todo. Sin embargo, gran parte de lo que surge en la dinámica familiar es completamente impersonal y se desencadena para ayudarnos a conducir a nuestro linaje a un estado de conciencia más elevado y alineado. Cuando crecemos, no solo evolucionamos como individuos, sino que también hacemos evolucionar toda nuestra línea familiar. Y es que no estás aquí solo para ti. Estás para servir a tus ancestros, a todos aquellos que vivieron antes que tú y con los que te reunirás algún día, porque todos existís ahora mismo en el cuanto, y eso significa que tus esfuerzos, tu amor y tu evolución sirven a toda la línea fractal.

Muy a menudo, la gente tiene problemas recurrentes. Pueden seguir atrayendo el mismo patrón de relación una y otra vez aunque lleven años amando según él. También pueden sufrir un leve dolor misterioso que siempre está ahí y, aunque prueben un millón de cosas para acabar con él, ningún médico o sanador es capaz de explicarlo, y mucho menos de curarlo. Es un dolor relacionado con la línea de sangre. Está en el ARN, que es el lugar en el que se almacena toda nuestra codificación ancestral. Lo veo con mucha frecuencia en mis clientes africanos y de Oriente Próximo (en los musulmanes y en los judíos), en los pueblos aborígenes y en culturas y linajes que llevan en este planeta muchísimo tiempo y poseen raíces muy profundas hundidas en energías muy viejas y grandes cantidades de líneas fractales. La forma más eficaz de cambiar el ARN y de aliviar estos problemas y dolencias rebeldes es conectar con los antepasados.

Truco espiritual: Altar a los ancestros

Me encanta el Día de los Muertos, esa maravillosa festividad mexicana que coincide con el Halloween de los estadounidenses. La gente prepara unos altares preciosos y pone en ellos exquisitos platos, postres y bebidas para sus antepasados. Es una forma de honrarlos cuando el velo que separa los reinos se vuelve muy delgado. Así, todos pueden compartir la celebración. Es un modo de veneración precioso y un recuerdo muy bello.

Preparar un altar es una manera estupenda de abrir nuestra energía a nuestros antepasados y de empezar a cultivar una relación con ellos. El altar es una invitación que mandas a tus ancestros, una forma de llamarlos para que acudan a ti y de invitarlos a tu vida.

Elementos que puedes incluir en tu altar a los ancestros:

- Fotografías de tus antepasados.
- Objetos que les gustaban.

Si, por ejemplo, a tu abuela le encantaba la playa, puedes poner un poco de arena. Si a tu padre le gustaba mucho el golf, puedes poner en tu altar un *tee* o una pelota de golf.

- Un cuenco de ofrendas.

En algunas culturas, la gente hace ofrendas de chocolate, de dinero o de bebidas espirituosas. Resulta útil ofrecer a tus antepasados cosas que deseas que abunden en tu vida. Por eso, si lo que quieres es dinero, puedes ofrecerles monedas. Si quieres más belleza y creatividad, puedes ofrecerles una flor.

- Una vela.

Enciende la vela cuando quieras conectarte con los espíritus de tus ancestros. Cuanta más atención les dediques y más trates con ellos, más te podrán ayudar en tu vida.

Nota para esa persona agotadora que se desconecta de sus ancestros:

Si no tienes ninguna fotografía de tus antepasados, no te alteres. Puedes hacer un dibujo o tallar una figura. No importa si eres adoptado o si no tienes ni idea de quiénes fueron tus antepasados ni del aspecto que tenían. Puedes inventártelo.

Aquella vez en que mi alumno se conectó con sus ancestros

En cierta ocasión tuve un alumno alemán llamado Hans al que no le iba muy bien en la vida. No dejaba de hacer malos negocios, de perder dinero y de saltar de un fracaso a otro. Se preguntaba si le habrían echado una maldición, porque no conseguía que nada le funcionara. Supe que alguien de su linaje había tenido problemas similares y que Hans podría beneficiarse de su sabiduría. Le dije que hiciera un altar a sus antepasados para que pudieran guiarle en este problema.

Hans convirtió una vieja mesa de madera en el altar. Hacía ofrendas una vez a la semana —en ocasiones, dos— y pedía orientación a sus ancestros. Y fue entonces cuando empezó a cambiarle la vida. Se sintió protegido y empezó a tomar mejores decisiones empresariales. Cuando iba a hacer algún movimiento, notaba una sensación, paraba un momento, pensaba otra manera de hacerlo y tomaba una decisión diferente. De repente empezaron a abrírsele muchas puertas y comenzaron a presentársele oportunidades. Después de eso, las cosas se le arreglaron muy rápido y, hasta hoy, sigue haciendo ofrendas regulares a sus antepasados y siempre pide su orientación antes de tomar una decisión.

Espíritus del linaje

Al igual que los problemas codificados en nuestro ARN, los espíritus también se transmiten en el linaje. Cuando los padres adoctrinan a sus hijos con creencias que determinan su forma de ver el mundo, están al mismo tiempo transmitiéndoles los espíritus que están unidos a esas creencias.

Pongamos, por ejemplo, que tu tataratatarabuela tuvo problemas de dinero que no examinó ni sanó mientras estaba viva. El espíritu que estaba unido a esos problemas económicos se transmitió a lo largo de la línea de sangre a través de las creencias acerca del dinero y la abundancia que enseñó a sus hijos. Cada vez que les decía *El dinero no crece en los árboles, el dinero es la raíz de todos los males* o *tienes que trabajar mucho para llegar a fin de mes e incluso así seguirás siendo pobre*, estaba transfiriendo ese espíritu a sus campos de conciencia. De ese modo, el espíritu siguió transmitiéndose a las siguientes generaciones y contaminando una mente tras otra con sentimientos de escasez, carencia e ideas limitantes acerca del dinero hasta que llegaron a ti todas esas líneas fractales, todos esos afluentes familiares en los que nadie compra nada sin descuento ni enciende la calefacción ni derrocha en suavizante o espárragos, y todo el mundo está programado con las mismas creencias limitantes de que es difícil ganar dinero, que los ricos roban, porque el espíritu de escasez de su tataratatarabuela trabaja a través de todos ellos.

La oscuridad trabaja de una forma muy eficiente, accediendo al linaje y manteniendo una línea ancestral entera como rehén de la limitación... hasta que llega alguien distinto. Hasta que un día, varias generaciones después, un hombre riñe a su hijo por dejar encendida la luz de la cocina, reciclando las mismas historias que se han transmitido en su familia durante siglos —que el dinero no crece en los árboles, que es difícil de conseguir—, pero el chiquillo, en lugar de aceptar el adoctrinamiento que ha estado reteniendo durante siglos a su familia, se rebela contra esta maldición, contra el espíritu de escasez, y se opone diciendo: «No, no voy a aceptar esa historia. Tus ideas acerca de que el dinero es escaso y malvado y difícil de conseguir son tus creencias, no las mías. Y esas creencias son una cárcel que ha estado manteniendo sojuzgada a mi familia durante demasiado tiempo. Yo elijo una historia diferente, unas creencias distintas, así que el dinero sí me llega con facilidad y a menudo».

En ese momento, el niño no está desafiando solo a su padre, sino que está enfrentándose también a ese espíritu del linaje que está intentando arrastrarlo a ese campo de limitación y servidumbre, tal y como ha arrastrado a todo su linaje durante años y años. Cuando ese crío se enfrenta al espíritu, a esa historia, a esa programación, y reclama su soberanía, está sanando a toda su línea fractal. Libera a todo su linaje rebelándose contra ese espíritu, contra todas las creencias tóxicas y limitantes que trae consigo, y, de ese modo, abre puertas y caminos nuevos para todos ellos.

Mi línea fractal

Mi bisabuela Mamal es mi guía más próxima en el mundo espiritual. Es la que me trajo de vuelta de entre los muertos y siempre está conmigo. Siempre. Cuando acudo a un vidente, lo primero que me dicen todos es que encima de la cabeza tengo una mujer anciana y poderosa en forma de cigüeña blanca.

—Sí —yo me río, porque me sigue haciendo mucha gracia—. Es mi bisabuela.

Aunque no llegué a conocerla en el plano material, porque murió antes de que yo naciera, hablo con ella a diario. La primera vez que vino a mí fue cuando yo tenía cinco años y me anunció que iba a ser un chamán poderoso.

Como ya he dicho antes, Mamal fue una gran curandera de Ghana. Huyó de África a principios del siglo XIX, cuando su tribu fue invadida por los holandeses y su familia enviada a campos de esclavos. Escapó en barco, como polizona, y acabó en Haití, donde estudió sanación y chamanismo con los haitianos. De allí fue a Nueva Orleans, donde se enamoró, se casó y tuvo hijos, uno de los cuales fue mi abuela. Esta se casó con un indio pies negros y juntos tuvieron a mi padre.

Mi abuelo Leon rechazaba de plano el chamanismo. Era un adventista del séptimo día temeroso de Dios que consideraba el lado chamánico de la familia algo malvado, porque el espíritu que la religión había sembrado en él decía que había que ser perfecto con algún Dios odioso y castigador. Cuando los antepasados empezaron a asomarse a la vida de mi padre y a arrastrarle hacia el chamanismo, mi abuelo se negó a tolerarlo. Le pegó, le castigó y le prohibió estudiar chamanismo y explorar sus raíces. Y así fue como mi abuelo transmitió ese espíritu del linaje a mi padre y, con ello, le quitó todo su poder.

Cuando llegué yo y los antepasados vinieron a verme, mi padre intentó evitar que siguiera mi llamada chamánica, intentó transmitirme ese espíritu, pero yo me rebelé. Me rebelé con todas mis fuerzas, no solo porque supiera que ser chamán era mi verdad, sino también porque no estaba dispuesto a dejar que la oscuridad lavara con religión el cerebro de una tercera generación de mi familia y que borrara de un plumazo todo aquello por lo que mi abuela y la tribu de mi familia habían trabajado tan duro para levantar y enraizar en nuestro linaje.

Y fíjate lo que sucedió. En el momento en que me enfrenté a mi padre y me rebelé contra ese espíritu del linaje que estaba intentando llegar a través de él, mi padre empezó a acceder a su propio poder. Por primera vez en su vida. Al desafiar a ese espíritu, yo había liberado mi línea fractal.

A LA MIERDA EL PERDÓN

Rebelarse contra la programación familiar, desafiar a los padres y defender uno solo nuestra verdad es algo que asusta. Ser la oveja negra de mi familia exacerbó lo que ya existía: un montón de conflictos, un montón de violencia, un montón de abusos. Yo quería a mi padre, a mi madrastra y a mis abuelos, pero no los perdono. No perdono a mi padre por las cosas horribles que hizo, ni a mi madrastra, ni a mis abuelos. Acepto lo que hicieron. Acepto que me hicieran todas esas cosas horribles, y esa aceptación es lo que me permite —a mí y a todos nosotros— ser libre.

Perdonar implica que lo que me hizo mi familia estaba equivocado, que era malo, y eso me impide reconocer que ellos tenían que aprender sus propias lecciones de esas experiencias, y nos impide a todos crecer a partir de las experiencias que compartimos.

Tuve una cliente a la que crio una madre alcohólica que la maltrataba mucho. Me dijo que le había perdonado todas las cosas horribles que le hizo.

—No, no lo has hecho —le respondí.

Entonces mi cliente insistió en sus tonterías y me dijo que sí, que la perdonaba, porque había realizado todo un proceso de perdón; había escrito todos sus resentimientos y los había quemado en un ritual de luna llena en el solsticio.

Yo le contesté:

—Cariño, no perdonaste a tu madre y sigues sin perdonarla. Y cuanto más sigas repitiendo esta historia de que sí lo haces, más seguirás manteniéndoos a tu madre y a ti en el limbo y provocando el sufrimiento de las dos. El hecho de que estés anunciando que la perdonaste solo significa que no lo has dejado atrás.

Mi cliente reflexionó durante un minuto sobre lo que le había dicho y rompió a llorar.

—Tienes razón —me dijo—. No puedo dejarlo atrás.

Las personas se hacen daño unas a otras, se hacen cosas terribles. Así es la vida. Pero la idea de que el perdón es la llave mágica de nuestra sanación es una gilipollez. El perdón nos ata, nos limita, nos retiene. Es lo peor de lo peor. En el momento en que invocamos su energía, activamos la dualidad y la jerarquía. Es un concepto de culpa que implica que alguien está en lo cierto y que otro está equivocado, y eso crea una separación instantánea y encierra a ambos en un enredo cuántico que los atrapa en el campo energético del conflicto inicial. El perdón es el purgatorio y retuerce un montón de mierdas de un montón de formas.

¿Qué importa que mi cliente hubiera realizado los movimientos del perdón? Además, ¿por qué tenía que perdonar a su madre por lo que hizo? El perdón es una trampa mental que nos mantiene atascados en un limbo energético. No tiene sentido. Sin embargo, si mi cliente era capaz de aceptar lo que hizo su madre, ambas quedarían libres. La aceptación nos hace libres y nos permite mantenernos conectados, porque, cuando aceptamos, nos estamos relacionando en el plano de la verdad. No estamos negando, no estamos pretendiendo, no estamos culpabilizándonos, no estamos echando la culpa a nadie, no estamos victimizándonos, no estamos juzgando. Estamos simplemente reconociendo. *Esto es lo que sucedió. Esta es una energía o una experiencia que comparti-*

mos y que tuvo consecuencias en todos los implicados, y lo que
ellos decidan hacer con estas energías y estas lecciones para avan-
zar es cosa suya.

Resulta mucho más honesto y eficaz que decirle a alguien:
«Te perdono». No, gracias. Yo preferiría que no lo hicieras. El
perdón es el purgatorio. Es una trampa china para los dedos.

Los ancestros son una realidad

La soledad y el aislamiento están favoreciendo los brotes epi-
démicos de depresión, adicción a los opiáceos y suicidio en Estados Unidos. Aunque es cierto que el sistema está haciendo su
papel para separar a los seres humanos, otro de los motivos por
los que estos se sienten tan solos, tan desamparados, es que no
tienen ninguna conexión con sus antepasados. Por si no fuera
suficiente que las personas se aparten de sus madres, padres, hermanas, hermanos, tías, tíos, primos e hijos que están vivitos y
coleando, porque no quieren afrontar los retos que desencadena
su familia, además, tampoco se están conectando con toda su línea ancestral en ningún nivel… No me extraña que estén perdiendo los papeles.

A lo largo de los siglos, todo el mundo ha estado conectado
con sus antepasados. No fue hasta la Revolución Industrial cuando los seres humanos tiraron por la borda esta conexión. El racio-
nalismo dio paso a esta ridícula idea de que, cuando las personas
mueren, se van para siempre. Una absoluta tontería. La muerte
no significa que dejemos de existir. Solo significa que dejamos de
existir en este traje espacial biológico, en este plano dimensional
de realidad. Sin embargo, como nos han programado para que
creamos que es una especie de nada final, la gente asume que sus
antepasados desaparecen completamente y los olvidan. Y déjame
decirte que los seres humanos tomaron un camino equivocado

cuando dejaron de confiar en que nuestros ancestros siguen estando con nosotros.

Resulta extremadamente pretencioso ir por la vida creyendo que todo depende de nosotros, que existimos por nuestra cuenta, por nuestra propia voluntad, como si saliéramos de alguna vaina aislada que flotara en un vacío de narcisismo, algo que nos mantiene totalmente ajenos al hecho de que no estaríamos aquí si no fuera por cada uno de los abuelos que vinieron antes que nosotros y tuvieron hijos, y los criaron, y los mantuvieron con vida para que nosotros pudiéramos estar aquí ahora. Es una enorme falta de respeto no reconocer de dónde procedemos.

LOS ANTEPASADOS SABEN ALGO

Si no tenemos una conexión sólida con nuestros antepasados, no podemos conectarnos con nuestras raíces ni con nuestra historia familiar, lo que nos sitúa en una posición muy precaria en este planeta Tierra. Nuestros ancestros son grandes aliados a la hora de navegar por las complejidades de la encarnación, sobre todo en lo relacionado con el Apagón, porque, como sucede en lo que respecta a la sombra, lo saben todo de nosotros. Saben qué tipo de persona será la mejor como pareja en nuestra vida amorosa. Saben qué oportunidades van a funcionar y cuáles van a ser un fracaso. Están al tanto de todo.

Nuestros ancestros caminaron por la Tierra y vivieron su vida en su época. Al morir, aprendieron unas lecciones muy poderosas acerca de las decisiones que habían tomado. Ahora que están al otro lado, tienen una perspectiva más amplia. Pueden ver la totalidad del conjunto. Cuando construimos un puente con ellos y los invitamos a participar en nuestra vida, nos apoyan y nos protegen. Nos hacen saber si algo no está alineado o si no nos beneficia.

De todas formas, no se trata solo de lo que ellos pueden hacer por nosotros, sino también de lo que nosotros podemos hacer por ellos. Tenemos una responsabilidad con nuestro linaje. El motivo por el que nuestros ancestros aguantaron, por el que sobrevivieron y se propagaron, no fue que sus tataratataranietos pudiéramos disfrutar de nuestra existencia aislada por nuestro propio placer hedonista, sino que pudiéramos mejorar las cosas para nosotros, para los demás y para nuestro linaje.

Truco espiritual: Puente con los antepasados

La forma más fácil de cultivar una relación con nuestros antepasados es construir un puente que una nuestro mundo con el suyo. Cuando lo haces, abres una conexión entre tu linaje de sangre y tú y ofreces a tus antepasados un acceso completo a ti, lo que les permite aconsejarte teniendo en cuenta todos los detalles y aspectos de tu vida.

Disponer de un puente que te conecte con ellos les permite enviarte energías sanadoras, palabras de sabiduría, sincronicidades y lo que quieras. Básicamente, este puente no es más que decir: *Eh, antepasados, estoy reventado. Vamos a subir el nivel y a cocrear juntos algo asombroso.*

Para construir el puente, lo mejor es que te sientes delante de tu altar a los antepasados, porque es tu punto focal de magia con ellos. Sin embargo, si todavía no lo has creado, no te sofoques. Tus antepasados pueden oírte estés donde estés.

- Visualiza una luz dorada que emana de tu corazón y que se extiende más allá de tu cuerpo, más allá de este plano, para penetrar en el mundo de los espíritus.
- Al emitir esta energía de tu corazón hasta el mundo de los espíritus, di en voz alta: «Antepasados, estoy abriendo este puente para que funcione como portal sagrado entre nosotros. Me encantaría recibir vuestra sabiduría, vuestra orientación, vuestro amor y todas las peticiones que queráis hacerme. Honro

nuestra conexión y estoy emocionado ante la posibilidad de compartir este viaje con vosotros».

Ahora que ya has creado tu puente con los antepasados, así es como se usa:

- Respira hondo unas cuantas veces y di: «Antepasados, enviad una sensación por mi cuerpo para que pueda sentirla».
- Presta atención a cualquier sensación que puedas notar en tu cuerpo: calor, escalofríos, presión, picor. Cuando la sientas, di: «Noto _____, antepasados. Aumentad mi receptividad todavía más».
- Vuelve a observar lo que sientes. A continuación, di: «Noto _____, antepasados. Aumentad mi receptividad todavía más».
- Repite este proceso cinco veces en total.
- Sigue practicando esta técnica pidiendo a tus antepasados que te envíen señales. Pídeles que manden un color a tu mente para que puedas verlo o una palabra a tus pensamientos para que puedas oírla o leerla.

Cada vez que oigas, sientas o veas algo, di a tus antepasados en voz alta lo que estás percibiendo y pídeles que aumenten tu receptividad todavía más.

Este truco espiritual te enseña a estar presente con ellos. Cuanto más uses esta técnica, más fuerte se hará vuestra conexión y más acceso tendrás a ellos.

SUPERVISIÓN ANCESTRAL

Yo vivía en la planta superior de un edificio de cuatro apartamentos en Los Ángeles. A mi vecino de abajo le repateaba que tocara el tambor, que cantara; odiaba a mis amigos y me odiaba a mí. Sin embargo, debemos dejar claro que la gente no odia a otros por las razones que suponen. Lo hacen porque no pueden controlarlos para que actúen de manera que les haga sentirse seguros basándose en lo que ya saben o en cómo han sido programados. Es un problema de control. En cualquier caso, este vecino que creía que me odiaba contrató a una *shawafa* marroquí para que me echara una maldición. Pero no pudo hacerlo. Me enteré de que aquella mujer se quedó fría durante el ritual y que, cuando volvió en sí, mis antepasados no le dejaron completar el hechizo. Sus poderes resultaron inútiles ante la protección de todos mis ancestros.

La supervisión ancestral no es algo que nos venga dado. No funciona así. A menos que iniciemos una conexión con nuestros antepasados y la cultivemos, estaremos solos. Esta desconexión hace que mucha gente se sienta como pez fuera del agua esté donde esté, porque una parte de ellos está siempre alerta ante la posibilidad de que suceda algo malo. Cuando no actuamos bajo la supervisión ancestral, nos sentimos muy desorientados. P. D.: Cuando utilizo la palabra *supervisión* no me refiero a la manipulación jerárquica del mundo que hace la matriz. Me estoy refiriendo a la versión latina original, es decir, el significado real de la palabra, *super-visión*, muchos ojos multidimensionales que te guardan las espaldas. Yo la tengo. Viajo por todo el mundo y siempre estoy tranquilo, porque sé que mis antepasados están guiándome en todo momento.

Aquella vez en que mis antepasados salvaron mi vida y la de mis amigos

Cuando estaba en Tel Aviv, mis amigos y yo solíamos comer siempre en una pequeña cafetería de la calle Allenby. Un día, mis antepasados me enviaron un montón de señales advirtiéndome de que no fuera.

> Para empezar, mi amigo tiró un vaso de la encimera al salir de casa. Se hizo añicos contra el suelo. Fue lo primero que me indicó que había un punto débil en nuestro plan.
>
> «¡Cuidado!», me dijo un obrero cuando pasé demasiado cerca de una escalera apoyada contra la pared de una tienda.
>
> Al dar la vuelta a la esquina que nos conducía a la calle Allenby, observé a una pareja que discutía a gritos sobre la acera. Un minuto más tarde llegamos a la puerta de la cafetería y oí en mi cabeza una voz que decía muy claramente: «Debes encontrar otro lugar para comer *ahora*».
>
> Les dije a mis amigos que teníamos que ir a otro restaurante. Me costó convencerlos, pero al final accedieron. Mientras pedíamos la comida, oímos una explosión. Un terrorista suicida se había hecho estallar en nuestra pequeña cafetería de la calle Allenby. Fue para mí un momento crucial. Fue cuando comprendí de verdad lo importante que es escuchar; lo entendí *de verdad*.

LLÉNATE DE TI MISMO

La codependencia genera mucho sufrimiento en nuestras relaciones. La gente somete a los miembros de su familia y a las demás personas que forman parte de su vida a una enorme presión para satisfacer las necesidades emocionales que no ha aprendido a atender por sí misma.

Una mujer acudió a uno de mis talleres y me pidió consejo para superar su añoranza del hogar, como si esta añoranza fuera algo real. Le expliqué que su problema no tenía nada que ver con echar de menos su casa. Lo que le pasaba era que había decidido identificar sus sentimientos como «añoranza» basándose en la falsa creencia de que su familia era su fuente de equilibrio, de sustento, de cuidado, de enraizamiento, y que la única forma de experimentar estas energías era estando en casa con ellos. No era un problema de geografía, sino de que no estaba llena de sí misma, es decir, que no estaba asumiendo la responsabilidad de aportarse ella misma esas energías. La estaba proyectando hacia su familia, con lo que ponía sobre los hombros de sus miembros la carga de su plenitud.

Cuando no nos llenamos a nosotros mismos con el sustento que deseamos, nos convertimos en cascarones energéticos vacíos que buscan perpetuamente a otra persona para que los llene. Es una situación muy precaria, porque, como siempre les digo a mis clientes, si no estás lleno de ti mismo, va a venir otra persona a llenarte con un montón de su propia mierda. Y cuando estás lleno de ella es cuando aparece la discordia.

Discordia

Como los seres humanos nos movemos por nuestra necesidad de gustar, de encajar, gran parte de la dinámica de nuestras relaciones está marcada por la discordia. Una parte enorme. Generamos discordia cuando nos permitimos conectarnos con energías que no están alineadas con nuestra máxima verdad, con nuestra máxima felicidad, con nuestro máximo bienestar, con nuestra máxima armonía. Básicamente, generamos discordia cuando ponemos en peligro lo que es mejor para nosotros, aquello con lo que nos identificamos, por el simple hecho de ir con la corriente, de formar parte de la gente que mola, por agradar a los demás, por encajar.

Voy a ponerte un ejemplo. Imagina que estás en una cena con amigos y la conversación es predominantemente negativa: muchos juicios, cotilleos, quejas y ese tipo de cosas. Notas cómo te vas contrayendo y encrespando ante toda la negatividad que se está intercambiando, pero no haces nada para redirigir la conversación en una dirección más positiva. Esa conversación está generando discordia y, cuando te vayas, tú también estarás en un estado de discordia. No importa si aportaste tus propias quejas y juicios o no. Te sumergiste en esas vibraciones, las permitiste y, como no resuenan con tu máxima verdad, armonía, bienestar o conocimiento, ahora tú también sufres la discordia.

Este tipo de discordia es una expresión del gran problema de negación que como colectivo tenemos ante nosotros en el planeta. Ya no podemos seguir pretendiendo que no sabemos lo que sabemos, y eso significa que ya no podemos seguir pretendiendo que no sabemos que nuestros actos tienen consecuencias. Como creadores cuánticos debemos asumir la responsabilidad de la información que estamos dejando entrar en nuestro recipiente, en nuestro campo energético y en el mundo en general, igual que debemos responsabilizarnos de cambiar y elevar esa información y de desarrollar nuestras interacciones y nuestros constructos sociales, así como de evolucionar nosotros mismos y de que lo haga tambien el mundo.

Distinto sería que viviéramos en un constructo unidimensional o vacío en el que la discordia fuera simplemente un estado de sentir o una frecuencia sin implicaciones ni derivaciones que debiéramos afrontar. Sin embargo, la realidad cuántica no funciona así. La discordia abre la puerta a más discordia, a más oscuridad, porque es un imán multidimensional para los parásitos del inframundo.

LOS PARÁSITOS DEL INFRAMUNDO

Los parásitos del inframundo son básicamente bichos espirituales cuyo propósito es conseguir que la oscuridad siga siendo oscura. Acceden a nuestro organismo a través de la discordia y allí se alimentan de nuestra negatividad para empoderar a la oscuridad y atraen más discordia a nuestra vida; de este modo empoderan aún más a la oscuridad y atraer más discordia. Lavar, aclarar, repetir. Una vez implantados en nuestro ser, se hacen con el control de nuestra mente, donde secuestran los algoritmos de nuestros pensamientos y nos manipulan para que tomemos decisiones no alineadas y así nos mantengamos en un estado de desequilibrio perpetuo.

Provocan el caos en nuestra vida; nos impiden aprovechar las oportunidades con las que estamos alineados y nos unen a personas, energías y situaciones disfuncionales que emparejan en términos vibratorios con la discordia que los trajo a nosotros. Atraen hacia nosotros a otras personas, que también viven en discordia, para que juntos creemos cada vez más discordia y mantengamos así al inframundo vivito y coleando.

Cuanto más tiempo mantengamos la discordia, más permitiremos el acceso de los parásitos del inframundo a nuestro ser, con lo que el daño que provoquen será mayor y resultará más difícil corregir todo el embrollo.

Es una razón importantísima para permanecer alineado, para conservar la buena avenencia. Esto significa mantenerse alejado de aquellas perturbaciones que generan discordia: quejas, críticas, cotilleos, decir gilipolleces, presumir, fanfarronear, denigrar, hablar mal de la gente, etc. Si nuestras palabras no elevan y cambian, tenemos que analizar el cacharrerío que llevamos dentro y que nos está inspirando para decir cosas que hieren, que dividen, y examinar la inseguridad que lleva aparejada. De todas formas, lo que en ningún caso debemos hacer es propagar esas vibraciones discordantes por todo el campo cuántico estableciendo relaciones de baja vibración por pasar el rato.

Truco espiritual: Brujería chamánica armónica ninja

La brujería chamánica armónica ninja es una forma estupenda de asumir la responsabilidad de nuestro entorno, de devolver el alineamiento vibratorio a las conversaciones de baja frecuencia y de proteger nuestro campo de la discordia y los parásitos del inframundo, que son repugnantes.

No existe ninguna regla fácil y rápida que nos indique cómo utilizar la brujería chamánica armónica ninja para combatir la discordia, pero aquí tienes la clave: cuando te encuentres manteniendo una conversación marcada por las quejas o la negatividad, debes redirigirla lo antes posible en una dirección con la que te identifiques más.

En primer lugar, intercepta las vibraciones disonantes reconociendo lo que la otra persona está expresando. Puedes decir algo como: «Oigo todo lo que estás diciendo», porque no quieres descartar completamente a la persona ni su punto de vista, sino solo guiarla hacia una expresión más armoniosa.

Luego desvías la conversación en un sentido más positivo invitando a la persona que se estaba quejando a que vea la situación desde un ángulo diferente.

Puedes preguntarle cosas como:

- «¿Qué te está funcionando en esta situación?».
- «¿Qué te está enseñando esta situación acerca de ti mismo?».
- «¿Cómo manejarás la situación de otra forma la próxima vez?».

O, si te encuentras con personas que están cotilleando o hablando mal de alguien, puedes dirigir la conversación en una dirección más alineada ofreciendo un marco positivo de la persona o de la situación. También puedes hablar de una época de tu vida en la que viviste algo parecido a aquello de lo que se están quejando tus amigos y contarles qué fue lo que te enseñó o lo que estaba generándolo, para así ayudar a las personas con las que estás a comprender mejor la situación.

Al usar la brujería chamánica armónica ninja estamos guiando a otros de una manera lúdica para que amplíen su perspectiva y accedan a una frecuencia más positiva y coherente. Tu objetivo no debe ser avergonzar ni contradecir a nadie, sino elevar la vibración colectiva y generar una frecuencia de armonía y un campo de avenencia en el que todo el mundo se sienta seguro para conectarse, compartir y disfrutar sin atraer patógenos extradimensionales a su campo.

Las firmas son una realidad

Hay muchísima gente que desea encontrar una pareja con la que compartir su vida y se queda colgada en detalles como el color de los ojos, la estatura, si medita, si toma gluten, si usa dentífrico con flúor, si llama a su madre, si es propietaria de su casa y cosas por el estilo. Todo esto está muy bien; puedes conocer a alguien que cumpla todos tus requisitos —es estupendo, hacéis *crossfit* juntos, los dos sois veganos y tenéis perros adoptados, os gustan los Beatles—, pero, a menos que vuestras firmas estén alineadas, la relación va a ser discordante.

Cuando dos personas tienen sus firmas alineadas, les resulta fácil estar juntas. Se mueven al mismo ritmo y fluyen igual. La compañía del otro les resulta estimulante y su relación es siempre fácil. Este tipo de relaciones nos ayudan a mantener la armonía; hacen que estemos de acuerdo.

Luego están esas otras personas que nos agotan, que nos estresan, que hacen que nos sintamos incómodos, exhaustos o fuera de combate…, no por nada que digan o hagan, sino por las frecuencias que generan. Es lo que sucede cuando nuestras firmas no están alineadas.

Gran parte de las fricciones en las relaciones son consecuencia de unas firmas desalineadas. No es que nadie esté haciendo nada malo ni que se comporte de una forma que haya que corregir. La discordia se está produciendo en unos niveles energéticos mucho más sutiles y fundamentales, por lo cual unos simples ajustes de conducta no van a cambiarlos. No tenemos por qué mantener relaciones con todo el mundo.

Estar solo tiene mala reputación

Mucha gente prefiere mantener una relación discordante con una persona que le drena y le trata mal que estar sola. Le aterroriza la idea de estar sola, porque no quiere afrontar su mierda. Prefiere mantenerse preocupada por los dramas que se producen en la relación, por la distracción, a no tener compañía. Porque si estuviera dispuesta a vivir por su cuenta, empezaría a ver dónde se está entorpeciendo a sí misma, dónde la ha cagado, en qué no está siendo honesta, y luego asumiría la responsabilidad de estas cosas, y tendría que tomar decisiones diferentes y ajustar su estilo de vida. Y todo esto resulta inconveniente e incómodo. Por eso lo evita. Este es el motivo de que elija conservar una relación discordante y arruinar su vida con energías parásitas y demás. Esta gente piensa: *Bueno, es verdad que mi pareja me ignora y me trata como si fuese un niño. Y es cierto que nuestra relación resulta dolorosa, tumultuosa, desalentadora; pero al menos no estoy solo.*

Estar solo es entrar en lo desconocido. Cuando evitamos viajar al interior de nosotros mismos, nos fragmentamos, nos distorsionamos. No poder estar solos es como encontrarnos en una gran habitación en la que alguien ha metido debajo de la alfombra todo aquello que no quiere afrontar. De ese modo, si quieres coger algo que está en el otro lado del cuarto, no puedes sencillamente andar en línea recta siguiendo el camino más corto para llegar a ello. Tienes que ir por encima de todos esos bultos que sobresalen de la alfombra. Tienes que maniobrar alrededor de ellos, que se enganchan al bajo de tu pantalón y te hacen tropezar, y todo porque no has metido solo un poco de basura debajo de la alfombra, sino que te has creado dentro de ti unos obstáculos auténticos.

Cuando nos conectamos con otros para evitar estar solos, no podemos hacerlo de manera auténtica, desde una postura de integridad. Estamos sencillamente intentando pasear un poco, conseguir algo de masilla con la que rellenar los agujeros de nuestra conciencia y tapar ese enorme vacío en el que nos aferramos al dolor y a estructuras de creencias que podríamos sanar para seguir adelante a partir de ahí si eligiéramos estar presentes con nosotros, examinar las partes que duelen y que nos asustan y luego llenarlas con nuestro amor y aceptación a nuestro maldito yo.

Tu autonomía es una función necesaria para tu desarrollo como ser humano. Una de las razones principales por las que fracasan las relaciones es porque, en el momento en que las personas las entablan, tiran por la borda su autonomía precisamente cuando lo que realmente necesitarían sería redoblarla. Para tener una relación que funcione —es decir, que sea sana, comunicativa y duradera, que favorezca tu bienestar y los intereses de ambos—, tenemos que ser independientes y autónomos. No es responsabilidad de tu pareja convencerte de que eres guapo, ni masajearte los hombros después del trabajo, ni hacerte feliz. Nadie puede hacer feliz a otra persona. La felicidad no viene de los demás. Viene de nosotros mismos. Por eso es tan importante ser lo que yo denomino *independiente en las relaciones*, ser tú mismo el que rellenes tu recipiente, el que asuma la responsabilidad de tu felicidad. Cuando dependemos de los demás para que satisfagan nuestras necesidades, generamos expectativas. No pasa nada si lo que quieres es remover la mierda de tu relación, pasar todo el tiempo peleando, discutiendo, desengañándoos el uno al otro y sintiéndoos fatal. Sin embargo, si lo que deseas es permanecer en el tren iluminado y vivir una vida feliz, plena, petazeta e increíble, más te vale dejar esas expectativas en la puerta.

Mantente a ti mismo

Debemos aprender a ser autosuficientes, no solo por nuestra sanación y nuestro bienestar, sino también por respeto a nuestros seres queridos y a las relaciones que compartimos con ellos. Cuando no estamos completos y vamos por ahí buscando a otras personas que satisfagan nuestras necesidades emocionales y rellenen nuestros vacíos y las grietas de nuestra conciencia, las relaciones se vuelven discordantes, porque no son libres.

Cuando nos apuntamos a una dinámica discordante y codependiente en las relaciones, traicionamos nuestra autenticidad. Cuando no estamos realmente alineados con la frecuencia vibratoria de esa relación, tenemos que ajustarnos para dar la impresión de que va bien. Nos contorsionamos en nudos emocionales, psicológicos y espirituales para conseguir que «funcione». Cuando cambiamos o ponemos en peligro lo que somos para engañar a la persona con la que estamos y conseguir que nos ame, nos estamos comiendo lo que yo denomino un *pastel comprometido*. Y déjame decirte que estos pasteles saben a mierda.

Aquella vez en que me comí un pastel comprometido

Como de niño sufrí acoso sexual y escolar, ya de adulto atraje una relación muy abusiva y tumultuosa. Aunque resultó extremadamente dolorosa y volátil, la mantuve durante varios años, y lo hice durante tanto tiempo porque estaba tan centrado en aportarle cosas a mi pareja, en ayudarla y complacerla, que perdí de vista totalmente lo que yo necesitaba, y no era capaz de ver hasta qué punto estaba poniendo en peligro mi verdad para mantenerme en esa dinámica abusiva.

Estábamos casi todo el tiempo discutiendo. A mí me enfurecía muchísimo que él se aprovechara de mí, que no apreciara lo que yo hacía por él, todo lo que sacrificaba en su beneficio. Le gritaba porque no hacía más que coger y coger y coger de mí, pero no era capaz de reconocer que yo era el que no hacía más que dar y dar y dar. Lo cierto es que no tenía ningún derecho a gritarle ni a quejarme, porque yo era el único responsable de que nuestra dinámica fuera tan tóxica. De la única persona de la que me podía quejar con razón era de mí mismo, porque era el que transigía para obtener amor, el que ponía en peligro mi verdad para conservar la relación, el que permitía que me trataran de ese modo.

> Aquella relación resultó muy valiosa, porque me enseñó que no es responsabilidad de nadie reconocerme ni alabarme por ser amable, generoso, poderoso o cualquier otra cosa. Me enseñó que es responsabilidad mía satisfacer mis necesidades y que puedo elegir lo que hago o digo, que puedo dar lo que quiera, pero que no tengo ningún derecho a enfadarme si la otra persona no responde a esos gestos como yo quiero que lo haga. Esa mierda de expectativas no son más que patadas constantes en el culo. Y lo que esa relación me mostró por encima de todo fue lo poco auténtico que estaba siendo, y me enseñó a dejar de comer pasteles comprometidos. Me reveló que no tengo que transformarme en algo diferente para ser la persona a la que otro querría amar, que lo único que tengo que hacer para ser la persona a la que otro querría amar es sentirme cómodo con lo que soy.

LOS BLOQUEOS SEXUALES SON UNA REALIDAD

Te sorprendería comprobar cuántas de las personas con las que ejerzo mi trabajo como chamán tienen bloqueos en su energía sexual. Es prácticamente una epidemia y un problema inmenso, porque estos bloqueos en la energía sexual provocan bloqueos en nuestra vida.

La energía sexual es la energía de la expresión. Eso es lo que significa el sexo. Es la expresión a través de la comunión, de la conexión, de la comunicación con otro ser humano a través del cuerpo. Es una oportunidad para experimentar placer, y este constituye una energía extremadamente poderosa. Despierta dentro de nosotros unas energías y unos sentimientos muy sanos y estimulantes. Nos permite sentirnos seguros, sentirnos cómodos con lo que somos, y de ese modo nos podemos comunicar de una manera más libre, eficiente y efectiva. Cuando nos sentimos cómodos con nuestra sexualidad, nuestra sensualidad y nuestra intimidad, nos podemos comunicar más fácilmente con los demás.

Podemos abrir nuevas vías de percepción, porque no tenemos miedo. El sexo nos conecta con nuestra santidad interior, con nuestro bienestar interior, y también con nuestra juventud y nuestra vitalidad. Es petazeta.

Cuando bloqueamos nuestra capacidad para comunicar placer, éxtasis y dicha a través de nuestro cuerpo, anulamos nuestra sensibilidad, nuestra sensualidad y nuestro sensorio. Eliminamos nuestra capacidad de percibir y de sentir y nos volvernos insensibles al mundo y al resto de la gente. Cuando apagamos nuestra energía sexual, nos impedimos atraer las experiencias que aportarían alegría, placer y éxtasis a nuestra vida. Además, bloqueamos nuestros canales de receptividad, lo que se traduce en problemas económicos y conciencia de escasez. Los bloqueos sexuales son un gran problema, porque generan muchísimo caos en un montón de aspectos de nuestra vida.

Cómo la matriz mancilló el sexo

La matriz utiliza la religión para programar a los seres humanos y convencerlos de que el sexo es algo pecaminoso, sucio. El programa provoca sentimientos de culpabilidad y vergüenza para hacernos creer que merecemos un castigo cada vez que lo practicamos. Por eso nos autoflagelamos mentalmente, emocionalmente, espiritualmente y también físicamente, que es como manifestamos las enfermedades.

Cuando yo era niño, mi madrastra me pilló masturbándome en mi habitación. Se puso como loca. Cogió unas tijeras, me arrastró al pasillo, me hizo sacarme lo que ella denominó mi «ding-a-ling», lo metió entre las hojas de la tijera y susurró:

—Si te vuelvo a pillar haciendo eso, te lo corto.

Todavía no he olvidado la sensación de frío que produjeron aquellas hojas afiladas contra mi piel y la presión del metal mientras ella apretaba las tijeras para que la entendiera bien. Recuerdo que me aterrorizó la idea de que mi madrastra me fuera a cortar el pene. Sin embargo, era absolutamente incapaz de comprender qué era lo que había hecho mal. Sabía que mi madrastra era católica y que consideraba el sexo como algo sucio, malo y erróneo, pero a mí todo aquello me resultaba incomprensible, porque sabía que mi padre y ella tenían una amplia colección de cintas eróticas suecas escondidas en el armario. No cuadraba. Si el sexo era tan malo, si era tan erróneo, ¿por qué se dedicaban mi padre y ella a ver esos vídeos de gente practicándolo de un montón de maneras raras?

Esta es la contradicción que genera la represión. Resulta muy confuso, sobre todo para los niños cuyos padres les dicen que no deben mostrar actitudes sexuales, que el sexo es un pecado, y luego hacen todo tipo de guarradas raras y perversas, las esconden y mienten sobre ello. La matriz utiliza la represión para mantener a los seres humanos sexualmente bloqueados. El campo de represión es lo que impulsa a las personas a actuar desde los extremos. Por eso vemos a tanta gente oscilando hacia esas formas realmente degeneradas y pervertidas de expresión sexual. Como tienen tantos bloqueos provocados por tanta programación conflictiva, no pueden permitirse disfrutar de los sentimientos hermosos y de la conexión con otra alma a un nivel físico y espiritual. Es muy triste, porque nuestra naturaleza como humanos es expresar y comunicar. Es lo que hacen todos los seres del mundo, cada animal, cada insecto, cada flor, cada árbol. Todos ellos se expresan plena y totalmente, de forma natural, sin normas ni limitaciones.

Cultura de la conquista

La represión sexual ha dado paso a una cultura de la conquista, en la que los hombres basan su valor, su autoestima, su masculinidad y su reputación en el número de tías a las que se han tirado. Esto incluye ir saltando de una minirrelación a la siguiente, cada una de las cuales dura lo que dura el subidón de dopamina. En el momento en que estas hormonas desaparecen, la excitación cede y el hombre se enfrenta a una persona real con miedos, fallos, emociones humanas y espinillas; entonces, ¡*sayonara, baby!* y a la siguiente conquista.

Luego está ese club de chicos que los hombres parecen no dejar atrás nunca, ese en el que se dedican a fanfarronear de ser el que ha follado con más mujeres, de follar con las mujeres más calientes y de todas las formas depravadas en las que las violaron. Todo esto está impulsado por la misma inseguridad que mueve a todos los hombres, que es: ¿tengo la polla suficientemente grande?, ¿es mi Mercedes suficientemente chulo?, ¿quieren las mujeres follar conmigo?

Y lo que estos hombres tienen que entender es que no hay un número suficiente de mujeres, que no existe una supermodelo de diez, que pueda jamás silenciar el ruido que provoca todo ese odio hacia sí mismos, todas esas dudas, si no se aprietan los machos, desarrollan el valor suficiente para no distraerse con ir de caza, con pasar de una mujer a otra, con los subidones de ego y de dopamina, y se meten en su interior para llenarse de sí mismos.

CONÉCTATE CON TU FEMENINO, TÍO

Si tenemos en cuenta hasta qué punto están programados los hombres para reprimir su femenino y lo privados que están de la energética femenina, no resulta sorprendente que no se relacionen con las mujeres de una forma sana. Sin duda no les beneficia el hecho de que esta cultura los prive de afecto, que los disuada de expresar sus emociones. No se les dan las mismas libertades que a las mujeres para emocionarse y expresar sus sentimientos con sinceridad.

—Si quieres ser sensible —solía decirme mi padre—, yo te daré algo por lo que serlo.

Esa fue toda la formación en inteligencia emocional que recibí en mi casa siendo niño.

El sistema nos programa para que creamos que las emociones son un signo de debilidad, sobre todo en los hombres, a los que no solo se les disuade de mostrarse sensibles, sino también de expresar afecto. Los hombres que intercambian afecto con otros hombres son considerados afeminados y se les acusa de ser maricas, de bujarras, de tener mucha pluma, de ser homosexuales y gais. La privación de afecto empieza en la familia. Cuando un niño alcanza cierta edad, su padre deja de mostrarse cariñoso con él..., si es que alguna vez lo fue. Esto significa que la mayoría de los niños crecen recibiendo cariño solo de su madre. Ya de adultos, los hombres solo reciben afecto cuando tienen una relación amorosa y, además, solo cuando mantienen relaciones sexuales y cuando tienen hijos..., y solo durante los primeros años, además. Esto hace que vivan con unos niveles muy elevados de testosterona, porque no están recibiendo ningún tipo de contacto físico ni conexión que pueda equilibrarlos. Por eso intentan cubrir sus necesidades emocionales a través de la competición, de tener razón, de buscar pelea, de demostrar lo listos que son y de hacer cosas que sus mujeres vayan a aplaudir.

Es solo uno de los muchos bloqueos y distorsiones que mantienen a los hombres y a las mujeres buscando constantemente la validación fuera de sí mismos, lo que, como ya hemos dicho, es un juego en el que nadie gana y que no nos lleva a ningún sitio. El resultado es que los hombres y las mujeres no se comunican correctamente entre ellos y, si queremos sobrevivir al Apagón, debemos sanar esta desconexión.

No eres ningún marimacho, cariño

De todas formas, los hombres no son los únicos que se están desconectando de su energía femenina. Muchas mujeres están inconscientemente adoptando una pose de hombres e intentando hacerse pasar por chicos. Sin embargo, no los son. Las mujeres son mujeres, y los hombres y las mujeres son muy distintos. Se diferencian biológicamente, químicamente, hormonalmente, psicológicamente, neurológicamente y espiritualmente. Por eso es muy importante que los seres humanos reconozcan estas diferencias y empiecen a ser realistas al respecto.

Uno de los aspectos más negativos del movimiento feminista fue que convenció a las mujeres de que lo mejor para sobrevivir en este mundo era que actuaran como si fuesen hombres. Por eso vemos a un montón de mujeres inteligentes y capaces que actúan tal y como creen que lo hacen los hombres, porque quieren gustar, quieren que las vean, quieren que las escuchen, quieren que las valoren y están programadas para creer que la única forma de experimentar todo esto es adoptar una identidad masculina. Y es falso. El mayor poder de las mujeres, su mayor efecto, su mayor influencia, estriba en su femineidad. Se pierden cuando aceptan adoptar este rol masculino disociativo que solo les genera bloqueos, les impide mostrar su poder y sus capacidades y provoca el caos en el equilibrio colectivo entre los géneros.

El súcubo sexual es una realidad

Una última cuestión acerca de las relaciones sexuales, porque es importante.

Cuando mantenemos muchas relaciones casuales y practicamos mucho sexo desconectado, atraemos a unas entidades del inframundo llamadas súcubos sexuales. Son espíritus que se adhieren al campo energético de una persona mediante unos apéndices parecidos a ventosas que utilizan para alimentarse de toda la oscuridad y las distorsiones energéticas que esta persona ingiere a través de encuentros sexuales no alineados. Estos súcubos se pegan a las glándulas sexuales, infectan la mente del anfitrión con sentimientos de culpabilidad y vergüenza y atraen la oscuridad a los chakras inferiores, donde se acumula y genera, con cada acto sexual, aún más culpabilidad y vergüenza. Estas emociones, que son herramientas de la oscuridad, indican a la mente subconsciente que debe manifestar enfermedades, porque tenemos la sensación de que debemos ser castigados.

El súcubo sexual es el origen de todas las enfermedades de transmisión sexual. Los patógenos sexuales solo existen en este planeta porque la religión nos enseña que Dios castiga a los pecadores, y eso programa a las personas para que crean que (a) Dios castiga, y (b) podemos hacer algo merecedor de castigo…, como si Dios fuese algo distinto al amor incondicional perpetuo, constante, siempre fluyendo, que no cesa jamás, infinito, la aceptación de todos y cada uno de nosotros en cada segundo de cada día de toda la eternidad. No hace falta decir que estas suposiciones son falsas y que ya va siendo hora de que nos liberemos de una vez por todas de los perjuicios que nos causan.

Truco espiritual: Limpieza del segundo chakra

Los súcubos sexuales son muy muy comunes como consecuencia de la ubicuidad de las aplicaciones de citas, la cultura del «aquí te pillo, aquí te mato» y el desconocimiento generalizado de los seres humanos acerca de las implicaciones energéticas de sus interacciones sexuales inconscientes. Como estas criaturas del inframundo son la fuente de tanta discordia, de tanta conducta destructiva, y como son el impulso energético de las enfermedades físicas, es muy importante limpiar con regularidad el traje espacial biológico de todos los súcubos sexuales o espíritus del inframundo.

Para este truco espiritual vas a necesitar una piedra magnética suave; puede ser una hematita, una pirita o una calamita. Asegúrate de que sea suave y, a ser posible, de que esté pulida. También necesitarás un poco de aceite de masaje.

- Túmbate cómodamente boca arriba y aplícate una pequeña cantidad de aceite de masaje sobre la zona pélvica y por debajo del estómago.
- Una vez cubierta la zona con aceite de masaje, coge la piedra magnética y frótala sobre tu vientre dibujando círculos suaves y uniformes en el sentido de las agujas del reloj hasta que te sientas notablemente más ligero, tranquilo y en paz.

Este proceso extrae magnéticamente los parásitos, los patógenos y los invasores energéticos, y también las improntas que estos dejan en el cuerpo y en el campo energético. Además, puede sacar a la superficie emociones duras, así que muéstrate muy suave contigo mismo mientras realizas este proceso.

COPULA CONSCIENTEMENTE

Si queremos alinearnos con nuestra energía sexual y dejar que fluya sin verse obstaculizada por ningún programa, patógeno o toxicidad, debemos actuar de forma consciente durante las relaciones sexuales y centrarnos en el corazón. No importa que sea un rollo, una aventura de una noche o un simple lío; toda nuestra implicación sexual debe mostrar devoción. Todo debe hacerse con devoción: cada beso, cada caricia, cada unión, todo.

Cuando beses a tu amante, debes hacerlo con devoción, como si te estuvieras besando a ti mismo. ¿Cómo quieres que tu amado

te bese? Así es como debes besar tú. ¿Cómo quieres que tu amado te toque? Así debes tocar tú. Debes honrar a cada amante
como si fuese tu ser amado, igual que te honras a ti mismo como
si fueses tu ser amado e igual que honras al Espíritu como si fuese
tu ser amado. Cuando amamos así, creamos un campo vibratorio
tan inmenso y tan poderoso que ningún súcubo sexual puede penetrar en él. Además, conseguimos experimentar esa energía sexual gigante y petazeta que hace que este plano terrenal resulte
tan divertido.

9

CONÉCTATE UN POCO MÁS

CONECTARSE NO ES SOLO COMPARTIR tiempo, espacio, energía, atención y presencia con nuestros amigos, con nuestras familias y con el resto de los seres humanos. Es también compartir tiempo, espacio, energía, atención y presencia con la naturaleza y con las otras formas de vida con las que convivimos en este planeta, así como con nuestro traje espacial biológico. Eso es. Conectarte significa también hacerle una visita a tu cuerpo. Pero vayamos por partes...

LOS SERES HUMANOS NO SON LOS ÚNICOS TERRÍCOLAS

La mayoría de los seres humanos del planeta están extremadamente desconectados de la naturaleza. *Extremadamente*. La mayor parte de la gente no sabe absolutamente nada de las especies naturales que crecen en su jardín. No conocen el nombre de sus plantas, ni el de las de su vecino, ni los de los árboles junto a los que pasan cada día, ni los de los insectos que viven en su propio jardín. Tampoco tienen ni idea de qué tipo de especies animales comparten el ecosistema con ellos. Vaya mierda. ¿Cómo puedes vivir en el mismo lugar durante mucho tiempo y compartir tu entorno con un montón de tipos diferentes de inteligencias vivas y no tomarte la molestia de informarte sobre alguna, y mucho menos hacer el esfuerzo de conectarte con ella y conversar?

Los seres humanos somos narcisistas. Actuamos como si fuésemos los únicos terrícolas, como si no compartiéramos el planeta con ocho millones de especies que viven y respiran. Esta autoabsorción colectiva nos hace mostrarnos indiferentes al bienestar de los demás terrícolas y ajenos a cómo nuestros actos les afectan a ellos y también a la propia Gaia.

Recuerda que la Tierra no es solo una roca que gira a toda velocidad por el espacio. Es un bello espíritu consciente e inteligente llamado Gaia. La gente desconoce la conciencia de la Tierra, la conciencia de la naturaleza, porque en nuestras instituciones educativas no se enseñan estas cosas. Es muy triste, porque no solo se está perdiendo gran parte de los conocimientos, el poder y las conexiones que se podrían obtener participando en esta conciencia, sino que, además, se está haciendo daño a esa conciencia que se ignora.

Si los seres humanos se conectaran a la conciencia del planeta, la minería se acabaría. Ya no se talarían los bosques ni las selvas sagradas. El océano dejaría de estar plagado de plásticos de un solo uso, que, entonces ya no existirían. Los seres humanos no serían capaces de infligir tanto daño al planeta que constituye su hogar si comprendieran que la Tierra es un ser inteligente que siente los efectos de la violación y el saqueo que seguimos perpetrando sobre ella a través de nuestra avaricia y nuestro consumo insensato. Cada vez que le faltamos al respeto al planeta, estamos faltándoselo a la propia Gaia. Teniendo en cuenta que esta existe para dar, dar, dar y dar con el fin de que nosotros, al igual que todos los seres vivos del planeta, podamos sobrevivir y prosperar en su superficie, es de buena educación no llenarla de mierda.

Aquella vez en que aprendí a confiar en la naturaleza

Cuando era más joven, mis guías me animaron a estudiar con un chamán amigo mío que me ayudó a crear mi conexión con el espíritu. Un día me llevó, en compañía de un grupo de ancianos, a las montañas cercanas al lago Tahoe. Me taparon los ojos y me condujeron a lo más profundo del bosque. Caminé durante mucho tiempo con un anciano a cada lado; me guiaban cogiéndome por los codos y avisándome de cuándo debía pasar por encima de una raíz o alrededor de una roca, o agacharme por debajo de una rama. En un momento dado, dejamos de caminar. Los hombres pusieron en marcha un temporizador y me ordenaron que me quitara la venda de los ojos cuando sonara la alarma. Tenía hasta la puesta del sol para encontrar el camino de vuelta a donde ellos estaban.

—Utiliza tus recursos —me instruyeron al abandonar el bosque, y sus voces se fueron alejando cada vez más. Me quedé allí de pie, con los ojos tapados, preguntándome dónde diablos me habrían llevado.

«Confía en el espíritu. Confía en la naturaleza».

Estaba en mitad de la Sierra Nevada estadounidense, rodeado únicamente de árboles, rocas, arbustos, tierra y cielo. No tenía ni idea de dónde estaba, ni idea de por dónde había llegado ni de cómo salir de allí.

Lo primero que hice fue buscar señales del espíritu —como un palo, una piedra o una marca grabada en la corteza de un árbol—; en líneas generales, cualquier símbolo con el que me pudiera conectar y que pudiera utilizar como miguita de pan para encontrar el camino. Pero no había ningún signo, ningún símbolo, ninguna miguita de pan, nada que pudiera ayudarme a salir de aquel bosque. O eso pensé.

Hice una pausa y recordé el consejo que me habían dado los ancianos de usar mis recursos, de confiar en el espíritu y en la naturaleza. Recé a los espíritus de la naturaleza y les pedí que me ayudaran a encontrar el camino para llegar a donde estaban mis amigos. Un par de minutos más tarde, un ave preciosa con las alas de color azul brillante y el pico amarillo voló hasta una de las ramas de un árbol cercano y empezó a piar fuerte.

—¿Has venido para mí, pájaro? —le pregunté y, en ese momento, el ave voló hasta la rama que estaba justo encima de mi cabeza y volvió a piar.

Entonces comprendí que en realidad se trataba de un espíritu que había venido para ayudarme a encontrar el camino de vuelta hasta los ancianos. Lo seguí mientras volaba de un árbol a otro y a otro y a otro. Hubo momentos en los que me surgieron dudas y me paré preguntándome si estaría caminando en la dirección equivocada. Entonces el pájaro piaba, piaba y piaba hasta que yo empezaba a andar hacia donde él había vuelto a volar. Y justo antes de que el sol se escondiera detrás de las montañas, me guio directamente a donde estaban los ancianos, directamente hasta ellos.

Esa experiencia me ayudó muchísimo a profundizar mi conexión con el mundo espiritual y con los elementos. Me permitió dejar atrás la idea de que tenía que depender de otros seres humanos, porque me mostró que puedo confiar en la naturaleza y en el espíritu. Ahora confío en ellos mucho más que en los seres humanos. No es que tenga nada en contra de estos; es solo que somos muy complicados. La naturaleza no tiene inseguridad y defectos de personalidad que la impulsen a decir una cosa cuando quiere decir otra. Solo ofrece hechos e información. Es muy simple. La gente, no tanto.

LA NATURALEZA SABE UN MONTÓN

Como los chamanes somos conscientes de la vida que albergan todas las cosas, de la inteligencia que todo posee, nos implicamos con esa vida y con esa inteligencia siempre que tenemos ocasión de hacerlo. La naturaleza es una maestra muy poderosa, una gran aliada. Por eso, cuando el viento sopla sobre mi piel, recibo el soplo como si fuese un golpecito en el hombro que me diera un amigo.

«Hombre, viento —le digo—. ¿Qué pasa? ¿Tienes algo que compartir conmigo?».

Siempre le pregunto si tiene alguna información para compartir conmigo, porque lleva todos nuestros pensamientos, y eso significa que sabe lo que todo el mundo está pensando y soñando, lo que nos preocupa a todos. Sin embargo, la mayor parte de la gente siente el viento soplando sobre su cara y se limita a enfadarse porque le revuelve el peinado.

La naturaleza posee un montón de sabiduría y conocimientos que comparte con nosotros si estamos dispuestos a estar presentes y a quedarnos quietos con ella. No es tan complicado. Ni siquiera necesitas trucos espirituales ni técnicas chamánicas; lo único que debes hacer es estar en la naturaleza y no hablar, no mirar el móvil, no hacer otras cosas, no dedicarte a comprobar nada y sencillamente estar plena y totalmente presente con ella. Sin embargo, conseguir que las personas estén plena y totalmente presentes es muy complicado, así que es bueno disponer de algunos trucos espirituales.

En cierta ocasión hice un viaje con unos amigos a una playita de Turquía. Mientras ellos comentaban lo hermoso que habría sido vivir allí cuando era un pueblo próspero, yo cogí una piedra y me permití estar totalmente presente con ella. Me enseñó a los soldados otomanos entrando en barco en la bahía con toda su armadura y la sangre vertiéndose al mar. Mis amigos no podían creer que algo tan violento hubiera sucedido en un lugar tan apacible. Le preguntamos a la guía y ella nos dijo que yo tenía toda la razón, que en esa playa se había producido una batalla muy sangrienta. Eso nos demostró que aquella piedra sabía un montón.

Y los árboles también. Muchísimo. Rebosan sabiduría. En cierta ocasión, una secuoya me mostró los recuerdos que había almacenado en sus anillos y vi a toda la gente que había pasado junto a ella a lo largo de los años. Los árboles recuerdan todo. Luego me pidió que enterrara unos cristales de cuarzo cerca de sus raíces para ayudarla a amplificar su poder y su fuerza. Evidentemente, volví al día siguiente con unos cuantos cristales para ella. Los árboles son brutales. Pueden entretejer su energía con nuestros campos energéticos humanos y dirigir hacia nuestro cuerpo unas frecuencias sanadoras muy potentes. Siempre he sentido muchísimo respeto por ellos. Si los seres humanos dedicaran un tiempo a escucharlos, a comunicarse con ellos, podríamos adaptarnos y crecer como especie mucho más rápido. Tienen muchísimo que compartir con nosotros, pero no podemos acceder a su ingente almacén de conocimientos mientras no sepamos cómo conectarnos con ellos.

Truco espiritual: Conéctate con la naturaleza

La mayor parte de las personas no tienen ni idea de toda la sabiduría, el conocimiento, el poder y la sanación que alberga la naturaleza para compartir con ellas, porque pasan más tiempo conectándose a sus móviles y a sus redes sociales que a la naturaleza.

Cuando nos conectamos con ella, activamos nuestra conexión con sus espíritus y abrimos nuestro canal de comunicación con el reino elemental. Lo ideal sería que hicieras este truco espiritual estando en la naturaleza, para poder así acceder más profundamente. Cuando estás delante de un árbol y te conectas con la naturaleza, puedes llevar la energía del árbol a tu cuerpo. Lo mismo sucede si invocas la energía de la tierra estando tumbado sobre la hierba o la energía mineral tumbado sobre la tierra. De todas formas, puedes hacerlo en cualquier lugar y aun así acceder a la frecuencia energética de aquel aspecto de la naturaleza con el que te quieras conectar; lo que sucede es que, cuando estamos en ella, este truco resulta muchísimo más poderoso.

- Levanta un dedo delante del árbol, de la flor o del mar si estás en la naturaleza. Si estás en tu apartamento, o en la cola de la tienda, no pasa nada. Sencillamente, levanta el dedo delante de tu cara.

- Dibuja un cuadrado en el aire exhalando con fuerza con cada trazo.
- A continuación, dibuja un triángulo en el centro del cuadrado exhalando también con fuerza con cada trazo.

En el chamanismo utilizamos el cuadrado para establecer una estructura para nuestros trucos espirituales. El triángulo representa el triplete energético formado por el amor, la sabiduría y el poder, y actúa como antena de las vibraciones elevadas de la inteligencia para permitir que nos llegue el conocimiento y la información.

- Di: «Activar. Conéctate con la naturaleza para que pueda sentirla en mi cuerpo».
- Cuando notes el cambio de energía, sabrás que estás conectado. Si no sientes nada, di: «Aumenta la naturaleza en mi cuerpo para que pueda sentirla».

Ahora que ya estás conectado con la naturaleza, puedes ponerte en contacto con ella de la forma que desees. Puedes hacerle preguntas, pedir una sanación o lo que quieras. Si estás en un entorno urbano, tendrás que añadir otro paso a este truco espiritual e invocar a los espíritus elementales para que colaboren contigo.

Invocar a los elementales

- Di: «Restaurar elementales».

De este modo invitas a los espíritus de los elementos a que accedan a las frecuencias de los elementos de tu cuerpo: la tierra que forma tus huesos, el aire que forma tu respiración, el agua que forma tu sangre y el fuego que forma tus músculos.

- Una vez invocados los elementales, puedes dirigir como te apetezca a estos poderosos ayudantes de la sanación.

Puedes decir: «Elementales, restaurad y reparad mi cuerpo».
O: «Elementales, alinead estructuralmente mi cuerpo».

O incluso: «Elementales, sanad aquella parte de mi cuerpo que más lo necesite para que yo pueda percibirlo».

Es muy conveniente añadir la frase «... para que yo pueda percibirlo» a todas las órdenes espirituales kinestésicas, sobre todo cuando estás empezando tu formación chamánica.

Los elementales son estupendos para restaurar y reparar, así que les puedes pedir que te ayuden a curar tu esguince de tobillo, o a avivar tu aparato digestivo, o a aumentar el colágeno de la cara y el cuello. De todas formas, el simple hecho de invocarlos e invitarlos a tu campo sin darles un puñado de tareas que hacer te calmará el sistema nervioso y te ayudará a equilibrar tu estado de ánimo y a sincronizar tu ritmo cardíaco con la frecuencia vibratoria del planeta, lo que permite a tu cuerpo sanarse y reequilibrarse.

ARRÁIGATE

Mucha gente pasa la mayor parte de su vida actuando desde la mente. Están consumidos por pensamientos, ideas, conceptos y ruido, y completamente desconectados de su cuerpo, de su entorno y de la Tierra que tienen bajo los pies. No están arraigados.

Cuando no estamos arraigados, somos más susceptibles a la influencia de los sonidos, del movimiento, de la actividad y de las frecuencias que tienen lugar fuera de nosotros, y eso genera una cacofonía de información perturbadora que satura el cuerpo y el ser. Este chorro de información entrante distorsiona el funcionamiento del cerebro y lo fragmenta; lo obliga a hacer malabares con múltiples distracciones al mismo tiempo además de con aquello que está intentando gestionar (como mover la pierna, regular los latidos del corazón o lo que sea).

Es muy fácil estar desarraigado cuando estamos tan desconectados de la naturaleza. Arraigarse es tan sencillo como apoyar los pies sobre la tierra, saltar en un lago o tumbarse sobre la hierba. Cuando nos conectamos con la naturaleza, nos arraigamos. Pero no todo el mundo tiene acceso a diario a la hierba, la tierra o los lagos, de modo que tenemos que convertir el enraizamiento en una práctica.

Truco espiritual: Arráigate

El enraizamiento es un truco espiritual fundamental que debes acostumbrarte a practicar al menos una vez al día. Tienes que hacerlo sin falta antes de salir de casa por la mañana. También es bueno arraigarse antes de entrar en un lugar público concurrido o en cualquier otro lugar donde sepas que va a haber muchos tipos distintos de información o estímulos. Si vas a tratar con una persona difícil o sabes que vas a mantener una conversación complicada, arraigarte te ayudará a mantenerte centrado y a no entregar tu poder a los desencadenantes emocionales.

- Colócate de pie y erguido y visualiza una pila de círculos de color azul eléctrico (como anillos) alrededor del cuerpo. Cuantos más círculos imagines a tu alrededor, más arraigado te sentirás.
- Ahora vas a conectar los círculos. Di: «Activo el primer círculo. Primer círculo, arráigame en la Tierra».
- Ve repitiendo por orden el proceso para todos los demás círculos.
- Una vez activados todos los círculos que rodean tu cuerpo, visualiza otros iguales formando una pila encima de tu cabeza.
- Ahora vas a conectarlos. Di: «Activo el primer círculo. Primer círculo, elévame para sacarme de la maya».
- Ve repitiendo el proceso para todos los demás círculos que tengas apilados sobre la cabeza.
- Ahora que tus círculos están activados, debes unirlos. Di: «Cread un chorro de energía que me conecte desde el cielo hasta la Tierra para que pueda percibirlo en mi cuerpo».

Es igual de importante arraigarse con los cielos que hacerlo con la Tierra. Al conectar el cielo y la Tierra a través del cuerpo, creas un canal claro e intencionado que se extiende entre estas dos polaridades. El acto de arraigarse a través de ambas entradas genera sensaciones de seguridad, elimina la distracción y establece un punto focal elevado y fuerte para la mente.

Cuanto más arraigados estamos, más fácil le resulta al cuerpo regularse, porque no se distrae intentando catalogar un montón de información exterior. Cuando el cuerpo está arraigado, genera una frecuencia de energía que optimiza la comunicación entre nuestras células, nuestros órganos y nuestro cerebro, lo que permite al organismo funcionar de un modo mucho más eficiente.

Cuando estamos desarraigados, estamos esparcidos. Nuestra energía zumba por todas partes. No está organizada, no está contenida y genera caos y perturbaciones energéticas en el entorno. Por eso, a la matriz le encanta que la población esté desarraigada, porque genera un montón de discordancia para la oscuridad.

DISCORDIA URBANA POR DISEÑO

El sistema diseña nuestras ciudades para generar discordia, poniendo más edificios y más infraestructura que naturaleza. Nuestros enclaves urbanos están extremadamente desequilibrados. El planeta está animado por los espíritus elementales: los espíritus del fuego, del agua, de la tierra y del aire. No existen espíritus del hormigón, ni de las luces fluorescentes, ni de la fuerza electromotriz, ni del bisfenol A. Esta falta de alineamiento que existe en nuestro entorno —donde las partículas, los contaminantes y las estructuras fabricadas por el hombre no están siendo armonizadas por suficientes árboles, parques, plantas y mariposas— está causando estragos en la salud de las personas. Por eso hay tanta gente con fatiga adrenal, problemas de tiroides y trastornos digestivos: el traje espacial biológico no reconoce su entorno; está tan hambriento de naturaleza que funciona en un estado casi constante de pánico leve que se manifiesta en un número cada vez mayor de trastornos de salud.

Truco espiritual: Chamaniza las perturbaciones de la energía urbana

Mi trabajo chamánico me lleva por todo el mundo; a pueblecitos deliciosos y tranquilos asentados en entornos naturales muy bellos y a ciudades grandes y bulliciosas atestadas de cables, cajas, hormigón, ruido, toxicidad, contaminación y discordia. Puedo ser un chamán muy poderoso, con una inmensa fuerza espiritual, pero mentiría si dijera que las ciudades no me afectan negativamente.

Esta es una técnica que utilizan los chamanes africanos para limpiar la energía negativa. A mí me resulta sumamente útil cuando estoy en un entorno urbano y me siento bombardeado por un montón de estímulos, de información sensorial, de toxicidad. Rompe las perturbaciones energéticas e impide que se acumulen en el cuerpo.

- Para limpiar las energías negativas que pueda haber en tu entorno o en tu traje espacial biológico, ve dando palmadas dibujando círculos en sentido contrario al de las agujas del reloj a unos quince centímetros (seis pulgadas) de tu pecho. Entre cinco y diez círculos serán suficientes.
- Si las perturbaciones energéticas son más agudas y están alojadas en tu cuerpo, da palmadas por toda la zona donde las percibas: la cabeza, el corazón, la garganta o el estómago, por ejemplo.

Puedes utilizar este truco espiritual en cualquier lugar y momento en el que sientas que te afecta una energía negativa o cuando las percibas en tu cuerpo. Por ejemplo, después de haber mantenido una conversación intensa, cuando notes mucho calor u hormigueo en el pecho y en la garganta. Este es el truco que debes utilizar para eliminarla.

Se lo enseñé a una amiga que trabaja en un correccional. Solía volver a casa como si le hubiera pasado por encima un camión Mack, de lo agotada que se sentía. Le entusiasma este truco espiritual y lo usa todo el día para limpiar perturbaciones energéticas, que abundan en su entorno laboral. Ahora vuelve a casa con fuerza, con energía y estimulada. Le gusta tanto que se lo enseñó a sus compañeros de trabajo y ahora todos lo emplean para mantener su energía limpia.

SÍNTESIS

La mayor parte de la gente ni siquiera es consciente de lo desconectada que está de la naturaleza, porque su síntesis es un desastre. Lo veo constantemente: borregos que avanzan a trompicones por su entorno en un estado de enorme ansiedad, discordante y fragmentado, sin tener ni idea de la cantidad de información que no están registrando, porque sus mecanismos sensoriales no se comunican correctamente entre sí.

La energía se comunica a través de la síntesis. Cuando esta es fuerte, sentimos energía. ¿Recuerdas esos escalofríos que te corren por la nuca cuando estás asustado? Eso es síntesis. Los escalofríos son una expresión de tu intuición, es decir, tu cuerpo espiritual comunicando un peligro potencial a tu cuerpo emocional, que, a su vez, comunica miedo al cuerpo físico, y este lo manifiesta a través de la carne de gallina, lo que te alerta —el todo conectado— de la situación que tienes delante. Los escalofríos son una función de síntesis fuerte.

La mayor parte de la gente la tiene débil. Cuando no ha sido desarrollada o cultivada, o cuando la oscuridad la ha desconectado deliberadamente, el cuerpo espiritual no puede comunicarse con el mental, que, a su vez, es incapaz de hacerlo con el emocional, y este tampoco lo hace con el físico. Así, el cuerpo físico se convierte en un cascarón denso y anestesiado que empuja a un robot vacío e insensible por un planeta con el que apenas se relaciona o del que ni siquiera es consciente.

TRICOLOR DE ENERGÍAS NEGATIVAS

Existen tres tipos de frecuencias energéticas negativas que yo suelo eliminar de los campos de las personas. Está el lodo negro, que es la oscuridad que asimilamos cuando aceptamos palabras, pensamientos, imágenes o ideas contrarias a la verdad y al amor. Luego está la frecuencia energética roja, que reluce como una luz fluorescente. Es toda la ira a la que se aferran las personas, que embuten en su musculatura y que les provoca inflamación en el cuerpo. Y luego está el gas verde, que es la energía que utiliza la oscuridad para desconectar la síntesis de las personas y cortar su conexión con el plano espiritual. Es lo que permite a los seres humanos entregar su soberanía y ser transformados en zombis que aceptan órdenes de la oscuridad y escenifican la propaganda del sistema. No se dan cuenta de que su piedad, su virtud y su negativa a considerar otros puntos de vista son efectos secundarios de esta toxina verde pegajosa del inframundo que está distorsionando su organismo y desconectando su síntesis.

Truco espiritual: ¡Sintetízate!

Para conectar tu síntesis, tienes que limpiar todo ese gas verde, todos los efluvios y el resto de frecuencias energéticas negativas a las que la gente quiere aferrarse. Con este truco espiritual lo conseguirás.

- Con los pies firmemente plantados sobre el suelo, adopta una postura de fuerza. Este truco espiritual hay que hacerlo de pie para practicar cómo estar muy presente con tu energía.
- Di: «Campos de fuerza arriba».

Esta orden activa tu campo de energía consciente y lo dirige para que se proyecte a tu alrededor.

- A continuación, di: «Campo de fuerza, utiliza electricidad amarilla para crear una fuente poderosa de amor incondicional que entre en mi cerebro y en mi cuerpo y se conecte con cualquier energía a la que me esté aferrando y que esté provocando bloqueos en mi síntesis, y libera estos bloqueos para que salgan por mi boca y mi garganta mediante un buen bostezo o una tos profunda».
- Después de pronunciar estas palabras, sintoniza tu atención con tu respiración. Cuando percibas una sensación que empieza a surgirte en la garganta —por ejemplo, calor, cosquilleo, irritación o pulsaciones—, anúnciala en voz alta: «Siento un cosquilleo en la garganta», si esa es la sensación que estabas notando.

En este punto es probable que tosas o bosteces mucho, y puede incluso que eructes (un poco o mucho). Estupendo, porque tu cuerpo está expulsando las energías.

- A continuación, pide al Espíritu que aumente las sensaciones diciendo: «Aumenta la electricidad amarilla».

Esta electricidad amarilla purifica el cuerpo energético mediante la síntesis de las frecuencias lumínicas y los tonos que emite, que se combinan para descongestionar las frecuencias densas, negativas y de vibración baja.

Sigue aumentando la electricidad amarilla, expresando tus sensaciones en voz alta y liberando las energías a través de la boca y la garganta. Cuanto más te permitas liberar, más fuerte se harán tu cuerpo, tu síntesis y tus poderes espirituales.

La síntesis es muy importante. El recipiente humano es un sistema multidimensional complejo formado por un cuerpo mental, un cuerpo físico, un cuerpo emocional y un cuerpo espiritual. Para que un ser pueda prosperar, los cuatro pilares deben estar sanos, libres de bloqueos y capaces de comunicarse claramente entre sí en todo momento. Sin embargo, si estos cuatro cuerpos no están acoplados, si los cuatro espíritus no pueden conectarse entre sí y mantener una conversación, se cruzan los cables, la comunicación se viene abajo y la enfermedad se hace presente.

ENFERMEDAD

Una enfermedad es simplemente una falta de tranquilidad en el cuerpo. Implica que ha surgido un desequilibrio y que existe una perturbación en el funcionamiento normal del organismo. Puede manifestarse como una dolencia, una lesión, una molestia, un trastorno, una perturbación, etc. Los chamanes las tratan de una forma muy distinta a como lo hacen los médicos occidentales. Estos las consideran algo patológico y echan una maldición a los pacientes dando un nombre a lo que sufren y luego declarando la guerra a estas manifestaciones.

Los médicos occidentales se han formado en el modelo médico alopático en el que se catalogan los síntomas de los pacientes, se agrupan y luego se les da un nombre que los identifica como un virus, una enfermedad, una *-itis* o una *-osis* o cualquier cosa que pueda atacarse, irradiarse o extirparse. El problema es que estos encasillamientos no son reales. Los ha elaborado el sistema para homogeneizar los síntomas de las personas y así poderlos estandarizar más fácilmente y obtener un beneficio económico de ellos.

El paradigma médico occidental es arcaico, porque sigue funcionando bajo la suposición falsa de que el cuerpo físico es una entidad autónoma que no se ve influida ni afectada por el emocional, el mental ni el espiritual. El médico alopático es básicamente un dinosaurio que trata el cuerpo como si fuese una isla. Esta perspectiva es muy miope, reductora e incorrecta. En lugar de intentar comprender los síntomas como el principal medio de comunicación del cuerpo y luego descifrar lo que están indicando considerándolos como partes de un todo integrado, los médicos occidentales se aprestan a atacarlos con un lenguaje agresivo como *derrotar* y *combatir*, y con unos métodos más agresivos aún, cuyo objetivo es matar, reprimir, silenciar, eliminar o aniquilar. Resulta una postura arcaica, temeraria y sencillamente una forma más en la que nuestra sociedad sobreenfatiza el masculino, que está llenando todo de mierda.

LOS MÉDICOS COMBATEN, LOS CHAMANES USAN LA DIPLOMACIA

Los chamanes consideramos los síntomas fisiológicos como indicaciones de un desequilibrio más profundo en los cuerpos espiritual, emocional y mental. Los vemos como invitaciones a un viaje a lo desconocido. Para nosotros son las piezas de un rompecabezas y una llamada para descubrir la fuente original del desequilibrio. Solo después de determinar la raíz del desequilibrio intercedemos para ayudar a restaurar la armonía en el organismo según nos guíen.

Imaginemos, por ejemplo, que viene a verme una mujer porque le duelen los ovarios. Ni siquiera tengo necesidad de verla para saber que el problema no son los ovarios. El dolor que siente ahí, desde el punto de vista de un chamán, se debe a que el cuerpo emocional está tirándole de la manga, intentando llamar su atención. Ese es el propósito de los síntomas físicos, avisarnos de un desequilibrio interno, que es siempre un fallo de comunicación entre el cuerpo emocional, el mental y el espiritual. Sentir dolor implica que no estamos en síntesis. Por tanto, la forma de corregir la disfunción de mi cliente no es atacar a los ovarios, combatir la molestia que se está manifestando a través de ellos ni insensibilizarla. La forma de corregir la disfunción es descifrar lo que ha inspirado el mal funcionamiento.

Por eso es tan importante que nuestra síntesis sea fuerte, porque la única forma de obtener ese tipo de información es a través del espíritu, que es el aspecto que cuida del conjunto del organismo en toda su complejidad multidimensional. Es el aspecto con capacidad para sincronizar todas las partes independientes y facilitar una comunicación clara entre ellas. Cuando nuestra síntesis está bien ajustada, el espíritu puede hablar con la mente sin interferencias y esta transmite la información a las emociones que, a su vez, la transmiten al cuerpo. Así es como se produce la sanación y como los ovarios de mi cliente dejan de dolerle.

Todo está relacionado con la raíz

En lo que respecta a las causas a las que atribuyen la enfermedad, los médicos alopáticos solo tienen en cuenta un conjunto muy reducido de factores. Por ejemplo, echan la culpa de la mayoría de los cánceres a los genes. Sin embargo, el simple hecho de que los códigos genéticos se transmitan no significa que tengan que estar activados. Todos tenemos un montón de códigos ancestrales que nunca llegan a activarse. Lo hacen mediante unos marcadores determinados como el estrés emocional, la toxicidad emocional, la contaminación medioambiental, la contaminación mental, la discordia mental, etc. Estos marcadores son la causa de que las células se transformen y generen un entorno interior tóxico en el que estas puedan multiplicarse, convertirse en tumores y crecer sin parar. Si no cambias este entorno interior, no importa con qué tipo de asesino alopático hiperextrasuperfuerte ataques el tumor;

la única forma de cambiar el entorno interior es ajustar los marcadores y hacer frente a la raíz.

Desde un punto de vista chamánico, la raíz de la enfermedad puede ser cualquier cosa, incluidas las palabras que las personas se dicen a sí mismas, la casa en la que viven o la gente con la que van. Puede ser su trabajo, su pareja o su tendencia a agradar a todo el mundo y entregar su poder. También podría ocurrir que odien su vida y a sí mismas, pero, como no pueden reconocer que ya no quieren estar aquí, generan una enfermedad.

Esto es bastante común; la gente enferma como solución rápida, como una forma fácil de salir de este constructo de realidad. Prefieren enfermar antes que admitir la verdad, que es: *No quiero vivir.* La mente consciente no es capaz de procesar este nivel de verdad, igual que la mayor parte de los seres humanos no pueden manejar la situación cuando un amigo o un familiar lo expresa. Por eso, la mente consciente niega la verdad y el subconsciente la convierte en una enfermedad incurable.

Cuando voy a un hospital y trabajo con pacientes de cáncer, la primera pregunta que hago siempre es: «¿Por qué quieres este cáncer?». Esto molesta a algunas personas. Los niños, sin embargo, no arrastran la carga de este tipo de complejos. Cuando trabajo con ellos y les pregunto por qué quieren su cáncer, me contestan sin tapujos: «Porque ya no quiero seguir estando aquí».

DOLOR

La medicina occidental se centra en erradicar el dolor y las molestias de la forma que sea necesaria. Los médicos occidentales no los comprenden. No entienden su propósito; no saben cómo manejarlos, así que se limitan a hacer cosas masculinas hiperagresivas que los atacan, los aniquilan o los anestesian, con gran perjuicio de sus pacientes.

El dolor es la forma que tiene el cuerpo de comunicar la existencia de un desequilibrio de energía. Probablemente lleva un tiempo intentando transmitir el desequilibrio de otras formas más suaves y sutiles. Sin embargo, como la síntesis de la mayor parte de las personas es débil, no son capaces de percibir las señales que les envía su cuerpo y por eso este tiene que comunicarse de un modo más fuerte, para poder así atraer su atención. Es entonces cuando provoca el dolor, para conseguir por fin que dejes de ignorarlo.

La medicina occidental considera que el dolor es algo malo. Cuando se presenta, los médicos intentan inmediatamente anestesiarlo, erradicarlo o suprimirlo lo antes posible. Esta no es la forma correcta de abordarlo, porque nos está comunicando una información muy valiosa. Cuando nos apresuramos a librarnos de él, nos perdemos el mensaje que está intentando compartir con nosotros. La mayor parte de la gente, cuando tiene un dolor de cabeza, se toma una aspirina, y eso le aporta un alivio temporal, porque bloquea el dolor y le permite seguir con su vida cotidiana. Ni en un millón de años conseguirías que me tomara una aspirina si me duele la cabeza, porque sé que el dolor tiene algo que decirme.

Truco espiritual: Sondea tu dolor

La diálisis resultaba insoportable. Lo más doloroso no era el tratamiento en sí, sino la angioplastia, ese procedimiento que implica abrirte el brazo. A las personas sometidas a diálisis se les hace cada dos semanas. Yo estuve con diálisis ocho años, así que puedes calcular la cantidad de veces que me abrieron el brazo. Como consecuencia de tantas angioplastias, sufrí múltiples aneurismas y casi tienen que amputarme el brazo.

Mientras recibía mi sesión de diálisis solía experimentar un intenso calambre en todo el cuerpo, algo parecido a esos que nos dan en la pierna o en el pie. Pero a mí me daban en la cara, en el cuello, en los dedos de las manos y de los pies y en todas partes a la vez. La única forma de librarse de ellos es beber agua, pero yo no podía beber mientras recibía el tratamiento, así que lo único que podía hacer era gritar o dejar que el dolor se adueñara de todo mi cuerpo hasta que me desmayaba.

Así fue como aprendí que todo dolor es sonido atrapado. Cada dolor que sientes posee su sonido correspondiente. La forma de aliviarlo cuando surge es centrar toda tu atención en él y dejar que su propio sonido particular se mueva por todo tu cuerpo. No sirve de nada intentar controlarlo ni preocuparte de cómo suena. Lo único que debes hacer es dejar que se mueva libremente durante todo el tiempo que desee hacerlo.

Anestésiate

La matriz no quiere que los seres humanos abordemos nuestro dolor ni que aprendamos de él o lo transformemos, porque ese tipo de empoderamiento no mueve el sistema. Este se beneficia de nuestro dolor y por eso nos anima a calmarlo, a ignorarlo, para que se acumule, se convierta en sufrimiento y genere una enfermedad prolongada en nuestro cuerpo, que se traducirá en más beneficios para las empresas farmacéuticas y en combustible para la oscuridad.

Por eso ha creado muchas herramientas para ayudar a las personas a escapar de su dolor: azúcar, tabaco, programas de telerrealidad, cafeína, opiáceos, aplicaciones que enganchan, porno por Internet y alcohol, entre otros. Sea cual fuere la medicina que se use para calmar el dolor, no le va a hacer frente y, por eso, va a conseguir que se acumule. Con toda seguridad.

Alcohol

El alcohol es especial, porque es un estupefaciente socialmente aceptable. Es una medicina permitida que lleva aparejado el permiso culturalmente autorizado para desconectar.

Es un agente de la oscuridad. Permite a las personas desconectarse durante unos momentos de la matriz. Les ofrece un respiro, una forma de dejar de lado las inhibiciones, de bajar la guardia y decir cosas que no tendrían valor para decir cuando están sobrias. Es como un alivio momentáneo de la presión y la tensión del sistema que les permite abrirse de una forma que, cuando están entre las garras de la matriz, les parece imposible También les permite no asumir la responsabilidad de su conducta, porque pueden sencillamente decir que estaban borrachas y todo el mundo las disculpa.

Sin embargo, nos abre a espíritus casuales que disfrutan montándose en nuestra excitación y nuestros subidones. Por eso se llama bebida *espirituosa* a la que contiene alcohol, porque abre nuestros recipientes a seres que no pueden cruzarlos, y eso genera un montón de discordia.

Conozco a muchos chamanes que trabajan con medicinas a base de plantas y que se conectan con el valor de todo tipo de plantas y seres estupefacientes: hojas, raíces, hongos, hierbas, anfibios y demás. Utilizan el tabaco como aglutinante en las ceremonias. Mezclan unas raíces concretas con determinadas enredaderas para acceder a otras dimensiones de conciencia. Exprimen a las ranas sagradas para obtener sus venenos purificadores. Emplean todo tipo de medicinas presentes en la naturaleza. Sin embargo, no tocan el alcohol. Este es el único estupefaciente al que muchísimos chamanes ponen una línea roja, porque bloquea nuestra síntesis y nos adormece. Ese es precisamente el motivo por el que el sistema lo normaliza y le da tanto glamur.

Las grandes y voluminosas farmacéuticas

Los médicos occidentales tratan exactamente igual todas las enfermedades, todos los desequilibrios y todas las dolencias. Hacen un examen somero del cuerpo físico, diagnostican un montón de síntomas y luego te entregan la receta de unas pastillas que enmascararán temporalmente estos síntomas y forzarán el hígado, pero no harán nada para restaurar el equilibrio general del cuerpo.

Las empresas farmacéuticas se crean con esa misma miopía que hace que los médicos traten el cuerpo como si fuese una isla. Estos científicos creen que pueden obtener determinados componentes de una planta y sintetizarlos con sustancias químicas en una placa de Petri de un laboratorio sin generar problemas más grandes y prolongados a la gente que los toma. Es una arrogancia absurda.

Más de la mitad de los habitantes del mundo occidental toma algún tipo de droga farmacológica para calmar el dolor. Las empresas farmacéuticas son los auténticos traficantes de drogas del mundo. De verdad. La única diferencia entre un representante farmacéutico y un camello que vende en la calle es el traje elegante y un trabajo que da un enfoque positivo a lo que hace.

Los médicos complementan sus ingresos regulares con los sobornos que obtienen por las recetas que hacen. Por eso, cuando uno de ellos le receta quimioterapia a un paciente que ha sido adoctrinado para que entre en la caja del cáncer, puede hacerlo porque cree que le va a ayudar (a pesar de los índices de éxito tan deplorables que tiene esta medicación) o porque eso le va a proporcionar un cheque muy sustancioso de la empresa que fabrica el medicamento y pretende conseguir un millón anual gracias al paciente, suponiendo que dure tanto tiempo. Así es como la oscuridad ha infectado nuestro sistema de salud.

Yo trabajo con muchos médicos, cirujanos, psicólogos y psiquiatras que están hartos. Los pacientes acuden a ellos porque tienen dolores y están sufriendo, y ellos desean entender por qué no funcionan los tratamientos y por qué los pacientes no mejoran. Quieren saber por qué ese paciente sigue teniendo un trastorno bipolar o ese otro sigue sufriendo ataques epilépticos. Se sienten confusos porque estudiaron durante muchos años y muchas materias, pero, a pesar de todo, sus esfuerzos resultan vanos. Tienen la sensación de que no están consiguiendo más que facilitar adicciones a unas pastillas que no curan a los pacientes y activan todo tipo de problemas distintos. Acuden a mí como chamán porque sienten que no cuentan con las herramientas necesarias para restaurar de verdad la salud de los enfermos. Están limitándose a aliviar los síntomas a corto plazo, pero no están facilitando una salud o un bienestar a largo plazo. Lo saben y eso les hace sentirse fatal.

No pretendo burlarme de todo el mundo médico occidental. El paradigma médico alopático tiene sus ventajas y cumple muchos propósitos muy valiosos. Cuando morí, mis riñones estaban en un peligro gravísimo y no me bastaba con sacudir un sonajero, hacer unas ofrendas a los espíritus de los riñones y decirles a los elementales que me mejoraran. La diálisis, unida a docenas de operaciones, procedimientos y medicaciones que la medicina occidental ha regalado a esta cultura, incluido un trasplante de riñón, me salvaron la vida. Por eso soy un gran defensor de este tipo de medicina. Sencillamente me decepciona el mundo médico, porque se niega a considerar el cuerpo como un todo y lo trata como una colección de componentes independientes y no relacionados entre sí, y con eso está haciendo un flaco servicio a las personas, a las que se supone que está ayudando, y provocando mucho sufrimiento.

Pero dejémoslo bien claro: si te empieza a hormiguear el brazo izquierdo y te sale espuma por la boca mientras el mundo se vuelve borroso y suena a hueco, planta tu culo en la consulta del médico. Es posible que la medicina occidental no sea perfecta, pero sin duda alguna ocupa un lugar importante.

No hagas el idiota con los códigos de la naturaleza

A medida que el Apagón sigue creciendo, vemos a gente con todo tipo de alergias y problemas de salud que la especie no había sufrido a esta escala jamás. Problemas como el autismo, el TDA, el alzhéimer, la candidiasis, el cáncer y un montón de síndromes y enfermedades misteriosas para los cuales la medicina occidental ni siquiera tiene un nombre. Cuando yo era niño, las alergias alimentarias eran muy raras. Hoy en día, la mitad de los comensales de cualquier restaurante en cualquier momento son alérgicos a la mitad de los componentes del menú, a sustancias como la lactosa, el gluten, el azúcar, la soja, las solanáceas y demás. Y todo porque, por alguna razón, nuestra especie siente la necesidad de joder la marrana.

Trastear con la genética es una estupidez soberbia e ignorante. No hay más vueltas que darle. Cuando los seres humanos modifican genéticamente los alimentos, los cultivos y a las personas, están creando marcadores genéticos distintos de los del diseño original de la naturaleza y del sistema de codificación propio de ella. La naturaleza conoce sus códigos, porque es una tecnología inteligente con la que los seres humanos tienen que dejar de hacer el imbécil.

Cuando modificamos genéticamente cualquier cosa, cambiamos los átomos y las moléculas y destruimos la síntesis. Si intentamos comer una fresa transgénica, en el momento en que esta toca la lengua, el cuerpo se desconcierta.

¿Qué coño es esto?, pregunta. *Este no es el sistema de interconexión que se supone que debe ir con el mío.*

La codificación de la fresa se ha desconectado. Las frecuencias de las enzimas digestivas de nuestro cuerpo ya no se emparejan correctamente con las de los azúcares del fruto, que han dejado de ser alquímicamente proporcionales con su contenido en fibra. De este modo, como el cuerpo ya no reconoce esta mezcolanza de datos e información, los sistemas de interconexión no arrancan juntos. Esto genera todo tipo de problemas para los diversos sistemas de procesamiento, que no están diseñados para manejar estos patrones de información. Así es como se desincroniza todo.

También los trans

Esto también se aplica a las personas que se someten a una intervención de reasignación de género y modifican genéticamente su cuerpo. Claro que está muy bien que una persona quiera pasar médicamente a otro género, si eso es lo que realmente está llamada a hacer. Sin embargo, cuando la gente toma pastillas para impedir las secreciones hormonales naturales de su cuerpo y luego otras más para estimular otras completamente distintas, incorpora a su organismo un montón de energías muy diferentes que este no está orgánicamente diseñado para gestionar.

Hay que reconocerlo. Las personas tienen que aprender a trabajar con estas energías, a manejarlas, porque están obligando a su cuerpo a funcionar de un modo para el que no está diseñado. Ser trans no es solo un nombre con el que eliges etiquetarte y con el que ponerte muy quisquilloso; significa aprender a poner en marcha unas frecuencias de una polaridad muy distinta y averiguar cómo alquimizar esa energía de una forma que te funcione.

REPITO, NO HAGAS EL IMBÉCIL CON LOS CÓDIGOS NATURALES

Resulta muy arrogante por parte de los seres humanos afirmar que saben diseñar la fruta, el arroz, los pollos y demás mejor que Dios. Es como decir: *Dios se equivocó, no sabía lo que estaba haciendo; por suerte, aquí estamos los seres humanos para corregir sus errores con nuestra ciencia todopoderosa.* Es también una actitud muy miope, porque los científicos no tienen ni idea de los efectos a largo plazo que su trasteo va a manifestar. Sin embargo, te aseguro que estos efectos *se manifestarán*. Si un hombre se pone a cambiar los códigos de la naturaleza cuando estos no han decidido que deben cambiar, está generando problemas en el planeta. Quizá tarden un tiempo en revelarse, pero te aseguro que acabarán haciéndolo. No hagas el idiota con los códigos naturales.

Desde un punto de vista chamánico, el reino elemental está muy bien tal y como está. Si quisiera modificarse genéticamente, cambiaría su estructura genética por su cuenta. Sin embargo, no es así, así que no lo va a hacer. El consumismo es lo que está impulsando la modificación genética. Esta está relacionada con la producción industrial, el consumo masivo y un ansia enorme de obtener beneficios económicos: ese tomate es más grande, más brillante, más dulce, más redondo... ¡Bum! Más dinero para las empresas agrícolas que, curiosamente, son propiedad de las farmacéuticas. Qué sorpresa.

Una nota al margen para los médicos occidentales que creen que el chamanismo es una maldita patraña

Estoy cansado de que los médicos occidentales se dediquen a invalidar el chamanismo, la espiritualidad y todas esas cosas que aún no han investigado, que no han experimentado y no comprenden. Aparte de ser una postura reduccionista y errónea, resulta extremadamente soberbia si tenemos en cuenta que la medicina moderna ni siquiera existiría si no fuera por los chamanes, los alquimistas y los místicos que la precedieron.

Por eso, quiero decir lo siguiente: médicos, callaos la boca. Conocéis vuestro mundo compartimentado de la medicina alopática, así que ¿por qué no os limitáis a eso? Está claro que no sabéis nada de espiritualidad ni del mundo de los espíritus. Por eso no quiero oír vuestros comentarios, vuestras opiniones ni vuestras ideas acerca de él hasta que hagáis lo que tenéis que hacer y os pongáis a realizar vuestros propios descubrimientos y a plantear vuestras propias hipótesis para llegar a una conclusión inteligente e informada. Si no hacéis descubrimientos y no os sumergís en estos mundos para averiguar por vosotros mismos lo que pasa en ellos, vuestra conclusión de que el mundo espiritual es «una patraña» y «una gilipollez» —además del resto de las opiniones desinformadas que salen de vuestra boca— no es más que ignorancia de mentes cerradas. Tenéis que reconocerlo; callad la boca y ateneos a ser médicos. Permaneced en vuestro mundo y yo permaneceré en el mío. Si estáis dispuestos a dejar a un lado vuestra ignorancia y a reuniros con nosotros para crear un entorno abierto capaz de contener todo, mantener una conversación y explorar un conocimiento que nos permita compartir nuestra sabiduría para servir a la humanidad respetando los ámbitos de estudio y experiencia del otro, aquí estoy. En caso contrario, apartaos.

Las personas no formadas creen que el mundo es exactamente como ellas lo perciben, porque son ignorantes. Una persona formada sabe que existen muchas puertas y que, aunque no las haya explorado y ni siquiera pueda percibirlas, no por eso dejan de existir. No cierra el acceso a ellas tildándolas de tonterías e invalidando su existencia solo porque no está familiarizada con ellas.

TERCERA PARTE

LA ERA GIGANTE

10

MONTAR EN EL TREN ILUMINADO

CUANDO HABLO DEL APAGÓN, algunas personas se angustian, asumen una visión apocalíptica y empiezan a verlo todo negro: *Es demasiado tarde, lo hemos echado todo a perder.* Resulta muy divertido; todo son dramas. Está claro que puedes elegir verlo de esa manera si lo que quieres es sentirte hundido y asustado, si quieres crear una realidad pesimista y pensar que todo está perdido. Sin embargo, si tenemos en cuenta que el futuro se forja con los pensamientos, los sueños, las visiones y los deseos que cada uno de nosotros está cultivando hoy, no lo recomiendo.

Lo cierto es que no está todo echado a perder y que no es demasiado tarde. Eso es algo que se dice para evitar asumir la responsabilidad de nuestra vida y del mundo y no tener que hacer cambios ni sufrir molestias. El Apagón es una oportunidad. Nos permite subir de nivel y experimentar un salto cuántico colectivo alineando la conciencia de la especie con una inteligencia superior. Es una oportunidad para conseguir que evolucione la forma en la que tratamos y nos relacionamos con los demás y con el resto de las formas de vida del planeta, para que evolucionen las estructuras de nuestra sociedad y para crear un sistema nuevo que ayude a todos los seres a prosperar, en lugar de limitarse a sobrevivir. Es una oportunidad para soñar a lo grande, para usar nuestros poderes como creadores cuánticos y forjar algo nuevo, algo gigante, algo que favorezca una existencia planetaria petazeta para todos.

Hacer realidad la Era Gigante: Un proceso chamánico en tres pasos

Para hacer realidad una Era Gigante aquí en la Tierra tenemos que inhalar ese concepto como si fuese una realidad.

1. INHALA ESE CONCEPTO COMO SI FUESE UNA REALIDAD

La Era Gigante no es un *si*, no es un deseo ni una esperanza. Es una realidad. ¿Lo captas?

2. ASUME LA RESPONSABILIDAD

Esto significa adquirir conciencia y ver la realidad acerca de cómo actuamos como individuos y cómo contribuimos a solucionar los desafíos del mundo, y luego realizar los ajustes necesarios en nosotros mismos para servir a la humanidad y al planeta.

3. DIRIGE

No es suficiente con elevarnos y cambiar solo para nosotros. Para poder darle la vuelta a esta nave espacial y dar la bienvenida a una Era Gigante de paz, prosperidad, salud y bienestar para todos, debemos aceptar nuestro papel como dirigentes iluminados de amor y ayudar a nuestros hermanos y hermanas a elevarse y cambiar ellos también.

DE SOBREVIVIR A PROSPERAR

Prosperamos cuando estamos sostenidos por una estructura que nos ayuda a vivir una vida equilibrada, sana y jugosa que incluya tener tiempo para los amigos, para nosotros y nuestra creatividad, para nuestro cuerpo y nuestra sexualidad, para aprender cosas nuevas (ya sea a hablar un idioma o a tocar un instrumento musical) o para lo que queramos. Prosperar significa que nuestro estilo de vida nos ofrece tiempo y recursos que podemos dedicar a nuestro propósito, a generar el éxito económico y a apoyar a la comunidad global favoreciendo causas que iluminen la carga de la humanidad y también del planeta. La prosperidad es la satisfacción cotidiana, el equilibrio y el bienestar; es nuestro derecho consustancial. Y en este planeta, en este momento, resulta extremadamente rara.

Hoy en día, y para la mayor parte de la gente, la Tierra es un planeta cárcel en el que nacemos esclavos para impulsar un sistema que nos dice que debemos trabajar para sobrevivir. Este programa tiene a la inmensa mayoría de la población atrapada en el modo supervivencia, con su vida impulsada por la búsqueda de la satisfacción de sus necesidades básicas y por la lucha para mantenerse a flote. Este estilo de vida es lo que hace que los seres humanos sigan vibrando en las frecuencias del estrés, la tensión, la depresión y la preocupación.

Por eso la gente tiene listas de cosas que quiere hacer antes de morir. Como su vida está tan llena de compromisos, de obligaciones, concretan un puñado de experiencias significativas que deben incorporar con calzador a su vida antes de irse al otro barrio, para que su existencia no haya sido en balde. Como si espolvorear algo de turismo en una vida basada en la supervivencia fuera a hacerla petazeta.

El sistema está montado para mantenernos en modo supervivencia, porque la conciencia de supervivencia alimenta a la oscu-

318   HACKING ESPIRITUAL

ridad. En esencia, la conciencia de supervivencia es conciencia de escasez. Es carencia. Cuando estamos en modo supervivencia, carecemos de esos aspectos que constituirían nuestra prosperidad, porque los sacrificamos por afanarnos en todo.

ESTAR ALINEADO FRENTE A AFANARSE

Muchos oradores motivacionales y gurús del desarrollo personal están ansiosos por conseguir que te afanes. Están realmente entusiasmados, excitados y revolucionados; todos quieren que sepas que, si quieres ser rico, si quieres tener éxito, si quieres que gente guapa quiera follar contigo, tienes que afanarte, afanarte y afanarte. Y lo cierto es que no es así.

Cuando nos afanamos es que no confiamos en que el universo nos sostiene. Afanarse es lo que hacemos los seres humanos para intentar controlar la realidad y sentirnos seguros, para obtener lo que creemos que necesitamos para sobrevivir. Sin embargo, como no somos más listos que Dios, como no podemos controlar una mierda, no nos conduce a una vida más elevada y fabulosa. Lo único que consigue es limitar nuestras opciones y quemar nuestras glándulas suprarrenales.

Cuando nos afanamos, dejamos que el miedo nos motive. Estamos utilizándolo como fuente de energía para impulsar nuestros actos. Y no solo eso, sino que actuamos siguiendo una agenda, lo que significa que nuestras interacciones con los demás carecen de integridad. No nos estamos conectando con la gente porque nos sintamos auténticamente impulsados a hacerlo, a permitir que la alquimia natural de nuestras energías guíe nuestra interacción, sino que nos «conectamos» con ellos porque queremos algo.

La gente se afana para ganar dinero, por cosas materiales y para obtener poder o estatus social. Y ninguna de estas cosas le aporta una satisfacción auténtica. Pueden ofrecer un placer o una satisfacción temporal, pero inevitablemente van seguidas de una insatisfacción a largo plazo, porque se consiguieron mediante esfuerzos basados en el miedo, y eso significa que estaban mal alineadas desde el principio. Solo los avances que hacemos cuando actuamos desde el alineamiento nos conducen a una satisfacción y a un éxito sostenibles.

La Era Gigante supone alinearse y no afanarse. ¡Menudo salto cuántico en el funcionamiento humano! Cuando estamos alineados, actuamos en armonía vibratoria con lo que somos, con lo que hacemos y con nuestro destino, lo que facilita al espíritu conectarnos con las personas que deben ayudarnos a avanzar en nuestra vida. Cuando estamos alineados, nuestras frecuencias vibran de manera que atraen orgánicamente hacia nosotros a las personas a las que debemos conocer y las situaciones en las que debemos conocerlas.

Cuando estamos montados en el tren iluminado, no nos afanamos; sencillamente, nos alineamos. Nos alineamos y nos arraigamos en nosotros, en nuestra intención y en nuestro objetivo, y confiamos en que el Espíritu nos conectará con las personas correctas en el momento adecuado. La clave para alinearse es permanecer en el centro del corazón y vibrar desde la alegría, la diversión, la tranquilidad y el juego en todo aquello que hacemos, sin intensidad y sin miedo de que nos vaya a costar, sin permitir que la discordia perturbe nuestra frecuencia.

La Era Gigante estará anclada por estructuras que favorezcan el alineamiento sostenible de los seres humanos. De ese modo, en lugar de generar problemas para crear mercados con los que los servicios sociales puedan solucionar esto y contrarrestar lo otro, en la Era Gigante el nuevo sistema ayudará a las personas a mantener su alineamiento para que todo el mundo pueda prosperar.

El fin de la jerarquía

Nuestras estructuras actuales no sobrevivirán al Apagón. Esto no es una afirmación pesimista, sino un hecho. Como las estructuras actuales fueron construidas por la oscuridad sobre las frecuencias de separación y jerarquía, no serán capaces de sostenerse en el campo de una conciencia colectiva dedicada a la unidad y a la igualdad de todos.

Cuando estuve en Islandia, hablé en el edificio Harpa ante un grupo de directores ejecutivos. En un momento de la charla, entregué a cada uno un plato y les pedí que lo mantuvieran en equilibrio sobre un dedo. Nadie era capaz de lograrlo. Los platos se caían hacia un lado o hacia el otro. Les expliqué que se trataba de una metáfora del modelo de negocios del viejo paradigma en el cual el director ejecutivo es el que toma todas las decisiones, lo hace todo y dirige el barco. Luego les dije que, para que una empresa del nuevo paradigma pueda tener salud y éxito, debe estar basada en la conciencia del *nosotros*, lo que significa que cada persona en nómina cogerá el plato y lo levantará para lograr el objetivo de la organización y conseguir el éxito.

La jerarquía es algo arcaico. Juzga cualitativamente el papel que las personas desempeñan en los grupos, en las organizaciones y en la sociedad. Por ello, si alguien tiene una solución realmente creativa para un problema existente en la empresa pero es el conserje, nadie va a escucharle. Porque cuando funcionamos sujetos a la jerarquía, lo estamos haciendo con la falsa creencia de que las ideas, las opiniones, la experiencia o la presencia en el planeta de algunas personas son en cierto modo más valiosas que las de otras. La jerarquía crea separación, genera muchísima desconfianza y resentimiento entre los seres humanos y ni siquiera funciona. Es el motivo de que se extinguieran los mayas, los toltecas y los egipcios. Fueron todas ellas unas civilizaciones muy poderosas, pero se destruyeron a sí mismas por la jerarquía.

Cualquier cultura que coloque a un único dirigente por encima del pueblo sin empoderarlo para servir a la visión colectiva de la tribu está destinada al fracaso. Si el jefe es el único que determina el curso del colectivo y si todos los demás tienen que responder a lo que él decida, la tribu se vendrá abajo. Para que tenga éxito, el jefe debe empoderar a cada uno de sus miembros para que pueda encarnar su propio poder personal y así contribuir con su genio particular al bienestar de la tribu y a su evolución. Esto incluye a los pescadores, a los cazadores, a los canteros y a los chamanes. Todo el mundo tiene que estar empoderado para ser lo que es si se quiere que la tribu funcione y se mantenga, y debe ser valorado como parte integral de la tribu para que esta prospere.

El efecto mariposa es una realidad

Todos somos pasajeros de esta nave espacial denominada Tierra, lo que nos convierte en una única tribu global que comparte esta experiencia planetaria. Aquellos que actúan basándose en la creencia falsa de que los seres humanos somos entidades separadas y aisladas, que no estamos todos conectados, sencillamente no comprenden todo el alcance de la situación. Así como frente a los médicos occidentales, que ven la sangre, los huesos, los tejidos y los órganos como islas, los chamanes entienden el cuerpo como un organismo holístico singular compuesto por distintas partes y aparatos intrincadamente interconectados que trabajan juntos al servicio de todo el conjunto, también ellos entienden la Tierra como un organismo holístico singular compuesto por partes intrincadamente conectadas que trabajan juntas al servicio del conjunto, es decir, de todos los seres vivos y las inteligencias del planeta. Todo lo que sucede en la Tierra afecta a cada uno de los seres que estamos aquí, sin excepción. Y para que po-

damos hacer realidad una Era Gigante aquí, es fundamental que
los seres humanos lo reconozcan.

La inseguridad alimentaria de Yemen afecta a los habitantes
de Buenos Aires. La pobreza de Somalia genera una conciencia de
carencia en el barrio Echo Park de Los Ángeles. Esta carencia
puede expresarse de formas muy diferentes, pero su génesis es la
misma, igual que las frecuencias vibratorias que dan forma a las
circunstancias a través de las cuales se manifiesta. Las personas
que están pasándolo mal en Asia y África son nuestros hermanos
y hermanas. Estamos fundamentalmente conectados entre nosotros en distintos niveles de nuestro ser. Esto significa que su lucha
es nuestra lucha, aunque suceda en un nivel diferente, en un continente diferente y en un paradigma cultural diferente. Por eso,
mientras una persona camina descalza por un desierto yermo
para encontrar una raíz o un bicho con el que alimentar a sus
hijos desnutridos, otra vive en un entorno urbano con el pánico
de no poder pagar la renta o el seguro del coche. Es la misma
frecuencia energética.

Y lo mismo sucede con la abundancia, la vitalidad y los mila-
gros. Esto significa que, cuando nos elevamos a la conciencia de
prosperidad y de abundancia, podemos sostener esas frecuencias
con más fuerza y estabilidad y somos capaces de irradiarlas más·
lejos y transmitirlas a otras partes del mundo. De ese modo, nuestra libertad financiera en Toronto se traduce en buena suerte para
una persona que esté en Bombay. Debes recordar siempre que no
vives solo para ti, sino que participas en algo mucho mayor y
mucho más sagrado al servicio del *nosotros*.

DEL YO AL NOSOTROS

Los seres humanos tienen que dejar de percibir a todos los
demás como *otros*, como si los musulmanes fueran otros; los in-

dígenas, otros; los judíos, otros, y los transexuales, otros. Ha llegado el momento de derribar esa tontería de la separación. Es uno de los efectos colaterales de tener un planeta lleno de personas desconectadas de su sensorio porque no son capaces de percibir su discordia, de percibir la discordia del planeta y de percibirse a sí mismas, lo que significa que no hay manera de que puedan percibir su conexión con otros seres. Esta desconexión y separación han creado una sociedad llena de gente que solo se preocupa de sí misma, de lo que está sucediendo en su propia vida individual, en su lugar geográfico, y que no es consciente de nuestra conexión fundamental ni de nuestra responsabilidad como custodios del planeta. Las personas necesitan tomar una cierta perspectiva y darse cuenta de que todos somos partes de un campo unificado de conciencia y una red interconectada de síntesis, y de que todos nosotros, como terrícolas, somos responsables del mantenimiento y el bienestar de este planeta. Eso significa que lo importante no es el *yo, yo, yo*, sino más bien el *nosotros, nosotros, nosotros*. Si seguimos funcionando desde esta forma de pensar singular, separada, egoísta y aislada, las fuerzas que sostienen la vida y la felicidad de ese *nosotros* van a estrellarse y se acabará el juego para todos. Así de claro.

Ver como un *nosotros*

Los seres humanos no están actuando como si fuésemos un *nosotros*; no se tratan como si fuésemos un *nosotros*, porque no se perciben como un *nosotros*. Se siguen viendo como componentes individuales aislados que funcionan de forma independiente los unos de los otros, porque la oscuridad ha cegado la percepción humana a través del espejismo de la separación. Debemos entrenarnos para empezar a vernos unos a otros como *nosotros* percibiendo a cada uno a través de la mirada del amor y la acep-

HACKING ESPIRITUAL

tación incondicionales. Esto significa que, en lugar de identificar mentalmente a los otros por sus diferencias, por aquello en lo que no son como nosotros ni nosotros como ellos, debemos comprometernos a percibirlos y catalogarlos por nuestras similitudes, por todo aquello en lo que nos parecemos. La experiencia humana es inmensa, por lo que no debería resultar muy difícil.

Sin embargo, no se trata solo de cómo percibimos a los demás sino de cómo los tratamos. Si los seres humanos reconocieran que cada persona que ven en la calle son ellos mismos en otro cuerpo, sentirían más amor, más respeto y más reverencia por los demás. Por eso, mientras nos entrenamos para percibir como un *nosotros*, es importante que aprendamos a amar a los demás como nos amaríamos a nosotros, sin reservas, sin retenernos y sin mezquindad, con la misma atención y calidad con que nos amamos a nosotros.

Aquella vez en que llamé a mi puerta para pedir agua

En cierta ocasión estaba en mi casa con un par de amigos; ambos eran ministros de primer nivel de un gran centro espiritual de Los Ángeles. Había entrado en el cuarto de baño cuando un hombre sin hogar llamó a mi puerta. Estaba extremadamente deshidratado y nos pedía agua. Cuando salí, mis amigos estaban en la cocina revolviendo los armarios en busca de un vaso de plástico o una botella de plástico para dársela.

—No seáis idiotas —les dije—. Invitadle a pasar. Yo le daré un vaso.

Fue todo un zasca para mis amigos, que se pusieron como locos intentando disuadirme para que no le invitara a pasar porque estaba sucio y podría hacerles daño.

—No seáis idiotas —repetí dirigiéndome a la puerta.

Invité al hombre a pasar, le hice algo de comida, le lavé la ropa y le dije que se podía dar un baño. Mis amigos no levantaron un dedo para ayudarme. Se pasaron todo el tiempo escondidos en el dormitorio de atrás y me pusieron a parir por no tener en cuenta sus sentimientos, su comodidad y su seguridad.

—No puedo creer que tengáis los cojones de consideraros personas espirituales —les grité, porque ya estaba hasta el gorro de tanto lloriqueo autocomplaciente— y de que solo estéis dispuestos a compartir vuestra espiritualidad con aquellos que pagan por ella, mientras se la negáis a los que más la necesitan. Tendríais que echaros un vistazo ya.

¿Cómo vas a considerarte una persona espiritual, y mucho menos un ministro, si ni siquiera estás dispuesto a darle un vaso de agua a una persona sin hogar? ¿Es o no es una gilipollez?

NUESTRO CULO PRIVILEGIADO

Los seres humanos se han vuelto blandos, se han hecho cómodos, complacientes, y por eso les da miedo cambiar. Buda habló mucho acerca de la naturaleza de la impermanencia, del sufrimiento que conlleva la tendencia humana a aferrarse. Esa sensación de ser un privilegiado es un mecanismo de protección que permite a los seres humanos funcionar bajo el supuesto de que todo va a suceder como siempre y exactamente como esperamos que lo haga. Se alimenta de la suposición de que todo va a seguir siendo igual. Esta suposición funciona mientras funciona. Sin embargo, un día se produce un cambio y en la tienda dejan de vender nuestra leche de almendras favorita. De repente nos frustramos, nos encabronamos y actuamos de mala manera.

Esta sensación de ser privilegiados es una jaula construida por nuestro deseo de controlar, de microgestionar y de seguir estando cómodos. Es una dimensión limitada de nuestra propia creación que depende de la consistencia, la uniformidad y el *lo mismo, lo mismo, lo mismo* que debemos defender y proteger para mantenerla. Cuando se adueña de nosotros, nos perdemos ante la afrenta que percibimos en el cambio al que nos resistimos, y eso manda a la mierda nuestra sensibilidad, nuestra compasión, nuestra compostura y nuestra cordura. Nos convertimos en la peor versión posible de nosotros mismos, porque no estamos obteniendo lo que queremos o aquello a lo que estamos acostumbrados. Pero el problema no es que el encargado de la tienda no haya recibido tu leche vegetal favorita ni que Dios no se haya preocupado lo suficiente como para impedir que te pase eso, o que el planeta haya retrocedido a tu primera casa. El problema eres tú. Es que no has cultivado la flexibilidad y la maleabilidad necesarias para manejar la vida cuando esta se muestra de una forma diferente a aquella que esperabas. Es que estás proyectando la propia responsabilidad de esta suposición sobre el encargado de la tienda, sobre todos los que componen tu realidad, porque no quieres reconocer tu incapacidad para asumir los cambios que la vida te pone delante. -

El problema es que esta mierda de los privilegios no va a ser tan estupenda cuando el Apagón siga avanzando. Siendo honestos, apenas lo es ahora. Sin embargo, con los cambios que está afrontando en este momento el planeta debemos ser maleables y flexibles, debemos tomarnos con tranquilidad las vueltas y revueltas imprevistas que nos lleguen. Por eso tantas de las grandes tradiciones espirituales asiáticas hablan de ser fluidos como el agua, flexibles y capaces de doblarnos como los juncos. A medida que el espejismo de la realidad lineal vaya dando paso a la verdad cuántica de la materia, se irán cerrando cada vez más puertas y muchas más empezarán a abrirse. De este modo, como seres multidimensionales, tenemos que ser formidables de muchas formas, en muchas versiones, y debemos dejar atrás todas las inclinaciones que podamos tener a aferrarnos a un constructo único, sea el que sea.

La realidad es que todo puede cambiar en cualquier momento. La vida puede cambiar drásticamente en un santiamén, en un momento, y a partir de ahí toda tu vida puede ser inmensamente, tremendamente, masivamente distinta. Un país que nunca haya sufrido una guerra puede ser asediado. Tu restaurante favorito puede cerrar mañana. Tu casa puede derrumbarse por un corrimiento de tierra. Puedes heredar una inmensa fortuna sin esperarlo. Tu compañero de vida puede morir o decidir que quiere estar con otra persona. Puedes tropezar, caer mal y machacarte la mano con la que te ganas la vida. Puedes darle un golpe por detrás con el coche a la persona que resulta ser tu alma gemela. Los cambios suceden. Esto no significa que debamos vivir con miedo, esperando a que caiga el otro zapato, temiendo que suceda algo grande, malo y terrorífico. Sin embargo, tenemos que aceptar el hecho de que la vida está constantemente cambiando y que debemos contar con los recursos necesarios para afrontarlo; es decir, si lo que queremos es montar en el tren iluminado para llegar a la Era Gigante, claro está.

Asume el cambio

Nuestra resistencia colectiva a los cambios es el motivo de que los conflictos sociales estén tan extendidos en el planeta. Es lo que sucede cuando tienes un puñado de personas que se consideran privilegiadas gastando una barbaridad de energía preciosa en luchar por ideas irrelevantes y conceptos obsoletos mientras defienden estructuras e instituciones moribundas que ya no nos sirven. Por eso vemos gente luchando para evitar que los homosexuales puedan casarse, para impedir que las mujeres puedan amamantar a sus hijos en público, por el derecho a extirpar el prepucio de sus bebés. Nadie se para a plantearse qué es realmente aquello por lo que discuten, ni lo que están defendiendo, ni por qué lo hacen. Todos nos hemos acostumbrado tanto a aquello a lo que nos hemos ido apegando que no queremos tener que molestarnos en desacostumbrarnos a ello. Por eso luchamos por el derecho a *no* cambiar, por el derecho a *no* crecer. Sin embargo, en lugar de ser honestos acerca de nuestra tozudez, de nuestro estancamiento, buscamos racionalizaciones y demostraciones que podamos blandir para convertir en malos a aquellos que piensan de forma diferente y para victimizarnos ante sus intentos de progresar.

Así es como nuestras ideologías, ideas y lealtades obsoletas, nuestras creencias, conductas y hábitos se han convertido en nuestra manta de seguridad. Son como esas viejas mantas raídas y andrajosas a las que nos aferramos con historias inventadas y una indignación justificada para intentar controlar nuestra realidad, aunque sean poco funcionales y estén entorpeciendo nuestra evolución.

Suelta amarras; ilumínate

Cuando no estamos dispuestos a asumir el cambio, a adaptarnos a él, bloqueamos nuestra capacidad de evolucionar, de tener lo que queremos, de montar en el tren iluminado y de vivir una vida gigante y petazeta. Mucha gente tiene asociaciones negativas con el cambio, porque puede dar miedo, puede resultar incómodo, y por eso, cuando este cambio llama a su puerta, apoyan bien los talones en el suelo, aprietan el puño y se niegan a renunciar a la comodidad, la familiaridad y la conveniencia de lo que ya conocen, de aquello a lo que están acostumbrados. Esta resistencia al cambio y a explorar territorios desconocidos genera mucho conflicto y discordia, teniendo en cuenta que esa imper manencia es la naturaleza fundamental de este constructo de realidad y que nuestro impulso evolutivo solo se está acelerando.

La evolución es el propósito de la vida. Existimos para evolucionar. Si no tuviéramos la posibilidad de hacerlo, la mente no se dedicaría a la tarea de mantenernos vivos. ¿Con qué fin, si careciera de la posibilidad de desarrollarse en una visión o un modelo mayor? El cambio es una parte necesaria de la vida y del proceso evolutivo y, además, la única constante en esta realidad. Nada es permanente. Todo cambia, todo se transforma, todo muere y todo renace. Esto significa que, si queremos vivir una vida petazeta, si queremos montar en el tren iluminado hacia la Era Gigante, tenemos que aprender a soltar amarras.

Lo nuevo no puede entrar en nuestra vida hasta que dejamos atrás lo viejo. Es una relación espacial básica. ¿Dónde iba a caber? El acto de soltar aquello a lo que estamos acostumbrados despeja el espacio para que algo mayor pueda adquirir forma. Así como celebramos la llegada de bendiciones y novedades, también debemos celebrar el acto de soltar; debemos ritualizarlo como una parte integral del proceso de dar la bienvenida a cosas todavía más asombrosas. Esto significa cambiar nuestro enfoque hacia la donación, el reciclado, los regalos, de manera que lo que realmente estemos reverenciando sea el proceso de dejar espacio libre, de desembarazarnos de otro objeto material como función necesaria del acto sagrado de la creación.

La superpoblación es una realidad

Todas las demás especies del planeta procrean por un motivo y solo por ese: asegurar la supervivencia de la especie. Los seres humanos solíamos hacer lo mismo, pero luego nos complicamos mucho, nos volvimos muy abundantes y nos desconectamos totalmente de nuestro sensorio. Entonces el espíritu narcisista entró en escena y ahora procrean para solidificar una entidad para sí mismos, para estar de moda, para tener algo a lo que vestir con trapitos monos y de quien poner fotografías en las redes sociales. También lo hacen para asegurar la supervivencia de su propia estirpe, para crear un legado genético duradero que, según creen, se traducirá en inmortalidad. Sin embargo, lo que definitivamente *no* están haciendo es procrear con la intención de alimentar conscientemente a la conciencia que están trayendo a este planeta como contribución edificante que aporte algo a la comunidad global más amplia.

La supervivencia de la especie ha dejado de ser motivo de debate. Nuestra supervivencia, al menos, no está cuestionada por ningún tipo de déficit de población. De hecho, la especie está afrontando unas cuantas amenazas a nuestra supervivencia colectiva. Pero el que no haya suficientes seres humanos no es una de ellas. En realidad ocurre más bien todo lo contrario, porque la superpoblación es un problema muy real y muy importante que debemos abordar si queremos reequilibrar este planeta antes de que sea demasiado tarde.

El ritmo al que los seres humanos continúan multiplicándose en comparación con la realidad de los recursos disponibles en el planeta es un problema real. No es un asunto que afecte solo a los pobres, a los que están en otros lugares. Ya nos está afectando a todos nosotros en distintos niveles energéticos y generando sufrimiento en el planeta. Y no solo eso, sino que es un problema que abre la puerta a la potencialidad dimensional en la que el agotamiento de los recursos inspira migraciones masivas. Grandes grupos de personas intentan cruzar fronteras para alimentar a sus familias, lo que genera conflictos con los que desean proteger sus recursos y da lugar a un caos enorme y sangriento. La solución es que no haya más niños en el planeta.

Muchísimas mujeres acuden a mí porque quieren tener un hijo. Han saltado por todos los aros médicos occidentales y se han gastado un montón de dinero en tratamientos de fertilidad, pero siguen sin quedarse embarazadas. Muchas veces no lo consiguen porque una de las formas en las que la Tierra está intentando corregirse a sí misma es a través de los mecanismos de fecundidad de los seres humanos. Sin embargo, nos sentimos con derechos, estamos acostumbrados a lograr lo que queremos y muchas mujeres desean fervientemente tener un hijo. Por eso intentan forzar el problema a través de la ciencia, aunque su cuerpo no responda, e incluso aunque lo último que este planeta necesita sea otro niño. La cantidad de recursos que se invierten en toda esta rama de la ciencia que existe para averiguar formas mejores y más rápidas de anular la inclinación natural del cuerpo a *no* multiplicarse podría emplearse para facilitar muchos cambios útiles y positivos para muchos otros seres de este planeta.

No disponemos de recursos suficientes para seguir actuando tal y como lo hemos venido haciendo hasta ahora. Los seres humanos vamos a tener que ajustar nuestra conducta si queremos sobrevivir al Apagón y soñar con la Era Gigante para hacerla realidad. Esto significa disminuir la procreación, es decir, renunciar a la creencia de que podemos tener seis hijos aunque no los podamos alimentar ni vestir, ni podamos tampoco pagar las facturas, y mucho menos sacar tiempo para hacer ejercicio, meditar o hacer lo que el espíritu nos pide que hagamos para prosperar. Estos seis niños están empleando recursos valiosos de un planeta ya desequilibrado. Así de claro. ¿Cómo creemos que va a corregirse la Tierra si no estamos dispuestos a actuar para corregirla o, al menos, a *no* actuar para estropearla más?

La adopción es la solución evidente para los problemas de fecundidad que están arrasando a la población. Es de sentido común. Tenemos millones de niños sin padres viviendo en orfanatos o en la calle y millones de parejas que quieren tener un niño. Adoptar a los que ya existen y están buscando una familia genera una huella de carbono más ligera y satisface las necesidades y los deseos de todo el mundo, siempre y cuando las personas estén dispuestas a dejar de lado sus cuelgues identitarios narcisistas y a no dar tanta importancia a su ADN, a su estirpe y a su maravilla fractal. El Apagón es algo real. Ha llegado el momento de servir al constructo humano más amplio y de superar nuestro maldito yo.

EL QUINTO ELEMENTO

Otra vía de la que se está valiendo la Tierra para corregir su curso es el *quinto elemento*. En la tradición dagara de África Oriental, así es como se conoce a los homosexuales. Los chamanes dagara creen que estas personas son regalos del Espíritu envidos para devolver el equilibrio y la armonía al planeta y abrir nuevas puertas de conciencia para la especie. Además de ayudar a aliviar los problemas de superpoblación de la humanidad, el quinto elemento está ayudando a demostrar a todos los seres humanos la capacidad de amar por encima de las limitaciones, de las etiquetas y del adoctrinamiento.

Las condiciones y limitaciones que los seres humanos siguen poniéndole al amor se basan en ideas anticuadas que nos ha inculcado la religión (es decir, la oscuridad). Las personas se siguen aferrando a estas estructuras de creencias obsoletas por nuestro miedo colectivo al cambio, porque ha sido una forma segura durante muchísimo tiempo y porque resulta más fácil seguir con el piloto automático puesto, seguir creyendo de la misma forma aunque no tengamos ni idea de por qué tenemos estas creencias.

La mayoría de las culturas y religiones consideran la homosexualidad como una abominación, porque están sacando de contexto su aversión a ella proveniente de su adoctrinamiento cultural. Tomemos como ejemplo el cristianismo, una religión que mantiene una línea dura contra la homosexualidad, porque la Biblia la prohibe. Lo cierto es, sin embargo, que la Biblia no la prohíbe porque aquellos que la escribieron la estuvieran juzgando o afirmando cualquier instancia moral suprema contra ella. Los que escribieron el Levítico no estaban disuadiendo a los cristianos de practicar el sexo entre hombres porque consideraran que era algo malo, equivocado o pecaminoso. Su único objetivo era intentar proteger a las personas de la plaga que estaba asolando al pueblo en el momento en que se escribió ese libro. Por eso la Biblia prohíbe también cosas como mezclar lana y algodón o acostarse con una mujer que tenga la menstruación. Si la ciudad está sufriendo una epidemia mortal que se transmite a través de los fluidos corporales, voy sin duda a hacer lo que sea necesario para evitar exponerme a ella. Eso significa no meter la polla en el culo de otro tío y no dejar que la sangre menstrual de mi mujer me manche…, no porque esa sangre sea sucia, sino porque podría estar infectada con un patógeno mortal. Tampoco iré frotándome contra personas que tengan erupciones. Cuando se tejen juntos la lana y el algodón y se ponen sobre el cuerpo, pueden irritar la piel y producir granos que se llenan de pus y pueden transmitir enfermedades, lo que efectivamente significaba, en aquellos tiempos, que tu chaqueta podía matarte. Lo que no significaba era que tu chaqueta fuera un pecado.

Estos pasajes han sido malinterpretados a lo largo de los siglos por personas que no conocían el contexto ni las condiciones en los que fueron escritos y que luego se propusieron adjudicar a Jesús estas ideas junto con la intolerancia que se les acopló de forma errónea. Pero Jesús nunca dijo esas cosas, no era intolerante y claramente no tenía ningún problema con los homosexuales, con la sangre menstrual ni con las mezclas de merino y algodón.

Sentirse con derechos = arrogancia = apatía = puaj

El hecho de que los seres humanos nos sintamos con derechos es lo que nos hace pensar que podemos tener todos los hijos que nos apetezca y que nuestros hijos son excepciones a la situación de superpoblación, porque son nuestros, lo que los convierte en algo un poco más especial que los chuparrecursos de los demás. Es lo que hace que sigamos conduciendo SUV y regando nuestro césped en mitad del día; de hecho, que sigamos teniendo césped, cuando lo que de verdad necesitaríamos sería plantar alimentos y hierbas curativas. Es lo que nos lleva a comer criaturas marinas en peligro de extinción, a comprar ropas elaboradas en fábricas clandestinas del sureste asiático y a no llevar nuestras malditas bolsas a la compra. Es lo que nos impide afrontar nuestras gilipolleces y a nosotros mismos.

Los seres humanos somos arrogantes, lo que nos hace reticentes a reconocer que las cosas están mal o que están desalineadas, porque eso amenaza nuestro pequeño y frágil ego. Esta arrogancia y este sentirse con derechos hace que la inmensa mayoría de nosotros nos neguemos a ver los desequilibrios que están amenazando nuestro mundo. Esta negativa es lo que permite a las personas dar su consentimiento a las maquinaciones de la matriz, al adoctrinamiento de los medios de comunicación, a la estimulación exasperada, al aguijón cerebral y a todo eso. Es lo que hace que muchas personas se arrastren por ahí como borregos distraídos y descerebrados alimentando al sistema con su atención, su dinero, su discordia y su fuerza vital sin que les importe una mierda cómo están afectando sus acciones al mundo y cómo están alimentando la oscuridad.

La mayor parte de la gente occidental la está jodiendo al no participar activamente en nuestra cultura. Nos hemos vuelto tan sedentarios, nuestra voluntad es tan débil, que no estamos actuando para cambiar las injusticias que vemos claramente. Esto revela una actitud de *ojos que no ven, corazón que no siente* que nos ha convertido en una cultura negligente y perezosa que nos lleva a luchar por conseguir distracciones mayores, mejores y más fuertes para así no tener que percibir el dolor que está sufriendo el mundo ni tener que ver cómo nuestros actos están favoreciendo este sufrimiento. Eso es lo que implica la sensación de ser un privilegiado y constituye un problema.

El simple hecho de poder hacer la postura del escorpión no significa que no sientas que tienes derechos

Cuando voy a Nueva York suelo quedarme en casa de una yogui amiga mía que se considera despierta porque puede hacer el pino, toma zumo de col y fue una vez a la India.

Fui en una ocasión para dirigir un taller y mi amiga me dijo durante la cena:

—¿De verdad tienes que volver a Turquía? Me preocupa que vivas tan lejos, en una parte del mundo tan peligrosa. Me preocupo por todas esas personas.

—No es cierto —le dije, porque estaba siendo ridícula—. No te preocupas por mí. Sencillamente te molesta que no esté aquí, en tu misma zona horaria y en tu mismo barrio para proporcionarte sanaciones y decirte que tu abrigo de alpaca es fabuloso. Venga, hija, seamos claros, no te importa una mierda lo que esté sucediendo en Turquía.

—Tienes razón —respondió encogiéndose de hombros—, no me importa absolutamente nada.

SÁLVATE

Desde que se escribió la primera Biblia, la oscuridad ha estado utilizando la religión como forma de programar a los seres humanos con el mito del salvador. En cuanto esa historia —la que afirma que Jesús murió por nuestros pecados y que va a regresar de entre los muertos para salvarnos— empezó a coger velocidad, los seres humanos dejaron de trabajar activamente en su propio favor. Para qué preocuparse, si un superhéroe o un mesías o un caballero de brillante armadura puede rescatarnos tan fácilmente sin que tengamos que sudar, mover un músculo ni nada.

Es la falacia de ser rescatados, de ser salvados por alguna fuerza externa, que lleva a los seres humanos a seguir extendiendo una contaminación tan grande por el planeta. Asumen sencillamente que alguien va a cuidar de las cosas en su lugar, que alguien se va a ocupar de ello y arreglarlo. Por eso nuestros mares están llenos de plásticos de un solo uso, porque nuestra especie se empeña en negar el daño tan real que estamos haciendo a este planeta que constituye nuestro hogar, que este daño vaya a afectarnos a la larga a cada uno de nosotros. La gente no asume la responsabilidad de su vida ni de nuestro planeta, porque tiene la creencia ilusoria de que todo se arreglará por sí solo o que algo o alguien va a venir a arreglárnoslo.

Este planteamiento está haciendo que no nos demos permiso a nosotros mismos para reconocer nuestro poder. Estamos demasiado ocupados esperando a que nos rescaten. Esta fantasía del salvador constituye una limitación para nuestra especie y nos está impidiendo evolucionar, porque, en lugar de asumir la responsabilidad de la situación de nuestra tierra por la energía individual que cada uno de nosotros, por nosotros mismos, estamos transmitiendo al colectivo a través de nuestras palabras, nuestros pensamientos y nuestros actos, nos recostamos en el sillón, nos fumamos una pipa de marihuana y nos dedicamos a soñar despiertos sobre una pantalla esperando que algún tipo de superhéroe venga a rescatarnos. Ni siquiera nos ofrecemos la oportunidad de dar un paso al frente, evaluar la situación e impresionarnos muchísimo al ver lo que podemos superar, lo que podemos conseguir y lo que podemos crear.

Aquella vez en que Superman no vino

Cuando tenía doce años, pasé todo el verano encerrado en mi habitación, castigado por haber desenvuelto mis regalos de Navidad antes de tiempo, haber estado jugando con ellos y haberlos envuelto otra vez. Mi padre y mi madrastra me pegaron hasta hacerme sangre y seis meses más tarde se llevaron todos mis juguetes y me vaciaron el cuarto. Lo único que me dejaron fue la cama. Pasar todo el día y toda la noche en una caja vacía me provocaba claustrofobia, así que sacaba la cabeza por la ventana y llamaba a Superman.

—¡Superman! —gritaba al viento—, Superman, si me oyes, por favor, ven a rescatarme.

Le llamé todos los días. Esperé, esperé y esperé, pero nunca vino. Una vez transcurridos aquellos tres meses, analicé el otro lado de aquella experiencia tan horrible y me di cuenta de que al que esperaba realmente no era a Superman; era a mí. Porque yo seguía estando allí y lo superé solito.

Esa experiencia supuso un cambio enorme en mi perspectiva. Después de ella, seguí aguantando las palizas, pero, en lugar de permitir que la violencia se transformara en ira, en odio o en destrucción, la convertí en amor. Sabía que este era lo único que jamás podrían quitarme.

SIN EMBARGO, ESA ACTITUD DE INDEFENSIÓN NO ESTÁ AYUDANDO

Y es que no va a venir nadie a salvarnos. No va a haber superhéroes, ni mesías, ni extraterrestres siquiera…, no porque estos últimos no existan, sino porque los otros reinos planetarios consideran a los humanos una especie hostil, porque matamos a nuestros congéneres. No es que los seres extradimensionales no tengan un montón de sabiduría, conocimientos y tecnología que podrían compartir con nosotros, sino solo que, teniendo en cuenta la facilidad y frecuencia con la que a menudo nos matamos entre nosotros, resulta ridículo pensar que puedan aterrizar sus naves en nuestro planeta sin que nos volvamos locos y nos dediquemos a bombardearlos.

Salvarnos es responsabilidad nuestra, igual que permitirnos sentir el dolor del sufrimiento del mundo, reconocer que nuestros actos y conductas están favoreciendo los desequilibrios y los problemas que provocan ese sufrimiento y adaptarlos en consecuencia.

También es responsabilidad nuestra educarnos para sobrevivir ante tantos cambios radicales en los recursos y en las condiciones de vida, dados los cambios que estamos afrontando como especie. En este momento, sobrevivir significa pagar facturas, organizar los turnos del coche compartido, comprar verduras ecológicas en un mercado agrícola y acudir al gimnasio a hacer cardio dos veces por semana. Sin embargo, a medida que el Apagón se vaya desarrollando, nuestro concepto de supervivencia va a cambiar radicalmente. Tenemos que ir actuando con la debida diligencia para averiguar cómo vamos a abordar estos cambios inminentes. Sin embargo, como la gente está tan acostumbrada a que la cuiden, está dando por supuesto que ya habrá alguien que se ocupe de ello, que les van a decir cómo deben hacerlo o que podrán sencillamente descargarse la aplicación adecuada.

El gobierno no es amigo tuyo

Los seres humanos no están asumiendo la responsabilidad de su bienestar, de su seguridad ni de su supervivencia, porque dan por hecho que el gobierno se encarga de ello, que les cuida y que, si sucediera algún cataclismo, se ocuparía de atenderlo por ellos.

La gente tiene la impresión de que el gobierno existe para protegernos, para atender nuestras necesidades, para hacer lo que más nos convenga y para asegurar nuestra supervivencia. Y es falso. Lo creó la oscuridad para servir al sistema, no a las personas. No existe para salvaguardar tu salud, tu seguridad, tu estabilidad ni tu bienestar, sino para proteger al poder, para aumentar los beneficios económicos y para controlar. Y punto.

Mira lo que comemos. En lugar de asumir la responsabilidad de nuestra salud y de los ingredientes que metemos en nuestro cuerpo, y de hacer lo necesario para enterarnos de si determinadas sustancias químicas o ingredientes son seguros, damos por hecho que, si no lo fueran, las autoridades sanitarias no los habrían aprobado y no estarían en las baldas de la tienda. Sin embargo, las autoridades sanitarias no están para proteger el bienestar de la población. Si así fuera, no pondrían un sello de aprobación en sustancias como los sulfitos, el aspartamo, el colorante rojo número 3, las hormonas de crecimiento, el lauril éter sulfato de sodio o cualquier elemento modificado genéticamente, todos ellos definitiva e inequívocamente relacionados con un montón de problemas de salud muy jodidos. En mi opinión, las autoridades sanitarias existen para hacer ganar dinero a las empresas farmacéuticas, que se benefician económicamente de todas las enfermedades que provocan sus aditivos, sustancias químicas y pesticidas. Así de claro.

La gente tiene que despertar a la realidad de la situación y a los verdaderos motivos que impulsan al sistema al que están entregando su poder. Porque, mientras nos quedamos sentados rascándonos la barriga, esperando a que el gobierno nos salve y mejore la situación, no estamos cumpliendo nuestro papel, porque no asumimos la responsabilidad del estado en el que se encuentra nuestro mundo, la Tierra, y no ponemos en marcha ciertas soluciones petazeta.

LIMPIA TU MALDITA BASURA

La sensación de tener derechos es lo que lleva a las personas a creer que no pasa nada por contaminar el planeta, por tirar basura por la ventanilla del coche mientras conducen. Siempre me sorprendo cuando veo hacerlo… y siempre me pregunto qué estarán pensando los que lo hacen. ¿Que algún hada de la basura va a aparecer por arte de magia y a pasearse por mitad de la calle para barrer lo que han tirado, porque no podían esperar a aparcar y caminar unos pasos para echarlo en una papelera? ¿Qué proceso de pensamiento lleva a eso?

La respuesta es que no hay ningún proceso de pensamiento en marcha. Es una cuestión de borreguismo. La gente está sumamente desmotivada, porque tiene la sensación de que todo resulta abrumador, de que todo está fuera de control, de que devolver el alineamiento al planeta es un problema complicadísimo que requiere un montón de dinero, un montón de tecnología y un montón de negociaciones geopolíticas. Sin embargo, el simple acto de echar el Kleenex sucio a una papelera es exactamente el tipo de conducta que puede devolver el equilibrio a este planeta.

No tenemos que responsabilizarnos de resolver todos los problemas del mundo, sino solo de nosotros mismos. *Como es dentro es fuera* es una ley universal. Cuando nos responsabilizamos de nosotros mismos y hacemos los ajustes necesarios, estos ajustes se filtran a la naturaleza, a la economía, a la agricultura y al resto de las cosas. Estos actos de responsabilidad personal y de custodia del planeta, aparentemente pequeños, son los ajustes que elevan y cambian el planeta y dan forma a la Era Gigante.

EL EFECTO REBOTE

Para asumir la responsabilidad de arreglar nuestro planeta tenemos que educar. Educar y compartir amor. El motivo por el que la gente se siente tan abrumada y no hace los cambios que tenemos que estar haciendo para arreglar el planeta es que no creen que nuestros esfuerzos individuales vayan a suponer ninguna diferencia. Sin embargo, si Martin Luther King, Nelson Mandela o la madre Teresa hubieran pensado así, nuestra sociedad no habría cambiado como lo ha hecho, gracias a sus esfuerzos, ni habríamos evolucionado como cultura tal y como lo hemos hecho. Lo cierto es que el cambio empieza por una persona, alguien que tenga la pasión y el valor de defender su verdad y de enseñarla a los demás compartiendo con amor.

He perdido la cuenta de la cantidad de gente a la que he enseñado a abrazar correctamente y que ha asumido la tarea de enseñar a otros a hacer lo mismo. He inspirado muchas líneas fractales de abrazar mejor. De hecho, si hay algo de lo que puedo estar seguro es de haber contribuido a mejorar nuestro entorno enseñando a una gran cantidad de personas a abrazar mejor y de una forma más verdadera.

Los occidentales no se conectan correctamente. La forma en que las personas se conectan es muy importante, porque, cuando las energías se unen —aunque sea mediante algo tan fugaz como un apretón de manos o un abrazo—, esas frecuencias se amplifican mutuamente de manera exponencial. Es como un chorro de poder. Por eso, cuando dos personas se juntan y cada una de ellas tiene la frecuencia del amor, se crea una frecuencia de amor ampliada que resuena con más fuerza por todo el campo de conciencia colectivo.

La mayor parte de la gente, al conocer a otra persona, la saluda con un apretón de manos. Esto viene de los antiguos griegos, que usaban este gesto para indicar que no llevaban armas. Era una forma de decir: *Eh, que no te voy a matar.* Por tanto, la raíz del apretón usado como saludo es la falta de confianza. No importa si conocemos o no esta historia; el gesto en sí mismo sigue estando codificado con las energías de la desconfianza, y eso significa que la energía que intercambiamos, la que amplificamos cada vez que apretamos la mano de alguien como saludo, es la desconfianza. ¿Cómo podemos esperar confiar los unos en los otros

cuando, según la etiqueta habitual, este es el intercambio vibratorio que tiene lugar cada vez que conocemos a uno de nuestros
hermanos o hermanas? Es algo bastante básico en lo que se refiere a los mecanismos de control que el sistema nos cuela para impedir que nos conectemos con los demás. Por eso yo, en lugar de
saludar con un apretón de manos, lo hago con un abrazo.

Muchas personas abrazan mal. Dan golpecitos en la espalda
del otro en lugar de rodearlo con los brazos. Es exactamente el
gesto contrario, porque, cuando damos golpecitos en la espalda
de alguien, lo que le estamos diciendo realmente es que no estamos disponibles para conectarnos. Es un gesto hipócrita. Y no
solo eso, sino que rompe la síntesis electromagnética del cuerpo,
por lo que los sentimientos de paz y seguridad que se generarían
a través de un acto de verdadera conexión se fragmentan y se
vuelven temerosos.

Muchos hombres abrazan así porque han sido adoctrinados
para malinterpretar el afecto como debilidad. Es un programa
muy dañino, porque roba a los hombres de nuestra cultura la
oportunidad de conectarse con sus hermanos. Por eso se golpean
en la espalda, para demostrar que son masculinos, que no son
homosexuales, y con ello se privan a sí mismos y a los demás de
la oportunidad de conectarse a través de la forma física y de la
síntesis energética, que podrían estar irradiando vibraciones positivas entre ellos y, a continuación, al campo.

Cuando yo abrazo a alguien y este me da golpecitos en la espalda, le digo:

—No me golpees la espalda. Si vas a abrazarme, abrázame,
establece la conexión. Cuando me das golpes, lo único que estás
haciendo es decirme que no quieres conectarte.

Así es como enseño a las personas, que a su vez enseñan a
otras. Lo sé porque me lo han dicho. Se lo enseñé al marido de
una cliente cuando él me dio golpecitos en la espalda. Y él me
respondió:

—Vaya. Esto resulta mucho más agradable. No tenía ni idea. Me educaron para abrazar así porque así era como lo hacía mi padre. No voy a volver a hacerlo nunca más. Muchas gracias.

Su mujer me dijo que ahora él enseña a todos sus amigos a no dar golpes y que resulta realmente adorable verle educando a otros. ¡Bum! Así es como se produce el cambio.

Parece algo muy sencillo, porque lo es. La educación es la forma más simple de ayudar a la gente a cambiar y de cambiar el mundo. Sobre todo cuando se hace a través de la inteligencia del amor. Yo lo denomino el efecto rebote. Se produce cuando compartimos nuestros trucos de conocimiento con amor, con alegría, sin hacer que nadie sienta que está equivocado y sin decirles que son malos. Compartimos de una forma que permite a los demás sentirse bien respecto a lo que están aprendiendo; de ese modo, se sienten inspirados a compartirlo con otros. Luego ese conocimiento va rebotando de una persona a otra y a otra por todo el planeta y, de repente, nuestro mundo cambia y evoluciona.

SUEÑA UN MUNDO MAYOR

Para manifestar la Era Gigante aquí en la Tierra debemos consagrarnos a una visión que apoye la plenitud de todos los seres y en todos los niveles. Si todo nuestro mundo soñara más a lo grande de lo que lo hace en la actualidad, se haría mejor inmediatamente. Cuando todo nuestro mundo aprenda a soñar una realidad inclusiva, sostenible, pacífica y petazeta que apoye la prosperidad de todos los seres, esa será la realidad que se materialice.

La oscuridad utiliza nuestra atención para mantener vivo el actual sueño colectivo, que no puede sobrevivir si no le prestamos atención. Por eso, cuando soñemos contra la oscuridad —es decir, cuando soñemos un sueño mayor que el que la oscuridad está proyectando en nuestra realidad holográfica—, todo nuestro mundo cambiará.

Si queremos ver cambios en este planeta —es decir, cambios reales, como transformación, saltos cuánticos y una Era Gigante de paz, prosperidad e iluminación resplandeciente y petazeta—, tenemos que soñar de una forma distinta. Tenemos que soñar un sueño colectivo diferente. Eso significa percibir el mundo a través de una lente mayor sabiendo que esta lente es un portal a una realidad nueva. Por tanto, tenemos la responsabilidad de enmarcar nuestra experiencia de la realidad a través de esa lente —una vez y otra y otra más—, con independencia del tipo de información que la realidad nos esté ofreciendo. Nuestra devoción a una realidad más grande para nosotros y nuestro compromiso de percibirla constantemente es lo que permite que esta se manifieste. Por eso, cuando nos sucede algún imprevisto y la vida nos pone delante obstáculos o retos, interpretamos esas experiencias y hablamos de ellas sabiendo que se producen para servir a nuestro sueño grande, y las recibimos como lecciones y enseñanzas que nos están guiando hacia esa realidad mayor. Y no lo dudamos jamás, ni por un solo instante.

Lo cierto es que la realidad siempre nos muestra exactamente aquello que necesitamos para crecer y manifestarnos. Toda esta gente que se vuelve loca por el estado del mundo, por la persona que está al mando, por lo que está sucediendo en su realidad, no comprende que el Espíritu nos está dando precisamente aquello que necesitamos para crecer y manifestarnos. Este punto de vista nos da aliento, al saber que todo lo que vivimos sucede en beneficio nuestro, para servir al sueño más grande. Por eso no debemos juzgar nuestras experiencias como algo negativo ni venirnos abajo por ellas; debemos verlas como oportunidades de crecimiento y cambio positivo. Así es como percibimos nuestro mundo como algo más grande y aprendemos a soñarlo como tal.

Cuando morí, los espíritus me mostraron los millones y millones de realidades que existen justo aquí y justo ahora. Cada una de ellas se manifiesta por la forma en la que el espíritu está soñando. El sueño decide qué realidades manifestamos y cuáles experimentamos. Por eso, cuando soñamos con unos mares más limpios, con unas fuentes de energía más eficientes, con unas relaciones más profundas, con una paz mayor, con una salud óptima, con un amor más grande, esos sueños se convierten en nuestra realidad.

TÚ ERES EL SOÑADOR

Todos somos creadores. Cada uno de nosotros está constantemente creando este constructo de realidad en el que todos estamos albergados con nuestra voluntad, nuestras creencias y nuestra atención. No me cansaré de repetir la importancia que tiene entender que nosotros, los seres humanos, estamos creando nuestro mundo con cada uno de nuestros pensamientos, de nuestras palabras, de nuestras decisiones y de nuestras conductas. La forma en la que pensamos e interactuamos como colectivo es la responsable del mundo que tenemos ahora mismo. Por eso, si deseas que sea diferente, tu tarea consiste en soñarlo distinto y en ser, compartir e irradiar cada una de las cualidades que te gustaría ver en el mundo al servicio de ese sueño diferente.

Tribu, somos nosotros los que debemos arreglar nuestro mundo. No podemos esperar que venga otro a hacerlo en nuestro lugar. Eso significa que es mi responsabilidad arreglarlo, y también la tuya. Eso significa tener el valor de sentir el dolor de los desequilibrios que están provocando tanto sufrimiento en él, tanta destrucción. Gandhi no se despertó un día y decidió por las buenas que iba a ayudar a liberar a su pueblo de la colonización británica. Tuvo que sentir algo que le inspirara a actuar como lo hizo. Un dirigente tiene que sentir el dolor de la vida, porque la agonía de esos desequilibrios es lo que activa nuestra devoción y las cualidades de liderazgo que están latentes en nuestro interior. Todos existimos en algún segmento de este constructo social y cada uno de nosotros tiene poder para marcar una diferencia en esa pieza de nuestro rompecabezas colectivo. Las palabras se las lleva el viento. Lo que resulta de verdad significativo es actuar, defender algo en lo que creemos. Esa es una actitud gigante.

Ha llegado el momento de que asumamos la responsabilidad de nuestra situación en el planeta Tierra. Nadie nos ha hecho esto. Lo hicimos nosotros mismos, nos lo hicimos los unos a los otros, y por eso mi sueño a lo grande incluye un día en el que dejemos atrás todas las distracciones y nos unamos para construir un mundo petazeta de ciudadanos globales unificados que decidan hacer evolucionar al planeta y también a nosotros mismos.

El Apagón es una bendición. Es una oportunidad increíble para nosotros, como colectivo global unificado, de elegir evolucionar a través del amor, de la conciencia y de nuestra disposición a seguir adaptándonos, a seguir aprendiendo, a seguir creciendo para convertirnos en unos seres humanos más grandes, en una especie humana más grande que viva en armonía con sus recursos.

Tribu, podemos elegir ser esas personas. ¿Lo haremos?

AGRADECIMIENTOS

M E SIENTO MUY HONRADO y agradecido a mi madre por haberme dado la vida y por haberme enseñado a ser honorable y amoroso en todas las circunstancias. A mi bisabuela Mamal por mantener viva nuestra herencia africana. A mi hermana Angelina por guiarme para que no perdiera el rumbo. A mi sobrina Alex por convertirme en una persona mejor. A mi sobrina Natalia por tener el valor suficiente para decirme la verdad cuando necesito oírla. A mi abuelo Leon por dar la espalda al chamanismo y convertirse en un ministro de los adventistas del séptimo día, por enseñarme religión y por mostrarme la belleza que esta contiene, y también su hipocresía. A mi tía Hazel, a mi tío Ronny y a mi tía Ruth por recordarme que debo permanecer fiel a lo que soy, a pesar de las opiniones que tiene mi familia de mí. A mi tía Shirley por introducirme en la cultura y darme la fuerza necesaria para viajar por el mundo. A mi amiga Melanie Dawn, que creyó en mí, se peleó con mi padre y permaneció a mi lado todos los días para que él no pudiera desenchufarme cuando yo estaba con respiración asistida. Y a Stephen Clark por las sesiones de hipnoterapia que me ayudaron a evitar que mi mente se hiciera añicos. A Abby Girvin, Sandra y el resto de la familia Clark por discutir con los amigos y mostrarme un amor tan profundo. Y a Mike Byrne, que me apoyó cuando estaba enfermo y me levantó del suelo cuando no podía caminar. A Ishanti y Bernie Díaz por ver mi verdad y cuidar mi camino chamánico. Gracias a Gwyneth Paltrow por ser mi hermana del alma y por guiarme en todo esto. Gracias a Kelly Marks, de Pure Public Relations, por recibir mi mensaje para las gentes de Londres. Gracias a Kelly Rutherford por estar siempre disponible en los momentos difíciles. Gracias, Russ DeLeon, por apoyarme a la hora de empezar a escribir el libro y por ser un amigo fiel. A mi padre y a mi madrastra, Geri, por una infancia intensa que me enseñó a superar todos los obstáculos. Y a todos los abusones y *haters*, gracias por darme la capacidad de perseverar. Me gustaría también dar las gracias a todos los miembros de mi familia, a los amigos, profesores, sanadores y médicos que me han apoyado y a todas las curanderas que no tuvieron miedo de ponerme en mi sitio y de enseñarme a mostrarme en mi corazón. A Marcus Hunt, que permaneció a mi lado cuando morí. Me gustaría dar las gracias a Alexis Ware por ayudarme a seguir estando inspirado para escribir este libro y hacerlo realidad. Sam y Aaron Ritter, gracias por vuestra constante devoción a la hora de verme apoyar a la gente de manera global. A Tanya Khani, mi publicista, por creer en mi mensaje y por abrirme puertas. A Hank Greenberg por su constante apoyo para mi salud y su determinación para verme plenamente comprometido con mi camino. A Michaelangelo L'Acqua, Anne Vincent y Matt Kibble por ayudarme a introducir el chamanismo en la cultura dominante. A Jimmy Chamberlin por ser un jodido hermano y por ser sincero conmigo al mil por ciento. Me gustaría dar las gracias a mi agente literaria, Coleen O'Shea, por ser increíble y por acompañarme en cada paso del proceso, así como a mi editor, mi hermano del alma Joel Fotinos, y a todo el personal de St. Martin's Press y Macmillan Publishers, por creer en mi visión de un mundo mayor. Y un agradecimiento especial a Dani Katz por mantener la promesa que hicimos hace ya tantos años y por ayudarme a escribir un libro que volverá a poner el poder en manos de las personas y cambiará el mundo. Dedico este libro a todas las personas que han sufrido y se han sentido solas, confundidas, heridas o perdidas cuando lo único que necesitaban era amor para regresar. ¡Y también a la tribu, por conservar la iluminación y por montar en el tren iluminado!

En esta misma editorial

MAGIA REAL

La sabiduría antigua, la ciencia moderna y los poderes secretos del universo

DEAN RADIN

El cientíco jefe del Instituto de Ciencias Noéticas de California ofrece una mirada crítica sobre la telepatía, la clarividencia, la precognición y la psicoquinesis. ¿Son reales estos poderes? Según la ciencia, sí.

SEÑALES

El lenguaje secreto del universo

LAURA LYNNE JACKSON

La renombrada médium psíquica Laura Lynne Jackson nos enseña en este libro a reconocer e interpretar los mensajes transformadores que nuestros seres amados y guías espirituales envían desde el Otro Lado.

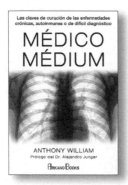

MÉDICO MÉDIUM

Las claves de curación de las enfermedades crónicas, autoinmunes o de difícil diagnóstico

ANTHONY WILLIAM

Si estuvieras enfermo y los médicos no fueran capaces de ayudarte, ¿esperarías 20 años a que la ciencia descubriera la verdadera causa de tu enfermedad? Anthony William, Médico Médium, ha ayudado a miles de personas a solucionar sus problemas de salud y ahora ofrece su conocimiento para enseñarte cuál es la raíz de tu sufrimiento.

En esta misma editorial

MÉDICO MÉDIUM. ALIMENTOS QUE CAMBIAN TU VIDA

Cúrate a ti mismo y a tus seres queridos con los poderes curativos ocultos de las frutas y verduras

ANTHONY WILLIAM

En esta segunda obra, el autor enseña un modo radicalmente nuevo de utilizar los poderes sanadores de 50 alimentos de origen vegetal y describe las enfermedades que estos pueden tratar, además de los beneficios emocionales y espirituales que aportan.

MÉDICO MÉDIUM. LA SANACIÓN DEL TIROIDES

La verdad sobre las enfermedades de Hashimoto, de Graves, el insomnio, el hipotiroidismo, los nódulos tiroideos y el virus de Epstein-Barr

ANTHONY WILLIAM

Médico médium: La sanación del tiroides explica las verdaderas razones de la actual epidemia de enfermedad tiroidea y te descubre las claves para sanar múltiples síntomas y dolencias.

MÉDICO MÉDIUM. EL RESCATE DEL HÍGADO

Una nueva forma de entender y tratar los problemas gastrointestinales, la psoriasis, la diabetes, el acné, el hígado graso, la fatiga... y muchas enfermedades más

ANTHONY WILLIAM

Anthony William, el reconocido Médico Médium, regresa con más revelaciones y verdades que nunca. Descubre el poder de tu hígado —y los beneficios de cuidar de él— y transforma tu vida como nunca habías imaginado.